PUBLICATIONS DU
MÊME AUTEUR

Immunonutrition (2007)
En collaboration avec Dominique Rueff,
Bernard Weber et Camille Lieners
Publication : François-Xavier de Guibert

La promesse de l'immortalité (2017)
(Traduit en huit langues)
Publication : Varegus Publishing

Generation Young (2017)
(En anglais uniquement)
Publication : Varegus Publishing

Saga Judaica (2018)
Publication : Varegus Publishing

Maladies auto-immunes (2019)
Un génocide immunitaire (à paraitre)
Publication : Varegus Publishing

VAREGUS
PUBLISHING

Copyright

ISBN : 978-2-9558558-7-4
DÉPÔT LÉGAL : Janvier 2019
ACHEVÉ D'IMPRIMER : Janvier 2019 par Lulu.com

PLAN

INTRODUCTION

8 Novembre 2016, il est 23h, à la surprise générale, et à mon grand désespoir, le candidat républicain, Donald Trump, l'emporte sur la candidate démocrate, Hillary Clinton, en obtenant 306 grands électeurs contre 232. Et pourtant, il est devancé de près de 3 millions de voix par sa rivale au plan national.

Le 8 novembre 2016 vers 20h, au moment où fermaient les bureaux de vote, les instituts de sondage quelle que soit leur orientation politique, le donnaient perdant ; l'équipe de sa concurrente dissimulait mal la certitude de sa victoire et la sienne paraissait bien morose. Quelques heures plus tard, il était président des Etats-Unis, à la stupéfaction générale et à l'indignation des élites Démocrates et Républicaines confondues.

Je suis sidéré, abasourdi et « *Knock out* » ! Je n'en reviens pas...Cet homme arrogant, insultant et vulgaire va diriger pendant au moins quatre ans les destinées du pays le plus puissant du monde. Comme beaucoup de citoyens peu familiarisés avec la politique, j'étais persuadé que la candidate démocrate allait l'emporter haut la main. Elle avait tout pour devenir la première femme présidente : son expérience humaine et professionnelle, son expérience de première dame, de parlementaire, de ministre... Il fallait être stupide pour voter Trump, c'est ce qu'elle avait dit pendant la campagne et cette déclaration est probablement une des raisons de son échec.

Fallait-il être stupide pour voter Trump ? Il faut croire que non, au vu des résultats, alors comment cela a-t-il été possible ? Trump a eu surtout l'intuition que le pays était malade, que des millions d'Américains étaient prêts à se révolter contre des élites qui avaient ignoré leurs souffrances et leurs angoisses. Cette intuition, Trump est le seul à l'avoir eue. Dans un pays qui globalement va bien, le vent de la révolte a soufflé, avec comme symptômes, la haine de ceux qui s'en tirent, la peur de ceux qui sont différents, le sentiment de n'avoir rien à perdre et l'attente de l'homme providentiel. Trump est cet homme providentiel : ils ne retiennent pas contre lui qu'il est milliardaire parce qu'il parle comme eux et parce qu'il flatte leurs préjugés. Il leur dit, encore aujourd'hui dans les grands meetings politiques qu'ils ont raison d'avoir peur, de se sentir abandonnés et trahis et de se méfier des élites. Lui seul les écoute, les respecte, les défend et les comprend. Il leur dit que les Etats-Unis sont dans une situation épouvantable ; le monde entier les exploite ; des millions d'immigrants, violeurs et criminels potentiels, les submergent et leur volent leur emploi; l'économie est à la dérive ; le pays est embourbé dans des guerres qui ne sont pas les siennes et prisonnier d'alliances qui sont coûteuses et inutiles. Ce fut là le discours catastrophiste de l'inauguration du nouveau président : « *AMERICA FIRST** ».

Trump est une énigme et c'est cette énigme qui m'a poussé à m'intéresser de plus près à la vie politique des américains. Ayant la chance d'être bilingue j'ai pu suivre les media américains, notamment CNN, Fox News, CNBC et lire, entre autres, les articles du New York Times, du Washington Post ou du Boston Globe. Je suis loin d'être un expert en politique américaine et encore moins en politique générale, c'est mon expérience de médecin qui a poussé ma curiosité médicale à m'intéresser au « *cas Donald Trump* ».

Au début de son mandat je pensais, comme beaucoup d'autres, que cet homme « *n'était pas normal* », il était, pour le moins, hors du commun. Ses déclarations spontanées et fracassantes me choquaient, ses prises de position scandaleuses et son comportement étaient humiliants pour beaucoup y compris pour certains chefs d'états. Et pourtant, il continuait à se poser comme le leader des Républicains, et sa base, qui l'avait élu, lui manifestait toute sa loyauté. Les américains abordaient une période de division profonde entre les pro et anti Trump et cette division se retrouvait dans toutes les couches de la société et même au sein d'une même famille. Comment ce milliardaire si antipathique pouvait il regrouper autant de fans ?

Je regardais, le 31 Octobre 2017, une émission sur la chaine CNN, consacrée à la santé mentale du Président ou l'invitée était le Dr Bandy Lee, Professeur de Psychiatrie (et de Droit) à l'Université de Yale. C'est une spécialiste de la violence dans toutes ses formes, mais elle était là pour présenter son nouveau livre intitulé

---

* D'après Alexis Clérel - Blog du 14 Aout 2018 - Institut Montaigne

« *The dangerous case of Donald Trump* » en collaboration avec vingt-sept des plus éminents spécialistes américains en psychiatrie. Ces vingt-sept psychiatres ont posé ouvertement la question de la dangerosité de Donald Trump. Leur président souffrirait de graves troubles de la personnalité et serait une menace pour la sécurité nationale.

Elle explique que ce livre n'a pas été facile à écrire car l'Association des Psychiatres Américains interdit de porter un diagnostic psychiatrique sur une personnalité connue sans avoir préalablement examiné et interrogé ce patient. Cette règle, connue sous le nom de « *Goldwater Rule* », a empêché de nombreux experts à partager publiquement leurs opinions sur la santé mentale de Donald Trump. Néanmoins, étant juriste, elle a réussi à contourner cet obstacle en utilisant une autre règle qui impose à tout citoyen un devoir civique et moral d'alerter si cette personnalité présentait une menace ou un danger pour la société (« *duty to warn* »). Ces experts ont donc rompu leur devoir de réserve en exprimant, dans ce livre, vendu a plusieurs millions d'exemplaires, leurs opinions et leur diagnostic sur un homme qui, potentiellement, représente un danger pour la société. Plus encore, récemment, 18 000 psychologues ont signé une pétition pour avertir que Donald Trump est mentalement incapable d'assumer le poste qu'il occupe. Parmi ces signes, repérés dans diverses apparitions publiques mais aussi dans les tweets de Donald Trump, les auteurs citent l'agression verbale, un passif de violence sexuelle, l'incitation à la violence, l'attirance pour les armes ainsi que la provocation des nations ennemies avec l'arme nucléaire.

Philip Zimbardo et Rosemary Sword, par exemple, expliquent l'impulsivité de Trump en termes d'hédonisme « *débridé et extrêmement présent* ». Craig Malkin note que son narcissisme pathologique appliqué à la politique devient une arme létale. Gail Sheehy, parle d'un manque de confiance qui dépasse la paranoïa. Lance Dodes explique sa sociopathie. Son attitude coléreuse est aussi analysée, depuis le stress subi par l'administration Trump à la Maison Blanche jusqu'aux comportements sectaires de ses partisans, il a créé des conséquences sans précédent pour la santé mentale du pays et bien au-delà. Certains américains avertis savent que Trump est un narcissique qui mêle mensonges et illusions, diffamation tous azimuts.

Avec des phrases telles que « *je pourrais tirer sur des personnes dans la Cinquième Avenue et je ne perdrais pas de votes* », « *Donald Trump nous donne déjà une idée de son état mental* », déclare John Gartner, psychologue à la Johns Hopkins University Medical School.

Robert Jay Lifton introduit le concept de la normalité « *maligne* » qui peut devenir la norme si on n'intervient pas. La présidence et le comportement du président peuvent être considérés comme étant dans cette catégorie de normalité maligne. Par exemple, Donald Trump ne cesse de mentir ; nous pourrions en venir à considérer comme normal un président qui ment... En d'autres termes, son comportement en tant que président, avec tous ceux qui défendent son comportement dans l'administration, devient une norme.

L'ouvrage liste aussi les traits de caractère observés chez Trump, comme « *l'impulsivité, l'imprudence ou la paranoïa, qui lui fait voir des menaces là où il n'y en a pas* ». Le président américain montre également un manque d'empathie, ce qui veut dire que la souffrance d'autres personnes n'a pas d'importance pour lui. Donald Trump affiche enfin un « *besoin constant de faire état de son pouvoir* ».

Réunis, ces traits de caractère peuvent « *interférer dans sa capacité à penser rationnellement »*, s'inquiète la professionnelle. Les experts ont souligné que Donald Trump répond à plusieurs critères publiés par le DSM-V (Manuel diagnostique et statistique des troubles mentaux). Des facteurs qui détermineraient au moins trois troubles de la personnalité, à savoir : le trouble de la personnalité narcissique, le trouble de la personnalité antisociale et le trouble de la personnalité paranoïaque. Pire, tous ces éléments, lorsqu'ils sont mis à l'épreuve d'un grand stress comme l'enquête du procureur spécial Robert Mueller sur l'affaire russe, peuvent aggraver la situation et provoquer un danger imminent. Donald Trump a montré des signes de déficience et de handicap mental lors de circonstances ordinaires, en étant difficilement capable de supporter les critiques ou les nouvelles peu flatteuses.

Mais ce qui distingue Trump du reste de la population, ce sont les effets considérables qu'a sa personnalité. Sa tendance à toujours rejeter la faute sur les autres, à affirmer une supériorité qu'il ne doit qu'à lui-même, sa folie des grandeurs, ses « *réactions délirantes aux décisions des tribunaux, apparemment dictées par la paranoïa, et son sentiment d'avoir tous les droits, sont très inquiétants »,* écrit Jhueck, et tout cela a d'ores et déjà des répercussions sur la vie de nombreux Américains.

« Jamais dans l'Histoire américaine, autant de professionnels de la santé mentale n'ont partagé nos inquiétudes » affirme Bandy Lee

« Je suis un génie très stable », a assuré le 6 janvier 2018 Donald Trump lors d'une conférence de presse, et sur son compte twitter, un jour après la sortie avancée du livre du journaliste Michael Wolff *« Le Feu et la fureur ».* Le président essayait de couper court aux théories concernant sa propre défaillance psychologique. Des rumeurs qui pourraient le mettre en danger politiquement : certains de ses adversaires politiques fantasment sur l'enclenchement d'une procédure de destitution permise par l'amendement 25 de la Constitution des Etats-Unis. Selon l'article 4 de ce dernier, le président peut en effet être relevé de ses fonctions s'il se trouve *« dans l'incapacité d'exercer les pouvoirs et de remplir les devoirs de sa charge ».* Cette incapacité pourrait être due à un problème d'ordre mental ou psychologique.

Or, dans un autre extrait du livre publié par Michael Wolff, celui-ci relate plusieurs scènes qui sèment le doute sur la stabilité du président. Le journaliste décrit ainsi un Trump perdu dans sa maison de vacances à Mar-a-Lago, en Floride, incapable de reconnaître de vieux amis. Autre exemple : des conseillers de la Maison Blanche lui ont aussi confié que le président répétait sans cesse les mêmes histoires, parfois à quelques minutes d'intervalle. Son tweet du 2 janvier, vantant la taille de « *son bouton nucléaire* » par rapport à celui de Kim Jong-Un, a également semé l'inquiétude jusque dans les rangs républicains.

Ainsi, Donald Trump est pour le moins psychologiquement instable et pour le pire un psychopathe avec un début d'Alzheimer. Ceci dit, comment fait-il pour garder son leadership et ses fans ? Il le fait grâce à sa capacité à mentir au-delà de toute limite décente ! Il est devenu le maitre incontestable de la rhétorique du mensonge.

Nous mentons tout le temps, malgré le fait que cela nous coûte beaucoup plus d'effort mental de mentir que de dire la vérité. Tout politicien ment à un moment donné mais jamais il n'y a eu autant de déclarations relevant de la tromperie consciente. Par rapport à ses prédécesseurs, Trump a porté le mensonge à un tout autre niveau. Le président ne reconnaît jamais une erreur, ne s'excuse jamais, nie souvent avoir déclaré certaines choses: c'est son astuce ! Le 45e président des Etats-Unis, 72 ans, n'est pas honteux des énormités qu'il professe, avec cet aplomb qui le rend si convaincant. Donald Trump est convaincu qu'à force de répéter des mensonges, ils finissent par devenir des vérités. « *Répétez un mensonge assez souvent et cela devient la vérité* », est une loi de propagande souvent attribuée au nazi Joseph Goebbels. En psychologie, on appelle ce phénomène l'effet « *d'illusion de vérité* ». Les spécialistes du marketing et les politiciens maîtrisent parfaitement ce biais cognitif. Le président parvient même à faire mentir ses propres mensonges. Tantôt les faits sont arrivés bien avant son élection, tantôt juste après. Tantôt il connaît Steve Bannon, son stratège en chef qui fut aussi à la tête du site d'extrême droite Breitbart News, tantôt il vient tout juste de le rencontrer. Depuis le début de sa campagne en 2015, il n'a cessé d'embellir la réalité et de proférer des exagérations, des demi-vérités, des simplifications à outrance, voire carrément des mensonges. Dans une interview récente sur ABC où on lui demandait s'il disait la vérité, il a répondu : « *J'essaie, j'essaie vraiment... Je veux toujours dire la vérité. Quand je peux, je la dis.* ». A l'approche des élections, il a multiplié dans ses tweets et ses meetings électoraux les mensonges, dont certains énormes, pour mobiliser sa base. Le Washington Post s'est amusé à les compter dans un seul meeting début septembre dans le Montana. Il est arrivé à trente-huit déclarations fausses, vingt-deux trompeuses et deux non prouvées, contre vingt-six à peu près exactes. Soit seulement 30 % de son discours. « *Imaginez ce qu'il dira quand il sera en campagne pour sa propre réélection dans deux ans* », ironise le magazine Politico. Obama déclarait récemment : « *Il n'y a plus aucune honte chez les politiciens lorsqu'ils sont pris en flagrant délit de mensonge. Ils insistent et continuent de mentir* ».

Le 30 Octobre 2018 le « *Washington Post* » publie un article intitulé « *Le Président Trump a fait, en l'espace de 649 jours, un total de 6.420 fausses allégations (ou de déclarations inexactes)* » (President Trump has made 6,420 falses or misleading claims over 649 *days*). Autrement dit le Président Trump a menti 6420 fois en 649 jours (ce qui fait une moyenne de 10 mensonges par jour). C'est un record absolu pour un President des Etas Unis. Le quotidien américain a lancé « *The Fact Checker* » (le vérificateur de faits) ; cette base de données permet d'analyser, de trier et de trouver l'origine de chacune des déclarations suspectes de Donald Trump.

Devant l'avalanche de mensonges et surtout d'attaques de Trump contre les media, la chaine CNN diffuse en permanence un message qui est devenue aujourd'hui un slogan : « *Lies can become true if we let them. Fact first* » (« *Les mensonges deviennent vérités si on les laisse circuler. Ce sont les faits qui priment* »). Lors d'un discours en Afrique du Sud, Barack Obama a dénoncé l'ère de post-vérité qui règne depuis l'élection de Donald Trump. L'ancien président a expliqué que la démocratie ne pouvait pas fonctionner sans un certain accord sur les faits objectifs. « *Pour que ça marche, il faut croire à l'existence d'une réalité objective. C'est encore une de ces choses que je ne pensais pas devoir expliquer dans un discours. Il faut croire aux faits* »,

En fait, selon un récent sondage, l'image du président comme étant un menteur habituel est fermement établie dans la majorité de la population américaine. M. Trump peut se féliciter : à force de turpitudes et de bassesses de toutes sortes, à coup de politiques qui ne cessent de laisser le reste du monde pantois, il est en train de remporter la palme du plus grand perturbateur de l'édifice politique américain.

L'objectif de ce livre est de démonter le processus mensonger de Donald Trump en découvrant pourquoi il utilise cette arme redoutable, comment il l'utilise et enfin comment les américains vont faire pour contrecarrer les effets délétères de ce processus mensonger et dangereux pour leur nation.

Chapitre 1
PSYCHOPATHOLOGIE DU MENSONGE

Le terme de mensonge se réfère à un refus des individus à communiquer leurs pensées et d'une volonté délibérée d'énoncer des informations erronées dans l'objectif de tromper quelqu'un d'autre.

Il est impossible de parler complètement vrai. Cela tient d'abord à la nature même du langage : *« Dès lors que nous utilisons la parole, nous sommes condamnés à ne pas tout dire, car les mots ne reflètent jamais toute la vérité ; il y a toujours une partie de celle-ci qui reste cachée, inaccessible à la parole. »*

Dire la vérité, toute la vérité, signifierait être dans un rapport direct avec la réalité. Or, assure J.D Nasio, *« nous sommes toujours dans l'interprétation »* … *Donc dans le mensonge. Cela signifie plutôt qu'il n'y a de vérité que subjective et affective. »*

Prétendre qu'un repas horrible était délicieux, répondre que « *ça va très bien* » quand ce n'est pas le cas, prétexter une obligation pour échapper à un dîner… Pour respecter certaines règles de savoir-vivre ou rester conforme à ce que les autres attendent de nous, difficile de faire l'économie du mensonge ». *Il est impossible de dire toujours la vérité lorsque l'on vit en société, mais il s'agit alors d'un mensonge convivial. Ces assertions contraires à la vérité n'ont pas pour but d'abuser l'autre mais de rendre possible la cohabitation entre des êtres différents » (J.D. Nasio).*

Travestir la réalité reflète l'espoir inconscient de cacher le peu de valeur que l'on s'accorde à soi-même. L'imposteur est persuadé que, s'il dit la vérité, on ne l'aimera plus. On ment par peur d'être privé de l'amour (au sens large) de l'autre. Le mensonge est d'abord

« *un acte défensif* ». De fait, ceux qui ont tendance à dire tout ce qu'ils pensent sont avant tout très sûrs d'eux, « *Ils ont une telle confiance en eux qu'ils ne sont pas retenus par la crainte de perdre l'amour de l'autre.* En se fabriquant une « *doublure* », ils cherchent dans les yeux des autres cette approbation, cette admiration, cette attention qu'ils ne parviennent pas à se donner à eux-mêmes.

La mythomanie

*La mythomanie est la compulsion de mentir également désignée par le terme de « **pseudologia fantastica** » ou « **mensonge pathologique** », elle désigne le mensonge répétitif qui dépasse la qualité du mensonge ordinaire. Le mythomane se crée une autre réalité. Il est souvent persuadé de la véracité des mensonges qu'il invente. Il a besoin de s'inventer une vie pour combler son propre vide existentiel. Par conséquent, lorsque son mensonge est démasqué, c'est son intégrité même qui est mise en danger. D'où des réactions pouvant être extrêmement violentes, pouvant aller de la disparition pure et simple au suicide ou encore au meurtre. L'exemple le plus emblématique restant celui de Jean-Claude Romand, qui après s'être fait passer durant des années pour un médecin de l'OMS alors qu'il passait ses journées dans sa voiture, a fini par tuer femme et enfants, avant d'essayer d'attenter à ses jours.*

Les enfants sont tous des mythomanes physiologiques : en effet, leur imagination et leur inexpérience leur font inventer des mondes imaginaires auxquels ils croient sincèrement. Chez les adultes, cela est en revanche pathologique. D'ailleurs, selon les spécialistes, les adultes mythomanes ont conservé une part d'esprit infantile. Très souvent, les mythomanes s'inventent des professions qui font rêver ou impressionnent, médecin, pilote, ou encore policiers. Ils ne mentent pas pour tromper les autres, ils le font pour survivre. Parce que c'est pour eux la seule façon d'avoir une identité. Les pressions exercées aujourd'hui sur les individus en terme de réussite sociale et de performances sont de nature à fragiliser les personnes un peu borderline. Sans parler de l'explosion des réseaux sociaux et de tous les outils facilitant l'usurpation d'identité. Il ne serait pas étonnant que le phénomène s'exacerbe dans les années à venir.

Mais mener son auditoire en bateau, grâce à des histoires inventées de toutes pièces, peut devenir une vraie drogue. Dans le mensonge, il y a aussi un plaisir de la domination et de la manipulation, assure J.-D. Nasio. « Celui *qui ment à un pouvoir sur l'autre, il le captive, l'envoûte, l'amène à croire ce qu'il veut.* »Comment devient-on accro au mensonge ? Parfois parce que l'on a surpris ses parents en flagrant délit de mensonge lorsque l'on était enfant ou parce qu'ils nous ont rendus complices de leurs dissimulations. Ce « *goût* » pervers du mensonge devient pathologique lorsque l'on ne ressent plus de culpabilité. Le menteur finit par croire à ses propres histoires. Eprouvant un sentiment de toute-puissance, il ne se rend plus compte qu'il vit dans la peau de quelqu'un qui n'est pas lui-même.

Il y a de nombreuses manières de mentir et de justifier nos mensonges : Occulter : nous nous mentons souvent à nous-mêmes en nous disant que nous n'avons pas trahi la vérité, mais que nous avons seulement oublié d'en révéler une partie. Il est certain que ce n'est pas la même chose que de mentir, mais aux yeux de la psychologie du mensonge, cela a les mêmes conséquences. Inventer ou falsifier : dans ce cas précis, nous modifions une information. Nous l'inventons ou la déformons de manière délibérée.

Et pourtant la vérité n'est pas seulement un concept abstrait. Elle est une valeur fondamentale dans notre vie sociale : nous attendons des autres qu'ils disent le vrai, nous sommes indignés par la violation de cette valeur commune, et avons du mal à accepter moralement des pratiques sociales qui encouragent des manquements à la vérité. Le mensonge, comme la violence, est interprété comme une forme de coercition, un moyen d'exercer un pouvoir arbitraire sur l'autre en le faisant agir contre ses intentions et sa volonté.

Si l'on revient au cas des menteurs répétitifs comme Donald Trump on constate qu'un menteur ne cesse jamais de mentir. On s'est aperçu que les gens qui racontent des mensonges arrivent à se désensibiliser complètement par rapport aux émotions négatives. En clair, cela veut dire qu'à un moment donné, il n'a même plus mauvaise conscience, on s'habitue et on trouve cela presque normal. Petit à petit, le cerveau s'accoutume au mensonge. Lorsque l'on fait des IRM du cerveau des personnes qui mentent, on voit que la garde se baisse, le mensonge devient la norme. L'immoralité du mensonge va complètement s'émousser avec le temps. Un vieux menteur n'a plus du tout de culpabilité. C'est un cycle du mensonge qui va se déclencher : il ment aux autres mais aussi à lui-même. Il va perdre le contact avec le monde du réel, c'est comme s'il n'existait plus, il est perdu.

Novlangue (Newspeak)

La (ou le) novlangue (en anglais « Newspeak ») est la langue officielle d'Oceania, inventée par George Orwell pour son roman 1984 (publié en 1949). Le principe est simple : plus on diminue le nombre de mots d'une langue, plus on diminue le nombre de concepts avec lesquels les gens peuvent réfléchir, plus on réduit les finesses du langage, moins les gens sont capables de réfléchir, et plus ils raisonnent à l'affect. La mauvaise maîtrise de la langue rend ainsi les gens stupides et dépendants. Ils deviennent des sujets aisément manipulables par les médias de masse tels que la télévision, la radio, les journaux, les magazines, etc.

Hors du contexte du roman, le mot novlangue est passé dans l'usage, pour désigner péjorativement un langage ou un vocabulaire destiné à déformer une réalité, ou certaines formes de jargon. La conseillère de Donald Trump, Kellyanne Conway, a justifié un mensonge flagrant de la Maison blanche en le qualifiant de « fait alternatif ». Le 22 janvier 2017, le directeur de la communication de la Maison-Blanche, Sean Spicer, a clamé haut et fort que la foule présente le jour de l'investiture de Donald Trump a été « la plus importante à avoir jamais assisté à une investiture dans le monde ». Le mensonge est un peu gros et copieusement moqué, et c'est au tour de la conseillère de Donald Trump d'intervenir : pour justifier la sortie de son collègue, Kellyanne Conway a assuré que ce dernier avait donné des « faits alternatifs » afin de contrecarrer les « choses fausses » avancées par les médias. Ce procédé : tordre le sens du langage pour que les événements deviennent conformes à une réalité que l'on souhaite voir exister est typique de l'équipe de Donald Trump.

POURQUOI LES POLITICIENS PENSENT-ILS QU'ILS PEUVENT MENTIR EN TOUTE IMPUNITÉ ?

On est constamment étonné par la fréquence à laquelle les politiciens mentent puis, bien sûr, par leur réticence à admettre qu'ils ont menti. Les euphémismes que les politiciens utilisent pour ce qui est, dans bien des cas, des mensonges audacieux sont une légende. Les politiciens se sont mal exprimés. Les médias biaisés ont mal interprété ce qu'ils voulaient dire. Les propos des politiciens étaient déformés, exagérés ou sortis de leur contexte. Ils ont surestimé, minimisé ou mal déclaré. Mais, bien sûr, les politiciens ne mentent jamais, du moins c'est ce qu'ils disent. Pourquoi les politiciens pensent-ils qu'ils peuvent mentir sans se faire prendre? Particulièrement à l'ère d'Internet et de son armée de vérificateurs de faits (fact checkers), les chances sont rares. Bien sûr, certains politiciens n'essayent même pas d'affiche leur manque d'honnêteté : « *Nous ne laisserons pas notre campagne être dictée par des fact checkers* ». Alors, pourquoi les politiciens pensent-ils qu'ils peuvent mentir quand leurs mensonges sont si facilement découverts?

Il y a plusieurs raisons

1 - Beaucoup de politiciens sont des narcissiques. Les narcissiques sont arrogants, dominateurs, se considèrent comme uniques, exigent une admiration excessive, ont le sens de leurs droits, et l'exploitent. Cette constellation d'attributs narcissiques les amène à croire qu'ils ont raison et, même s'ils n'avaient pas raison, ils sont trop intelligents pour se faire prendre ou en subir les conséquences.

2 - Les politiciens savent que leurs partisans les croiront, même face à des preuves irréfutables du contraire. Les politiciens et leurs adhérents vivent dans une chambre d'écho dans laquelle tout le monde regarde la même chaîne d'informations, écoute la même radio, lit les mêmes journaux et sites Web et sort avec les mêmes personnes aux vues similaires. Il existe une membrane imperméable qui empêche les informations contradictoires d'entrer.

3 - Les gens ne veulent pas entendre la vérité. La vérité peut fait mal et personne ne veut entendre parler de choses qui menacent leur

existence, leurs croyances ou qui les met mal à l'aise. Il est décidément préférable que les politiciens disent aux gens ce qui les met à l'aise. Pourquoi les politiciens devraient-ils être les pourvoyeurs de mauvaises nouvelles quand ils peuvent raconter des contes de fées avec des fins heureuses et en sortir vainqueur.

4 - L'une des caractéristiques d'Internet est que les informations, vraies ou non, subsistent de façon définitive et qu'il est probable que l'on continue à les croire même en présence de preuves contradictoires.

5 - Notre cerveau se livre à de nombreuses astuces cognitives pour aider les gens à être plus efficaces, à réduire la confusion et l'anxiété et à maintenir une vie simple et cohérente. Ceci implique la tendance à rechercher des informations qui soutiennent nos propres idées préconçues; une prédisposition à refuser de nouvelles informations qui remettent en question nos points de vue établis.

6 - Si un mensonge est répétitif il devient réalité. Les gens s'attendent à ce que les mensonges soient réfutés et disparaissent. Donc, si les mensonges continuent à être entendus, les gens présument, alors ils doivent être vrais.

Au bout du compte, les politiciens mentent parce que le rapport coûts / bénéfices des mensonges leur est favorable. Ils mentent lorsqu'ils estiment que le mensonge est la meilleure politique à suivre pour se faire élire.

Chapitre 2
LA PERSONNALITÉ DE DONALD TRUMP

Contrairement à Obama, Trump est une machine à démolir, c'est un destructeur qui sait bâtir des murs, mais oublie les ponts. Ses actions présentes sont le fruit de son passé et de son éducation qui ont forgé sa personnalité. Peu de personnalités publiques ont réalisé autant d'effort afin de créer leur propre personnage et d'identité que Donald Trump. Néanmoins, nous ne savons rien de cette sphère plus intime où se cache l'homme et non la caricature, là où nous pourrions découvrir, par exemple, comment il interagit avec ses proches et les personnes qui composent son environnement le plus proche.

Le grand père

Tout commence en 1885 dans un petit village allemand, un adolescent âgé de seize ans nommé Friedrich Drumpf (aujourd'hui Trump), laisse une note sur la table de cuisine de ses parents : « *Je suis parti pour l'Amérique.* » Surpris probablement par l'annonce brutale de ce départ, les parents ne le sont pas, par le départ lui-même. Car l'année précédente, la sœur aînée avait déjà montré à son petit frère le chemin de l'Amérique, dorénavant installée avec son mari à Manhattan. Après cinq ans passés chez sa sœur à New York, à couper des cheveux et raser des barbes, Friedrich part, en 1891, pour le Nord-Ouest et s'installe à Seattle, près de la frontière à part les repas et les boissons, la maison offre aussi des « *rooms for ladies* », euphémisme pour « *maison close* ». Durant l'été 1897, le premier navire chargé d'or du Klondike arrive dans le port de Seattle. Frederick, entre-temps naturalisé américain, est en bonne position pour profiter au maximum de la manne d'or. Frederick sait qu'il y aura peu d'élus dans cette ruée vers l'or, aussi il choisit la stratégie où il sera à tous les coups gagnant : il lui faut juste suivre cette ruée vers l'or en pourvoyant aux besoins primitifs (manger, boire, dormir, sexe) des aventuriers qui dépensent leur or aussi vite qu'ils le gagnent. Pour cela, ses restaurants doivent être soit ambulants, transbordés par barge (le « *Fitzcarraldo* » du Klondike), soit abandonnés à court terme pour aussitôt être établis plus au nord, afin que l'or des trouveurs puisse remplir les poches du parasite opportuniste. Rien de choquant dans cet univers où règne la « *loi de la jungle* » et où le plus fort l'emporte sur le « *faible* », écrasé sans pitié.

Dans son restaurant de Whitehorse, Frederick commence à réaliser ce que veut dire « *Thinking Big* » : 3 000 repas servis par jour, un tripot (pas encore de casino) où les joueurs misent par milliers de dollars en or, avec des balances pour peser le précieux métal, et toujours ces « *rooms for ladies* ». Après avoir vendu ses restaurants, il repart en Allemagne, épouse Elisabeth puis revient aux Etats Unis en 1905 ou sa femme met au monde Fred, le père de Donald.

Dans son autobiographie *The Art of the Deal* (1987), Donald liquide, pour ne pas dire « *assassine* », son grand-père en deux mots : il était *un hard liver et un hard drinker*. Traduire hard liver par « *bon vivant* » serait un euphémisme, il faudrait dire « *dépravé* », et rimant avec hard drinker, « *alcoolique invétéré* ». Son propre père, Fred, dans cette autobiographie ne dépasse guère le stade de petit entrepreneur. Pour Donald Trump, reconnaître un grand-père plus grand que nature, héros du « *rêve américain* », signifierait se rapetisser d'autant et surtout donner un coup fatal à son image de self-made man qu'il propose de projeter. D'autant plus qu'à sa mort, Fred laisse une fortune de $300 millions à Donald.

Avant même que les États-Unis n'entrent en guerre contre l'Allemagne, en 1917, ces « *Américains d'adoption* » firent l'objet de brimades. Toute publication en langue allemande fut interdite et l'usage de l'allemand proscrit en public ; les mets à consonance allemande furent rebaptisés. Pour ne pas perdre sa clientèle, Fred a donc menti sur ses origines, prétendant qu'elles étaient suédoises. Et son fils Donald fit de même jusqu'à récemment. Par un travail de mise au jour de sa lignée paternelle, Donald Trump aurait pourtant appris que son grand-père avait connu très jeune les affres de l'exil, que ce vécu familial volontairement occulté devait être à la source de son propre ressentiment envers les immigrés clandestins.

Ce qui a enrichi le grand-père, c'est un modèle économique fondé sur l'exploitation de la misère des hommes, sur la valorisation de leurs fantasmes, et l'on retrouve cette stratégie chez son petit-fils, qui vendra des appartements hors de prix en disant à ses commerciaux : « *Vous leur vendez du rêve !* » Un siècle plus tard, le nom de Trump sera notoirement associé à la richesse et à la réussite. Le rêve américain version Trump.

Le père de Donald Trump

Frederick Christ Trump Sr., dit Fred Trump, est né le 11 octobre 1905 à New York dans le quartier de Woodhaven (Queens) et mort le 25 juin 1999 à New Hyde Park (État de New York). C'est un promoteur immobilier américain. Sous sa direction, The Trump Organization bâtit et gère 27 000 appartements et maisons individuelles à New York, notamment dans le quartier du Queens, ainsi que des casernes et des maisons avec jardin pour le personnel de la Marine près de grands chantier naval de la côte Est. Durant sa carrière, Fred Trump fait l'objet d'une arrestation en 1927, puis d'une enquête officielle de la commission du Sénat pour abus de contrats publics en 1954, et une autre de la division des droits civils du Département de la Justice pour violation de droits civils en 1973.

Fred Trump et le KKK (*Ku Klux Klan*)

Fred Trump ; le père de Donald était un membre actif du KKK, il a même été interpellé par la police en 1927. L'incident a lieu le dernier lundi de mai 1927, date du Memorial Day aux Etats-Unis. Des affrontements déclenchés par un groupe fasciste italien et le Ku Klux Klan éclatent alors à New York. Deux hommes sont tués par des manifestants antifascistes dans le Bronx, tandis qu'un millier de membres du Klan, en robe et capuche pointue blanches, marchent vers le quartier Jamaica, dans le Queens. Là, une énorme bagarre entraîne l'arrestation de sept hommes. L'un d'entre eux est Fred Trump, interpellé au 175-24 Devonshire Road, adresse où il habite avec sa mère à l'époque. Si en 1927, le père de Donald Trump, alors âgé de 21 ans, n'était pas encore une personnalité connue, il construit déjà des logements dans son quartier new-yorkais. Fred Trump a aussi partagé des méthodes commerciales douteuses avec son héritier. En 1973, les deux hommes sont poursuivis par le ministère de la justice pour discriminations raciales à l'encontre de leurs locataires noirs.

J'ai écrit « *l'Art de la Négociation* »

avec Donald Trump

D'après Tony Schwartz *

Son auto-sabotage est inscrit dans son passé

Pourquoi le Président Trump se comporte d'une façon si dangereuse et si destructrice ? J'ai passé, il y a trente ans, plus d'un an avec Donald Trump à écrire le livre sur l'art de négocier et je peux dire que je le connais très bien. J'ai passé des centaines d'heures à l'écouter, à le regarder faire, et à l'interviewer sur sa vie, et pour moi, tout ce qu'il fait depuis qu'il est élu était prévisible.

Le Trump que j'ai rencontré en 1985 a vécu pratiquement toute sa vie en « mode survie ». Son père, Fred, était un homme difficile et très exigeant et la vision du monde de Donald a été profondément influencée par son père. Il était convaincu qu'il fallait entrer en guerre contre le monde ; c'était toujours un choix binaire : Etre soumis ou dominer ; exploiter la peur ou y succomber. Il a grandi dans le sentiment qu'il fallait se battre pour sa survie et ne pas faire de prisonniers. La plupart de ses « affaires » étaient des échecs financiers retentissant mais Trump avait exigé que je décrive chacune de ces « affaires » comme un enorme succès. Ce qui est clair, c'est qu'il a passé toute sa vie à tenter de dominer les autres sans se soucier des effets collateraux. Je ne l'ai jamais entendu exprimer des regrets. Il était convaincu qu'il opérait dans une jungle faite de prédateurs qui tous, voulaient sa peau. Trump ne se souciait pas de reconnaitre les valeurs fondamentales telles que l'empathie, la générosité ou le sens de ce qui est bien ou mal. Ce qui est frappant c'est qu'il n'avait aucun problème pour changer sa version d'un fait quelquonque si cela l'arrangeait. Son objectif n'était jamais la recherche de la vérité mais seulement la domination. Ce dont il avait le plus besoin était le désir de tout contrôler, son aversion pour toute critique, ce qui explique son hostilité pour la presse libre et la démocratie. J'ai écouté des centaines de conversations téléphoniques et j'ai participé à des douzaines de réunions, et je ne me souviens pas avoir entendu une seule personne exprimer un désaccord ou une différence d'opinion sur le moindre sujet. Je ne lui ai jamais parlé depuis plus de trente ans, sauf en Juillet 2016 après un article du « The New Yorker » qui racontait mon expérience avec Trump. Il m'a téléphoné, m'a dit que j'étais un traitre, m'a menacé pendant quelques minutes et a ensuite raccroché ! C'est tout !

* Tony Schwartz est un des co-auteurs du livre « The dangerous case of Donald Trump » 2017

La mère de Donald Trump

La mère de Donald, issue d'une famille pauvre du Nord-Ouest de l'Écosse est le produit d'une stricte éducation presbytérienne. Mary Ann MacLeod, née en 1912, était la dernière d'une famille de dix enfants établie depuis des générations sur l'île de Lewis, tout au nord de l'Écosse. Les parents furent des « *crofters* », de petits agriculteurs qui cultivaient une maigre terre de location. Son père passait beaucoup de temps en mer, le reste de leurs revenus provenant de la vente de tourbe et d'algues dont on faisait de la potasse. Les conditions de vie y étaient misérables. Sur cette terre aride et désolée, battue par les vents, le moindre tronc flottant constituait un trésor dont les habitants se servaient pour soutenir leur toit de chaume. Les maisons abritaient hommes et bêtes dans une même pièce, avec des portes si basses qu'il fallait ramper pour en sortir ; il n'était pas inhabituel que six personnes dorment dans un même lit. Beaucoup ont émigré au Canada au cours du XIXe siècle, puis vers New York après la Première Guerre mondiale. Elle avait débarqué seule à New York en février 1930, en quête d'une meilleure existence, avant d'épouser le promoteur immobilier Fred Trump dont elle partageait depuis le fastueux train de vie. Son penchant prononcé pour le luxe (elle conduisait une Rolls-Royce rose à ses galas de charité) semblait devoir compenser une enfance marquée par l'isolement, les privations et la morosité. La première chose qui vient à l'esprit, c'est l'empreinte d'une extrême insécurité économique. En épousant Fred Trump, en 1936, elle devait prendre une revanche sur cette pauvreté et vivrait désormais dans un luxe inouï.

C'était une obsession que son second fils exhiberait à l'extrême : accumuler toujours plus de richesses, compulsivement.

« *Je me souviens encore de ma mère,* confirmera Trump dans une autobiographie, *assise devant le poste de télévision à regarder le couronnement de la reine Elisabeth (en 1953) sans bouger de toute la journée. Elle était fascinée par le cérémonial, toute cette histoire de royauté et de glamour ».* Donald avait alors sept ans. Ses amis décrivent une femme stricte et distante, entièrement absorbée par ses œuvres de bienfaisance et rarement en interaction avec ses cinq enfants.

Quatrième de sa fratrie, le jeune garçon a-t-il joui d'une relation intime avec sa mère et développé un sentiment de sécurité affective autour d'elle ? Sans doute pas et certains pensent que ses colères et ses fanfaronnades viennent de là : le manque d'une présence maternelle aimante et bienveillante. « *Votre mère vous aide à identifier vos émotions et à développer une structure cognitive qui vous évite de réagir immédiatement »* explique ainsi une thérapeute. Il est certain que la capacité d'empathie se développe dans la relation maternelle.

L'éducation parentale

Inversement et d'un commun accord, les parents Trump ont rejoué sur leurs enfants les rigueurs de leur propre éducation : les obligations qu'ils imposaient interdisaient toute expression émotionnelle. Le père ne pensait qu'à son travail, la mère s'épuisait en mondanités malgré une santé fragile. Après la naissance de leur cinquième enfant, Mary Ann subit une hystérectomie et des opérations successives qui manquèrent l'emporter. « *Mon père rentra à la maison et me dit qu'on ne s'attendait pas à ce qu'elle vive, rapportera leur fille aînée, mais qu'il fallait me rendre à l'école et qu'il m'appellerait en cas d'évolution : à l'école comme si de rien n'était ! »*

Cet épisode tragique, sur lequel il n'a jamais mis de mots, n'a pas manqué d'impacter le jeune Donald. Si sa mère s'est progressivement rétablie, elle reprendra son activisme et organisera désormais de grandes fêtes autour d'elle. « *Après coup, j'ai réalisé avoir hérité de son goût pour la mise en scène, écrira Donald. Elle a toujours eu le sens du spectacle et la folie des grandeurs ».*

La gestion de cette mémoire traumatique implique de multiples remises en scène, souvent douloureuses. Pendant des années, Donald Trump a animé un *reality show* très populaire aux États-Unis, « *The Apprentice* », dans lequel les candidats étaient invariablement congédiés par cette fameuse phrase : « *You are fired !* » (Vous êtes virés !). Trump incarne désormais le prince qui fascinait tant sa mère : c'est lui qui menace, c'est lui qui évince, à la télévision, comme dans les affaires.

Son grand-père s'est enrichi de la ruée vers l'or et Trump va faire de même en investissant dans les casinos d'Atlantic City, dans le New Jersey. En 1982, il achète un premier terrain et obtient une licence ; ce sera le Trump Plaza, mais lui n'assume aucun risque. Ses partenaires investissent sur la seule promesse de son nom. Il construit un second casino, puis un troisième : le Taj-Mahal, qu'il présente comme la 8ème merveille du monde. L'opération lui coûterait $ 95 millions d'intérêts chaque année. Côté recettes, il lui faut une masse de joueurs, pour la plupart de petites gens qui viennent par bus entiers dépenser leurs maigres dollars contre un bref frisson de richesse : c'est la contrepartie du rêve américain version Trump. Son empire est bientôt au bord de la faillite ; ses actionnaires vont perdre $ 1,5 milliards en dix ans, tout en lui versant un salaire de PDG. Le Trump Plaza fermera ses portes en 2014 et le Taj Mahal en 2016 sans que les retraites de leurs employés ne soient jamais honorées.

Ainsi, Donald Trump vend-il une chimère auquel il a dû croire lui-même. Il n'éprouve aucune honte à le faire, puisqu'il est coupé de sa sensibilité. Ce qui lui importe, c'est de sauver sa peau ; il est toujours en mode survie, comme dans l'enfance.

On sait que Donald Trump gère un profond sentiment de vulnérabilité par cette virulence qu'il met en scène et revendique. Lorsqu'il se sent blessé il réagit impulsivement de manière défensive, il invente une histoire à dormir debout pour se justifier et mettre la faute sur les autres. De ce point de vue, Trump est en phase avec ses supporters qui ne savent plus comment faire entendre leurs frustrations. C'est un comportement de survie qu'il a développé très tôt en réaction aux violences de son entourage. De fait, selon des témoignages, l'ambiance relationnelle dans leur luxueuse demeure du Queens (New York) était explosive.

« *Si vous prononciez le moindre gros mot dans cette maison, on vous brisait la nuque !* », rapporte un ami de la famille. Le père Fred Trump était un tyran domestique. Lorsqu'il rentrait le soir, sa femme lui rapportait les moindres gestes de leurs cinq enfants et le despote décidait des mesures disciplinaires qu'il jugeait adaptées. Selon la gravité de leur faute, les jeunes coupables étaient privés de sortie ou fessés avec une spatule en bois. Pour tenir cette mémoire traumatique à distance, Donald a toujours eu recours à une même conduite dissociante : surpasser tous les autres et devenir le « *killer* » que son père attendait.

Un fils identifié à son père

Chez les Trump, il n'y avait donc qu'un maître à bord, le père, et une priorité : la progression de sa fortune immobilière qui doublait à l'époque chaque année. Pressenti pour lui succéder, son fils aîné Fred junior, dit Freddy, va faire les frais de ces humiliations. Il sera systématiquement dévalorisé et mourra prématurément des suites d'alcoolisme. Pour ne pas subir le même sort, le jeune Donald n'a d'autre choix que d'imiter ce père cruel : il lance des pierres aux voisins et agresse ses camarades de classe ; au baseball, c'est un frappeur redouté. « *Quand je me revois en première année et que je regarde qui je suis aujourd'hui, confiera-t-il candidement à un biographe, il n'y a guère de différence.* »

Grace aux préceptes martelés par son père : « *Attaque au lieu de te défendre, si on te frappe, frappe plus fort, ne t'excuses jamais* » Donald s'endurcit. Il a compris comment fonctionnait son père et donc pense-t-il, le monde. Il n'aura de cesse que de vouloir impressionner son géniteur lorsqu'il travaille pour lui, chaque été.

L'obsession de ses mains

Lors des rituels diplomatiques, la poignée de main représente une étape clef, une façon pour deux chefs d'États de signifier leur entente devant les caméras et les appareils photos, espace trop grand et ce même si ce n'est pas le cas en coulisse.

Nous sommes en 1984 aux États-Unis. À l'époque, tout le monde ne connaît pas Donald Trump, qui fait alors l'objet d'un portrait dans le magazine GQ. Le journaliste Graydon Carter écrit :

« Voici Donald Trump. 38 ans. Des sourcils à la Henry Luce. (...) Son mètre quatre-vingt-huit est rogné mais bien alimenté. Les mains sont petites et soigneusement entretenues. »

Quatre ans plus tard, le journal satirique Spy, co-fondé par Graydon Carter, publie une fausse publicité pour le livre The Art of the Deal de Donald Trump, qui vient de sortir en librairie. Sous des critiques moqueuses, on peut lire que l'homme d'affaires est décrit comme un « rustre aux petits doigts », (« short-fingered vulgarian »). Cette fois, c'en est trop pour Trump: celui qui n'a pas de peine à rire des autres, ne supporte pas qu'on s'en prenne à ses mains.

« Juste pour le rendre un peu fou, je faisais référence à lui comme étant quelqu'un de vulgaire avec des petits doigts dans les pages du magazine Spy. C'était il y a plus de vingt-cinq ans. À ce jour, je reçois de temps en temps une enveloppe de Trump. Il y a toujours une photo de lui, généralement déchirée dans un magazine. Sur chacune de ces photos, il a entouré sa main au marqueur doré dans un vaillant effort de mettre en valeur la longueur de ses doigts ».

La blague a donc continué avec plus ou moins de régularité, au moins jusqu'au milieu des années 1990. Bizarrement, après une période d'accalmie, c'est Trump qui a relancé cette petite histoire en 2011 alors qu'il confiait au New York Post songer de nouveau à la Maison-Blanche. Sauf que cette fois, il y ajoute un sous-entendu sexuel. « Mes doigts sont longs et très beaux comme, et ça a été bien documenté, sur d'autres parties de mon corps. » Le 3 mars, lors d'un débat télévisé, l'actuel président américain va plus loin, en montrant ses mains: « Regardez ces mains, sont-elles petites? Rebelote le lendemain devant des partisans: « Ces mains peuvent envoyer une balle de golf à 260 mètres. » La salle exulte, internet ne tient plus en place.

Mais le père ne voit pas chez Donald le miroir de son propre comportement. Pour dompter ce fils rebelle, il l'envoie à treize ans à la Military Academy de New York, l'internat le plus strict de la région. Son instructeur ne tolère pas le moindre sarcasme et frappe les pensionnaires désobéissants. « *C'était un sacré connard*, dira Trump. *Il vous tabassait régulièrement. Vous deviez apprendre à survivre.* » Suivant le mécanisme d'identification à l'agresseur, le jeune homme participe au bizutage des cadets qui sont insultés et battus dès leur arrivée. Un jour, il manque de passer l'un d'entre eux par la fenêtre lors d'une inspection des dortoirs. Derrière cette phrase prononcée par Donald Trump deux mois après la mort de Freddy, en 1981, on devine l'image terrifiante du père : « *L'homme est l'animal le plus vicieux et la vie une suite de batailles qui finissent par une victoire ou une défaite. Ne laissez personne faire de vous un pigeon !* »

LA VULGARITÉ LÉGENDAIRE
DE DONALD TRUMP

Vulgarité, bassesse, goujaterie : tout y passe ! Ce président trop particulier et trop atypique a atteint, en matière de bassesse, de vulgarité, de grossièreté, de trivialité et de petitesse, des records qu'aucun de ses prédécesseurs n'a atteint et que, sans doute, aucun de ses successeurs n'atteindra. On peut être l'homme le plus puissant d'Amérique et du monde, posséder une fortune qui se chiffre en milliards de dollars et, dans le même temps, inspirer le mépris par son comportement indigne et ses attitudes basses et immorales. Depuis qu'il a pris ses fonctions à la tête de l'Exécutif Américain, il n'a pas arrêté d'insulter, d'injurier, d'invectiver et de menacer au lieu de se pencher sur l'étude des dossiers complexes et des sujets brûlants que le Président de la première puissance du monde est tenu de résoudre et d'y apporter les réponses appropriées.

Chaque jour apporte sa dose de vulgarité :

Donald Trump a attaqué avec vulgarité l'animatrice de l'émission Morning Joe, sur la chaîne MSNBC, Mika Brzezinski, qu'il l'avait critiqué.

« J'ai entendu Morning Joe, une émission qui fait peu d'audience, mal parler de moi, a écrit Donald Trump. Alors comment se fait-il que la folle Mika au faible QI, avec Joe le psychopathe soient venus à Mar-a-Lago, trois nuits d'affilées autour du Nouvel An, et aient insisté pour me rejoindre. Elle saignait abondamment à cause d'une chirurgie esthétique au visage. J'ai dit non! ».

Le sénateur du Grand Olp Party Lindsey Graham, qui a déjà eu des mots très durs pour Donald Trump par le passé, a vivement réagi: « M. le président, votre tweet n'était pas à la hauteur de votre fonction et symbolise ce qui ne va pas dans la politique américaine, ce n'est pas la grandeur de l'Amérique ».

Même le docile Paul Ryan, chef de file des républicains à la Chambre des représentants, a manifesté son embarras : « Cela ne me paraît pas être un commentaire approprié », « nous essayons d'améliorer la civilité et le ton du débat, et cela ne va évidemment pas dans ce sens ».

« Il faut que cela s'arrête », a exhorté la sénatrice républicaine Susan Collins,

« Voulez-vous que l'on se souvienne de vous pour vos tweets ou vos actes? », a interrogé la sénatrice républicaine Lisa Murkowski.

Une journaliste de la chaîne conservatrice Fox News qui entretient les meilleurs termes avec Donald Trump s'est également montrée choquée: « comment le parti républicain fait-il passer son message et travaille-t-il sur son programme quand le président continue à poster des tweets comme celui-là? Celui-là est terrible. Il s'en prend à la personne, il insulte de nouveau une femme. Ce n'est pas bon ». La présentatrice Julie Banderas interpellait la présidente du parti républicain, Ronna McDaniel, qui venait de prendre la défense du président.

Vendredi 7 octobre 2016, à un mois du scrutin, le Washington Post a révélé des propos machistes obscènes tenus par le candidat ré-publicain, qui lui ont valu une salve de condamnations jusque dans son propre camp. Le président américain avait qualifié Haïti et le continent africain de « pays de merde », (ou « shithole countries »). De nombreux médias ont retenu la formule très crue de « pays de merde », proche du sens littéral et conforme au style souvent sans fioritures de M. Trump.

Depuis de nombreuses années, le milliardaire multiplie les propos dégradants à l'égard de l'autre sexe. Le candidat à beau clamer à ses sympathisants que « *personne n'a plus de respect pour les femmes que Donald Trump* », ses déclarations suggèrent franchement le contraire.

Quelques exemples :

« *Quand vous êtes une star elles vous laissent faire, vous pouvez tout faire même les attraper par la chatte* ». En 2005 dans un enregistrement tourné par NBC, révélé par le *Washington Post* le 7 octobre 2016. « *Je n'ai jamais dit que j'étais une personne parfaite* », s'est aussitôt excusé Donald Trump dans une vidéo diffusée sur Facebook. « *Ceux qui me connaissent savent que ces paroles ne reflètent pas qui je suis. Je l'ai dit : j'avais tort et je m'excuse* ».

« *Vous savez, peu importe ce qu'écrivent les médias, tant que vous êtes jeune et que vous avez un beau cul* ». En 1991, dans une interview à Esquire. PAUL J. RICHARDS / AFP.

« *Je trouve qu'elle n'a pas une belle peau et que ses lèvres sont trop grosses.* » En 2007, Donald Trump est interrogé sur le physique d'Angelina Jolie. YURI CORTEZ / AFP.

« *Toutes les femmes de l'émission « The Apprentice » ont flirté avec moi, consciemment et inconsciemment.* » En 2004, Donald Trump évoque l'émission « *The Apprentice* » dans le Daily News. MANDEL NGAN / AFP.

« *Quand j'ai repris Miss Univers, les maillots de bain ont rétréci et les audiences ont explosés* ». 2016, Donald Trump parle du concours de Miss Univers, qu'il préside, dans un article de Vanity Fair. / AFP

« *Si Hillary Clinton ne peut pas satisfaire son mari, comment peut-elle satisfaire l'Amérique* ». Ce tweet a été supprimé depuis. Le 16 avril 2015, Donald Trump poste ce message sur le réseau social. Il assure que c'est un membre de son équipe qui l'a publié. TASOS KATOPODIS / AFP.

« *Vous n'auriez pas ce job si vous n'étiez pas jolie* ». Voilà ce qu'a déclaré Donald Trump à une journaliste qui l'interrogeait, en 2014. La séquence est passée dans le Last Week Tonight de John Oliver.

CARLO ALLEGRI / REUTERS.

« Si Ivanka n'était pas ma fille je pourrais sortir avec ». Lors de l'émission « *The View* », en 2006, Donald Trump fait cette sortie fracassante. MAXPPP.

« On pouvait voir du sang sortir de ses yeux, sortir de son… ou que ce soit ». Cette allusion aux règles de la journaliste Megyn Kelly de Fox News, après qu'elle l'a interrogé sur son sexisme, a fait polémique. Il assure qu'il voulait parler de son nez. MIKE SEGAR / REUTERS.

« Arriana Huffington est repoussante. Je comprends pourquoi son mari l'a quittée pour un homme ». Cette fois, le tweet, posté en 2012, est toujours assumé. Donald Trump a même proféré d'autres insanités à l'égard de la cofondatrice du Huffington Post. JOE RAEDLE / AFP.

« Ça doit être une belle image de vous voir agenouillée. » Cette déclaration vulgaire a été prononcée lors de l'émission « *The Apprentice* », en 2013. Donald Trump s'adressait à l'ancienne playmate Brande Roderick. JONATHAN ERNST / REUTERS.

Une première de plus sous l'ère Trump : Durant une cérémonie officielle habituellement solennelle, le President n'a pu s'empêcher de faire une remarque grossière à la veuve de la personne qu'il récompensait à titre posthume. Le juge Antonin Scalia avait été nommé à la Cour suprême des Etats-Unis en 1986 ; le 13 février dernier, il a été retrouvé mort à l'âge de 79 ans dans son ranch texan. Donald Trump a tenu à récompenser son ami conservateur en lui remettant la Médaille présidentielle de la Liberté et il a fait appel à la veuve du juge Scalia. Ce qui devait initialement être une cérémonie solennelle a rapidement dérapé.

Il n'a fallu que quelques mots à Donald Trump pour déclencher la polémique : Alors qu'il présentait à l'assistance Maureen Scalia, qui partagea la vie du juge durant plus de 50 ans, le président a égrainé les prénoms des neuf enfants du couple. Le chef d'Etat n'a alors pas pu s'empêcher de lancer: « *Vous avez été très occupés, wow. Wow!* », avant d'ajouter au sujet du juge Scalia : « *J'ai toujours su que j'aimais cet homme* ». Si le sous-entendu grivois a dans un premier temps provoqué le rire de certains des invités, il a rapidement été jugé totalement déplacé par de nombreux internautes. Sur la Toile, la remarque du président américain n'en finit en effet plus de faire réagir. Elle passe d'ailleurs très mal auprès du grand public.

Une autre « *goujaterie* » : Trump s'en est pris aux femmes qui l'accusent de comportements sexuels déplacés. Trois d'entre elles, qui l'avaient déjà mis en cause durant la campagne de 2016, se sont retrouvées ensemble sur un plateau de télévision pour réclamer au Congrès l'ouverture d'une enquête sur le président des États-Unis. Et le même jour, leur demande a été appuyée par une lettre de 54 élues démocrates de la Chambre des représentants allant dans le même sens. Le Président s'est emporté contre la sénatrice de New York, Kirsten Gillibrand, qui avait réclamé sa démission, la veille, en raison de ces accusations.

La décrivant comme quelqu'un qui, « *il n'y a pas si longtemps, venait dans son bureau en le suppliant de faire des dons pour sa campagne* », il a ajouté « *qu'elle était prête à tout* » pour obtenir ces financements.

L'attaque de Trump a aussi fait sortir de ses gonds jusqu'au quotidien populaire USA Today, d'ordinaire plus mesuré : « *Un président capable de traiter une sénatrice de prostituée n'est même pas digne de nettoyer les toilettes de la bibliothèque présidentielle d'Obama ou de cirer les chaussures de George W. Bush* », fustige le quotidien dans un éditorial au vitriol qui énumère toutes les bassesses du président des États-Unis.

Trump a lancé une nouvelle bordée d'injures contre Omarosa Manigault Newman, une ex-conseillère dont le livre à charge paraît, la traitant de « *chienne* » et de « *crapule foldingue* ».

« *Quand tu donnes sa chance à une crapule foldingue et pleurnicheuse et que tu lui donnes un boulot à la Maison Blanche, je me dis que ça n'a simplement pas marché. Une bonne chose que le général Kelly ait rapidement viré cette chienne !* »

Le look Trump*

Avec sa crinière blonde rebelle, son teint carotte et ses cravates trop longues, le President est la risée de ses adversaires. Il s'habille comme il parle, d'une manière très « brute de décoffrage », sans jamais faire dans la dentelle ». Qu'on se le dise : le nabab de l'immobilier n'a peur de rien. Pas même du ridicule...

Avec l'ego d'un Roi-Soleil, il le dit lui-même, il est « le meilleur président que Dieu n'ait jamais créé », avec sa crinière à l'effet moumoute. Il a les cheveux jaunes, couleur soupe au potiron, et le teint carotte. Même sa fille Ivanka s'en moque. Elle a raconté à des amis comment cette étrange boule jaune-orangée est composée. Le crâne de son père, raconte-t-elle, est complètement chauve, avec quelques poils sur les côtés et sur le haut du front. Une partie de la calvitie a été masquée par une opération de réduction de la tonsure. Pour le reste, les mèches de côté sont ramenées au milieu, puis renvoyées vers l'extérieur à l'aide d'une puissante laque à cheveux. Quant à la couleur, on la doit à la gamme Just for Men. Plus la teinture est appliquée longtemps, plus elle devient sombre... Si Trump arbore cette étrange couleur allant du jaune à l'orange, c'est qu'il n'a pas la patience d'attendre.

Outre la coiffure et la carnation, l'uniforme varie rarement: costume bleu, chemise blanche et cravate aux couleurs vives. Bref, l'archétype du parfait homme d'affaires. Sauf que la longueur de ses cravates fait débat... Pour les uns, c'est une preuve supplémentaire de son ego surdimensionné, pour les autres, le signe d'un complexe. Son point fort? Il a fait de cette faute de goût une marque de fabrique. Selon Dominique Gaulme son look est aussi celui d'un homme qui refuse de vieillir. Il s'habille et se coiffe en 2016 comme il le faisait dans les années 1970. « Trump a fait un arrêt sur image: il s'accroche à ses jeunes années, à la période de son âge d'or dans l'immobilier, ajoute-t-elle. On sent qu'il s'est approprié des codes de sa jeunesse: les Beach Boys, les chinos extra-larges, les pantalons à pinces et le bronzage ». Il fait partie de ces vieux jeunes gens qui se sont fait une mode à eux et qui se fichent éperdument de ce que l'on peut penser de leur style.

* D'après Rebecca Benhamou, publié le 12/03/2016 dans l'Express

Voici un violent message d'insultes publié sur Twitter est adressé à plus de 53 millions de personnes par le président des États-Unis, en personne. La « *crapule foldingue* » à l'origine de la colère de Donald Trump, Omarosa Manigault Newman, 44 ans, est une ancienne candidate à l'émission de téléréalité du président devenue ensuite une de ses conseillères. Après un an à la Maison Blanche, elle a été limogée par John Kelly. Une expérience qu'elle décrit dans un livre à charge, et dont elle assure la promotion depuis plusieurs jours. Dans son livre au titre évocateur « *Déséquilibré* », Omarosa Manigault n'épargne pas son ancien mentor. Elle y décrit un Donald Trump « *raciste, intolérant, misogyne* », souffrant d'une « *grave déficience mentale et inapte à tenir la fonction suprême* ».

Le sénateur John McCain, figure influente du Parti républicain dont il a été le candidat malheureux à la présidentielle de 2008, avait retiré son soutien à Donald Trump après la révélation de propos vulgaires qui ont jeté le trouble sur sa campagne. « *Le comportement de Donald Trump, qui s'est conclu avec la révélation de ses propos avilissants concernant les femmes et ses vantardises d'agressions sexuelles, rend impossible de continuer à soutenir, même de façon conditionnelle, sa candidature* », avait affirmé dans un communiqué John McCain, dernier d'un grand nombre de républicains ayant formellement annoncé le retrait de leur soutien.

Un Hédonisme* totalement débridé

Comment le chef de file du monde libre a prouvé à maintes reprises qu'il est inapte au pouvoir

D'après Philip Zimbardo et Rosemary Sword **

*Recherche permanente du plaisir

Un hédoniste vit au present sans toujours réfléchir aux consequences de ses actions, ni au futur. Un hédoniste débridé va faire tout ce qu'il peut pour enfler son ego, sans se préoccuper de la réalité du passé et des conséquences dévastatrices de ses remarques improvisées ou de ses décisions à l'emporte-pièce. Le comportement de Donald Trump indique que ses perspectives « temporelles » sont totalement déséquilibrées.

La perspective temporelle :

La perspective temporelle est un concept qui englobe l'orientation dans le temps (l'importance accordée au passé, présent, futur) et l'attitude (positive, négative, fataliste, hédonique) par rapport au temps passé, présent et futur.

Selon les travaux de Zimbardo, les gens ont tendance à se situer de façon prédominante dans l'une de ces perspectives temporelles :

Orientée vers le présent avec une attitude fataliste ou hédoniste

Orientée vers le futur avec une évaluation négative ou positive

Orientée vers le passé avec une évaluation négative ou positive

Si l'une de ces perspectives temporelle prédomine de façon excessive, on peut perdre le contact avec la réalité du présent et surtout celle du futur.

Donald Trump est un hédoniste « radicalisé » et totalement débridé qui allie : deshumanisation, mensonges, misogynie, paranoïa, racisme, et autosatisfaction. En outre Donald Trump présente deux autres traits de personnalité qui aggravent son cas :il a une personnalité narcissique quasi pathologique et un comportement harceleur (bullying).

Cet ensemble de traits de caractère chez le Président des Etats Unis d'Amérique a donné naissance à « l'effet Trump ».

« The Trump effect » : I'm gonna bomb the shit out of them ! (Je vais bombarder leur merde)

Trump durant un rallye de campagne électorale a Fort Dodge (Iowa) 13 Novembre 2015

L'effet Trump était considéré à l'origine comme une forme d'harcèlement dans les écoles, provoqué par la rhétorique violente utilisée par Donald Trump lors de sa campagne présidentielle. Un an après le début de la présidence, la définition de l'effet Trump s'est élargie pour inclure l'intimidation religieuse et raciale de la part des adultes ainsi que la misogynie, les agressions sexuelles et d'autres comportements socialement inacceptables. Le harcèlement (bullying) est un comportement décrit comme l'utilisation du pouvoir par la force ou l'influence pour intimider un autre.

La « Human Rights Campaign » (HRC) a récemment présenté les résultats alarmants de son enquête nationale postélectorale sur les effets du comportement « d'intimidation » de Trump. Le HRC cite une augmentation rapide du comportement harceleur chez les jeunes pendant et depuis la campagne de 2016. HRC a interrogé un groupe diversifié de 50 000 jeunes âgés de 13 à 18 ans et a découvert que 70% des personnes interrogées avaient été témoins d'actes d'intimidation, qui incluaient des messages haineux ou du harcèlement tout au long de la campagne électorale et immédiatement après la victoire électorale de Trump. Certains élèves ont utilisé le mot « Trump » comme une provocation alors qu'ils se liguaient contre les autres. Les enseignants ont indiqué que les élèves étaient encouragés à utiliser des insultes et à se faire des déclarations incendiaires. Les injures, les menaces d'expulsion et, pire encore, ont poussé certains des enfants d'immigrés victimes d'intimidation à subir des attaques de panique et même à entretenir des pensées suicidaires. L'effet dangereux du « bullying » sur les enfants est bien connu: il affecte les résultats scolaires, la santé et, dans certains cas, peut conduire à l'automutilation. Les élèves stressés ont plus de difficulté à apprendre et l'anxiété a un impact néfaste sur la concentration et donc sur les notes. Mais qu'il s'agisse ou non d'un élève appartenant à un groupe cible, tous les élèves qui en sont les témoins sont vulnérables au stress de l'effet Trump.

**Phillip Zimbardo, PhD, est Professeur et chercheur à l'Université de Stanford(USA). Rosemary Sword est une psychologue auteur de nombreux ouvrages sur la perspective temporelle. Ils sont co-auteur du livre « The Dangerous case of Donald Trump » (2017).

LE PROFILAGE DE DONALD TRUMP

Le profilage est une technique crée par le FBI en 1970, initialement utilisée pour étudier le comportement des tueurs en série, mais qui s'est progressivement affinée pour s'appliquer à n'importe qu'el individu et pour prédire son comportement ultérieur. La raison pour laquelle cette technique est efficace tient au fait que certains individus qui portent certains traits de personnalité ont tendance à répéter certains comportements spécifiques à ce type de personnalité.

Les vingt-sept psychiatres qui ont partagé leurs opinions dans le livre « *The Dangerous Case of Donald Trump* » ont comptabilisé une dizaine de troubles de la personnalité chez Trump, mais il y en a un qui se distingue particulièrement : Donald Trump est un grand narcissique.

Un narcissique est, pour résumer, un individu qui ne montre aucune empathie, et cela se traduit par trois constats : Tout revient à ma personne ; les autres ce n'est « *rien* », on s'en fout ; les règles ne s'appliquent pas à ma personne.

1 - Tout revient à ma personne

Tous les enfants passent par une phase narcissique dans laquelle ils pensent être le centre du monde et ils attendent que leur entourage se conduisent en conséquence et leur donnent l'amour et l'attention qu'ils méritent. Puis, à l'âge adulte, cette phase s'estompe pour laisser place à des traits plus responsables. Le narcissique reste en permanence dans cette phase où il est toujours le centre du monde alors que le reste de sa personnalité se développe normalement

2 - les autres c'est « rien », et on s'en fout

Le narcissique n'éprouve rien pour les autres, ou pour les sentiments des autres. Il n'a aucune empathie. Et les autres le ressentent. Ses actions le reflètent régulièrement, comme dans le licenciement brutal de l'ancien numéro 2 du FBI Andrew McCabe, qui avait dirigé par intérim le FBI, a moins de 48h de sa retraite et après 21 ans de bons et loyaux services, le privant ainsi de ses droits financiers.

3 - Les règles ne s'appliquent pas à ma personne

Le narcissique ne se préoccupe pas des règles, des règlements et même de l'éthique ou de la moralité d'une action. Il exige des autres qu'ils soient en permanence à sa disposition et qu'ils satisfassent ses moindres désirs. Les règles, elles sont pour les moutons, pas pour les leaders. Il n'a pas d'état d'âme à être hors la loi, dans la mesure où il passe à travers. Il connait bien la différence entre le bien et le mal, mais cela ne le concerne pas.

Donald Trump n'aime pas les règles, les protocoles, être critiqué où être remis en question. Il conteste souvent le statu quo et n'accepte pas les ordres. Si nous ajoutons l'impulsivité à ces comportements, nous avons un comportement antisocial.

Il a une durée d'attention très courte. Il montre peu d'intérêt pour des opinions différentes des siennes, ses schémas mentaux sont très rigides et sa capacité à traiter des informations écrites limitées. Il se limite à vivre le moment présent, donnant la sensation de ne pas évaluer les conséquences à long terme que pourraient générer son comportement.

Il possède une personnalité clairement narcissique. Il a également tendance à faire confiance à très peu de personnes et tend à appliquer une pensée dichotomique quant à ses relations : vous êtes un ami ou un ennemi, vous êtes un patriote ou vous n'êtes pas.

Il semble posséder un faible contrôle de ses impulsions.

Il se méfie des intellectuels, il qualifie les journalistes de personnages « *dangereux* » et évite toute personne qualifiée dans un domaine particulier car il suppose que cette dernière maintiendra un point de vue contraire au sien et mettra ainsi en évidence ses erreurs.

Il est très habile socialement, mais cette capacité n'a qu'un but : être le centre d'attention. S'il n'y parvient pas, il se sent frustré et en colère.

Trump, le narcissique a besoin d'attention permanente. Il fera tout ce qui est possible pour garder le contrôle et le pouvoir. Il va continuer à travailler de façon superficielle, survolant les problèmes sans jamais aller jusqu'au bout. Son équipe sera d'abord sa famille car il se méfie des autres qui devront prouver en permanence leur loyauté à Trump. Les Américains ne lui renouvelleront pas leur confiance en 2020.

Le narcissisme pathologique et la politique : une association létale !

*Craig Malking, PhD, Harvard (USA)

My twitter has become so powerful that I can actually make my enemies tell the truth (Mon twitter est devenu si puissant que je peux faire dire la vérité à mes ennemis)

D.Trump twitt 17 Octobre 2012

Le narcissisme pathologique commence lorsque les gens deviennent si accros au sentiment de se sentir spécial que, comme avec n'importe quelle drogue, ils feront tout pour obtenir leur « high », incitant au mensonge, à la triche, à la trahison et même à faire souffrir physiquement leurs proches. A ce niveau, ils seront atteints du véritable trouble narcissique de la personnalité (NPD) et, au cœur de ce NPD, un ensemble de comportements que les psychiatres appellent « triple E ».

« Entitlement » : Agissant comme si le monde et les autres leur doivent tout et doivent se plier à leur volonté.

« Exploitation » : utiliser les gens autour d'eux pour se sentir spéciaux, quel que soit le cout physique ou émotionnel pour ces gens. Ruinant leur « self estime » ou les mettant à genoux avec du travail au-delà du raisonnable.

« Empathy » : manque total d'empathie négligeant ou ignorant les besoins et les sentiments de son entourage car la seule chose qui compte pour eux, c'est de se sentir spécial

Cet ensemble de comportements donne droit à la panoplie des comportements narcissiques pathologiques comme : Agressivité lorsqu'on menace leur égo ; infidélité, vindicativité, vantardise...

Au fur et à mesure que l'addiction à se sentir spécial augmente, le narcissique devient un « psychopathe » : une forme de vie faites de mensonges sans remords et de manipulations. Ils peuvent ruiner votre réputation ou vous ruiner tout court avec un sourire sans l'ombre d'un remords ou d'un sentiment de culpabilité, de honte ou de tristesse. Lorsque le NPD et la psychopathie s'associent on parle alors de « narcissisme malin » (dans le sens d'une tumeur maligne).

Le problème n'est pas tant dans la dangerosité de cet état mental mais de la capacité, pour la personne atteinte de ce trouble à continuer à faire son travail et surtout à pouvoir gérer des émotions intenses telles que la colère ou la peur sans mettre en danger la vie des autres. Ceci est particulièrement vrai lorsque la personne impliquée détient une position de pouvoir dominant comme le Président des Etats Unis. C'est dans cette optique que l'association de ce type de personnalité avec la politique peut être extrêmement dangereuse.

La spirale psychotique

Il est important pour tout citoyen d'un pays démocratique d'être vigilant sur les signes possibles de passage à la spirale psychotique de leurs dirigeants. Il y a des signes qui ne trompent pas :

Une majoration de la paranoïa : les narcissiques pathologiques ont horreur d'admettre leur vulnérabilité, tout simplement parce qu'ils ne font pas confiance aux gens qui sont autour d'eux lorsque, par exemple, ils s'énervent. Ils vont alors diviser le monde entre les bons et les mauvais, les gentils et les méchants, les amis et les ennemis. Imaginez ce raisonnement à l'échelle mondiale !

Une altération très conséquente du jugement qui aboutit à une distorsion cognitive aberrante

Un pouvoir de décision volatil, avec des paroles qui se contredisent ou des actions manifestement dictées par des émotions plus que par la raison.

La capacité à convaincre que ce sont les autres qui sont fous à lier, ce qui oblige son entourage à parler de « faits alternatifs » ou de « deep state ».

*Craig Malkin, PhD, est un psychologue clinicien enseignant à Harvard, spécialisé dans les thérapies de couples ou de familles. Il est le co-auteur du livre

« The Dangerous case of Donald Trump ».

Chapitre 3
LES MENSONGES
DU MILLIARDAIRE TRUMP

Un homme d'affaires qui hérite d'une entreprise dans l'immobilier new-yorkais et épouse le style de ce milieu, fait de flamboyance vulgaire et d'accointances troubles. Une réputation de ne jamais respecter ses contrats qui ne sont que la base de nouvelles négociations. Six faillites qui ont éloigné de lui les financiers traditionnels et en ont attiré d'autres moins traditionnels et beaucoup plus opaques. Un amour de la publicité dont témoigne son nom en grosses lettres sur tous les bâtiments qui sont passés par ses mains, Des divorces, des adultères, des procès, des bagarres et des obscénités, toujours en public. Un appartement dont la décoration est à la hauteur des palais des princes du Golfe et une participation, pendant une dizaine d'années, à une émission de télé-réalité où, devant des millions d'Américains, il a rudoyé, bousculé et insulté les candidats avant de les renvoyer d'un célèbre ''you are fired''. Une absence totale d'expérience de la gestion d'une organisation complexe, de la politique et du service public. Vous avez devant vous, vous l'avez deviné, le futur 45ème président des Etats-Unis d'Amérique, sans doute l'homme le plus puissant du monde. Un président que nul n'a vu venir, dont la candidature annoncée de manière tonitruante à la Trump Tower n'avait suscité que sarcasmes et haussements d'épaules et dont la campagne improvisée fut émaillée de scandales et de gaffes*.

* D'après Alexis Clérel - Blog du 14 Aout 2018 - Institut Montaigne

Trump : Un sociopathe ?

*D'après le Dr Lance Dodes ***

Donald Trump est-il un sociopathe ? Pour le savoir il faut d'abord définir ce qu'est un sociopathe.Se soucier ou se préoccuper des autres, éviter de leur faire du mal sont des qualités fondamentales chez les êtres humains. Cette capacité d'écoute de l'autre s'appelle « empathie ». C'est l'absence d'empathie qui est la principale caractéristique des sociopathes, elle s'associe au rejet de toute culpabilité, a la manipulation consciente, a la prise de contrôle de tout avec parfois un désir sadique de blesser les autres, juste pour le plaisir !

En fait il y a deux types de sociopathes : D'abord ceux qui n'ont pas les aptitudes pour manipuler et heurter les autres, ou qui ne savent pas choisir leurs victimes, qui ne savent pas comment charmer leur entourage et qui finalement vont croupir en prison ; ou perdre leurs procès ou terminer comme SDF. Et puis il y a les charmeurs professionnels, les dissimulateurs habiles qui vont se frayer un chemin jusqu'au sommet sans se faire prendre. Même leur colère pourrait apparaitre presque normale, elle va se manifester par des limogeages à répétition ou des procès a n'en plus finir.

Donald Trump réuni la plupart des traits de la personnalité sociopathe : Il a une absence totale d'empathie envers les autres, une absence de remords ; il ment et il triche. Il a perdu le contact avec la réalité et il a des réactions coléreuses voire de rage qui sont impulsives donc imprévisibles. Les comportements et les discours de Trump montrent d'une façon indéniable qu'il a une personnalité sociopathe « maligne ». Il y a bien eu des Présidents atteints de narcissisme malin mais aucun n'avait les qualités sociopathiques de Trump et donc sa dangerosité.

La démocratie exige des qualités humaines de la part du Président qui sont inexistantes chez les sociopathes. C'est par ailleurs, la nature habituelle des tyrans qui cherchent le contrôle total par l'elimination de tous les opposants. La paranoïa d'une sévère sociopathie crée un risque important de conflit armé dans la mesure ou les leaders d'autres nations vont être inévitablement en désaccord avec le leader sociopathique, ce qui va entrainer de la part du sociopathe une violente colère et des réactions impulsives dans le but de détruire « l'ennemi ». Le problème avec Donald Trump est que ces traits sociopathiques risquent d'empirer avec le temps.

* Lances Dodes est médecin, Professeur assistant en psychiatrie à l'Université de Harvard à Boston, spécialiste des addictions. Il est le co-auteur du livre « The dangerous case of Donald Trump ».

Les fausses origines suédoises de la famille Trump

Fred, le père de Trump a renié ses origines allemandes, prétendant venir de Suède de manière à échapper au sentiment d'anti-germanisme provoqué par la Seconde guerre mondiale et ainsi éviter de perdre ses clients. Interrogé sur ce mensonge par le journal le Globe, Donald Trump avait répondu : « *Bien, c'est un sujet qu'on n'abordait pas vraiment. Mon père a passé beaucoup de temps là-bas. Mais ce n'était pas quelque chose dont on parlait beaucoup* ».

En 2018, Trump change de musique : « *Mes deux parents sont nés dans l'Union européenne. (...) Ma mère est née en Écosse, mon père vient d'Allemagne, j'adore ces pays* » : voici les récents propos de Donald Trump lors de sa dernière interview à la chaîne CBS au cours de son tour d'Europe. Il n'a cessé de répéter son profond attachement pour ces pays tout en leur lançant des piques, alors qu'il s'agit en réalité de ce qu'il aurait appelé une « *fake news* » : son père n'étant assurément pas né en Allemagne (il est né à New York).

Son exemption de service militaire au Vietnam

Trump, qui avait déclaré avoir échappé à l'enrôlement pour la guerre du Vietnam à la faveur d'un tirage au sort, s'est en réalité fait réformer pour une mystérieuse excroissance osseuse au talon. Une enquête du New York Times révèle comment Trump a menti sur les raisons qui lui ont permis d'être exempté de service militaire en pleine guerre du Vietnam. Dans une interview à Fox News en 2011, l'intéressé déclarait avec force détails avoir échappé à la conscription à la faveur d'un tirage au sort particulièrement favorable. Mais la réalité est tout autre, car ce fameux tirage au sort n'a eu lieu ... que 18 mois après la date de son exemption, en décembre 1969, révèle le New York Times. Archives du bureau national de la conscription (Sélective Service System) à l'appui, le quotidien américain révèle que le jeune homme s'est fait réformer pour une excroissance osseuse au talon. Alors âgé de 22 ans, Trump fait pourtant preuve d'une forme et d'une vigueur que beaucoup envieraient: il mesure 1m87, joue au football, au tennis, au squash et, déjà, au golf. Aucune ombre au tableau médical. Tout juste diplômé de l'école de commerce de Wharton en Pennsylvanie, plus aucun obstacle ne bloque son enrôlement pour le Vietnam, le fait de suivre des études lui avait déjà valu de se faire réformer à quatre reprises par le passé. Et pourtant, le jeune homme se voit remettre un certificat médical dont il se souvient à peine aujourd'hui, mais qui l'empêche alors de rejoindre les 300 000 hommes enrôlés cette année-là: il est reformé 1-Y, une exemption partielle qui restera pour lui définitive.

Comment Trump a fait fortune ?

En révélant la manière dont Donald Trump a fait fortune, le New York Times a mis une fois de plus en lumière la propension du futur président des Etats-Unis à mentir effrontément. Tout au long de sa campagne présidentielle, il s'est targué de s'être fait tout seul, en empruntant « *juste* » un petit million à son père.

 Voici ce qu'il déclarait :

« Cela n'a pas été facile pour moi. J'ai commencé à Brooklyn. Mon père m'a accordé un petit prêt d'un million de dollars. Je suis venu à Manhattan. Et j'ai dû le rembourser, avec les intérêts .Il disait : « Donald, ne va pas à Manhattan. C'est la cour des grands. Nous ne savons rien à ce sujet. Ne le fais pas. » J'ai dit : « Papa, je dois aller à Manhattan. Je dois construire ces grands bâtiments »... J'ai construit ce que j'ai construit moi-même, et je l'ai fait en travaillant de longues heures, en travaillant dur et intelligemment. Le plus important, c'est d'utiliser mon propre cerveau... J'ai obtenu un très, très petit prêt de mon père, il y a de nombreuses années. J'ai fait de ça un empire colossal ».

Cet extrait d'un discours de Donald Trump durant sa campagne présidentielle ne reflète pas la réalité dépeinte par l'enquête fouillée du New York Times, qui rappelle que grâce aux sociétés immobilières de son père, Donald Trump gagnait 200 000 dollars par an lorsqu'il était enfant, un million lorsqu'il était à l'université, 5 millions par an lorsqu'il avait 40 ans.

Selon David Barstow, cette enquête, qui s'appuie sur plusieurs milliers de documents fiscaux, relève aussi un point important: *« Non seulement Trump a reçu 413 millions de son père, non seulement il a reçu 140 millions de plus, en prêts, de son père, mais ce montant a été considérablement augmenté par une série de stratagèmes fiscaux »*. Selon les fiscalistes qui ont été consultés, ces mesures vont bien au-delà des stratégies normales d'optimisation fiscale que les gens riches et avisés utilisent pour réduire leur facture. Il s'agissait d'un ensemble de manœuvres qui étaient destinées à tromper le fisc américain. Le New York Times rapporte que les parents de Trump ont transféré au total plus d'un milliard de dollars de richesse à leurs enfants, une somme qui aurait pu générer jusqu'à 550 millions de dollars de recettes fiscales. Au lieu de cela, dit le journal, les Trump ont payé juste un peu plus de 50 millions de dollars d'impôts. La Ville et l'Etat de New York, alertés par l'enquête du New York Times, ont décidé de mener leurs propres investigations pour tenter de récupérer les 500 millions de dollars qui leur auraient ainsi échappé.

L'Université Donald Trump

Une *« fraude »* et un *« mensonge complet »* pour d'anciens élèves et professeurs. De 2005 à 2010, Trump était à la tête d'une école de management. D'anciens étudiants poursuivent le milliardaire en justice, se disant victimes d'une escroquerie. Une affaire qui a pu forcément peser sur la campagne. Même si elle a fermé en 2010, l'école fait encore parler d'elle. Déçus par leur expérience, d'anciens élèves ont déposé des plaintes collectives contre le milliardaire new-yorkais pour tromperie.

Selon les plaignants, c'est davantage pour faire gonfler son porte-monnaie que pour transmettre son savoir que Donald Trump aurait fondé son *« université »*, qui a dû dès la première année abandonner ce titre pour devenir *« Entrepreneur Initiative LLC »*. Il aurait usé de méthodes douteuses et frauduleuses, comme l'affirment des documents rendus publics par la justice américaine. La Trump University s'attaquait aux personnes plutôt âgées et peu éduquées. Pour apprendre à gérer son argent comme Donald Trump, il fallait débourser. Les cours pouvaient coûter jusqu'à 35 000 dollars. Pourtant, selon les clients de l'établissement, les cours ne correspondaient pas au programme décrit. Les plaignants parlent d'une « *fraude* » et d'un « *mensonge complet* ». Le programme des séminaires de trois jours était un genre d'introduction aux séminaires plus longs, et plus coûteux. D'après les témoignages et les plaintes déposées, ils n'apprenaient rien de concret quant à la manière de gérer leur argent. D'anciens employés attestent, quant à eux, des techniques de vente de cours controversées.

Pour que les élèves potentiels s'inscrivent aux cours les plus chers parmi ceux proposés, les enseignants avaient des instructions très précises. Si cela était nécessaire, ils devaient mettre les clients sous pression. La Trump University jouait sur l'image de son fondateur, d'ores et déjà très connu pour ses comptes en banque bien remplis à cette époque. Sur le papier, le but des cours dispensés était d'apprendre aux inscrits à accumuler les dollars comme il l'a fait. Pour cela, il disait trier ses professeurs sur le volet. Il faisait passer ses « *top instructors* » pour des connaissances personnelles de choix. Il a cependant admis ne pas les avoir sélectionnés de manière très rigoureuse, et ne pas tous les connaître. Chacun des professeurs était introduit comme une personne de marque dans le domaine. Pour se défendre des critiques, Donald Trump a un argument de poids: les notes d'enseignement que les élèves ont attribuées à leurs professeurs durant ces cinq années étaient excellentes. Mais les documents officiels expliquent en partie les raisons de ces évaluations remarquables: tous les enseignants ayant récolté moins de 90% de réponses positives étaient menacés de réprimandes. Cela a certainement poussé les professeurs à être prudents avec ces évaluations.

TRUMP ET LES PARADIS FISCAUX

Les paradis fiscaux ? « *Je ne m'en sers pas. Franchement, c'est plus de problèmes que d'avantages. Surfait !* », déclarait Donald Trump, en août 2016, au magazine américain Vanity Fair. La réalité est autre car avec 378 sociétés immatriculées dans l'Etat du Delaware, sur les 515 formant son empire, selon ses propres déclarations, plus quelques entités aux Bermudes, à Saint-Martin et à Saint-Vincent et les Grenadines, comme le montrent ses déclarations d'intérêts à la Commission électorale fédérale (FEC), D. Trump est le premier président des Etats-Unis à afficher un tel palmarès. Le premier aussi à refuser de publier ses déclarations d'impôts, depuis le républicain Gerald Ford, en 1976, il y a quarante ans...

Pourquoi ce refus obstiné, face aux demandes répétées du camp démocrate et de certains républicains ? Que dissimulent les sociétés-écrans du magnat de l'immobilier qu'il ne veut pas révéler ? Les déclarations de Trump à la FEC livrent quelques informations sur ses sociétés des Caraïbes. Rien en revanche sur le Delaware, paradis fiscal « maison » des Américains. De sa société aux Bermudes, centre offshore sous pavillon britannique prisé des multinationales américaines, qui, tel Google, y délocalisent des profits, on apprend qu'elle a été créée en 1994, se nomme DJ Aerospace Limited et que Trump en est le PDG et l'unique actionnaire.

Des membres du cabinet du président américain Donald Trump, certains de ses proches conseillers et des donateurs politiques influents se retrouvent dans les Paradise Papers. Les documents contenus dans la fuite détaillent leurs investissements dans les paradis fiscaux, qui relient même le secrétaire américain au Commerce jusqu'aux plus hautes sphères du pouvoir en Russie.

« L'America First », si chère à Donald Trump et aux États-Unis, semble bien loin dans les priorités de certaines personnalités influentes entourant le président américain. Une douzaine d'entre-elles sont notamment nommées dans les documents d'Appleby*.

Paradise Papers et Appleby

Les Paradise Papers désignent les révélations publiées en no-vembre 2017 par le Consortium international des journalistes d'investigation (ICIJ pour International Consortium for Investi-gative Journalism) sur la base d'une fuite de plus de 13,5 mil-lions de documents confidentiels notamment issus du cabinet d'avocats Appleby, détaillant des informations sur des sociétés offshores. Parmi eux se trouvent des multinationales et de nom-breuses personnalités de la vie publique.

Les Paradise Papers consistent en trois ensembles de données totalisant 13,5 millions de documents :

1 - 6,8 millions de documents internes, de 1950 à 2016, du cabi-net d'avocats Appleby et sa spin-off Estera19, présent dans une dizaine de paradis fiscaux. La fuite contient notamment la base de données des clients d'Appleby de 1993 à 2014, où figurent les noms de 120 000 personnes et entreprises, ainsi que des documents sur 25 000 entreprises offshore

2 - 6,2 millions de documents issus des registres confidentiels des sociétés de dix-neuf paradis fiscaux.

3 - 566 000 documents internes du cabinet Asiaciti Trust, basé à Singapour.

Appleby : Basé aux Bermudes, ce cabinet d'avocats britannique réputé est à l'origine de près de 7 millions de documents sur les 13,4 millions que constituent les « Paradise papers ». La reine Elizabeth II, le secrétaire d'État au commerce Wilbur Ross, le gendre de Vladimir Poutine... La liste des personnalités citées dans les « Paradise papers » donne le tournis. Plus d'un an après les « Panama papers », cette enquête journalistique in-ternationale lève le voile sur des circuits d'optimisation fiscale. Pour réaliser ce travail titanesque, le Consortium international des journalistes d'investigation (ICIJ), regroupant 96 médias de 67 pays, s'est appuyé sur la fuite de 13,4 millions de documents financiers, Sur son site internet, Appleby se présente comme « l'un des plus grands fournisseurs de services offshore légaux ». La société dispose de bureaux sur l'île de Man, l'île Maurice et les Seychelles, notamment.

Wilbur Ross

En devenant secrétaire au Commerce, Wilbur Ross, a voulu éviter tout conflit d'intérêts. L'homme d'affaires américain était connu pour acheter des compagnies en difficulté, les restructurer, puis les revendre à profit. Wilbur Ross s'est dissocié de nombreux investissements avant de rejoindre les rangs du président Trump en février dernier. Il a néanmoins gardé des intérêts financiers dans neuf sociétés, dont quatre qui le relient à la compagnie d'expédition maritime Navigator Holdings, selon les documents consultés par l'ICIJ. Sa présence au sein de cette compagnie lui rapporte des millions de dollars chaque année, mais révèle aussi d'importants liens d'affaires avec la Russie. L'un des principaux clients de Navigator est une compagnie russe, Sibur. Cette société gazière et pétrolière basée à Moscou a été fondée par l'État russe en 1995, mais appartient depuis 2010 au beau-fils de Vladimir Poutine, Kirill Shamalov. Deux hommes d'affaires bien placés au Kremlin dirigent aussi l'entreprise. En tant que secrétaire au Commerce, Wilbur Ross joue un rôle de premier plan dans l'industrie manufacturière américaine. Il peut également influencer les échanges et les relations économiques avec des pays étrangers, comme la Russie. Ses décisions peuvent donc avoir une incidence directe sur les activités de Sibur, dont les dirigeants pourraient à leur tour faire pression sur Vladimir Poutine pour réduire ou augmenter le nombre de contrats octroyés à Navigator. Navigator a reçu au total plus de 68 millions de dollars de Sibur depuis 2014, selon l'ICIJ. Ces révélations soulèvent de potentiels conflits d'intérêts, estiment des experts consultés par les journalistes d'enquête de l'ICIJ. Wilbur Ross s'assure de respecter les plus « *hauts standards éthiques* » et se retire de tout dossier pouvant représenter un conflit d'intérêts, explique le département du Commerce, ajoutant que Sibur n'est frappé d'aucune sanction américaine (et pour cause !)

Rex Tillerson

Un autre membre du gouvernement américain apparaît dans les Paradise Papers sans pour autant le lier à la Russie. Le secrétaire d'État Rex Tillerson a été le PDG du géant pétrolier ExxonMobil pendant 10 ans avant de rejoindre les rangs de l'administration Trump. Les documents consultés par l'ICIJ montrent qu'il a siégé au conseil d'administration de la compagnie Marib Upstream Services Co., in-

* Daniel Blanchette Pelletier d'Enquête avec l'ICIJ

corporée aux Bermudes, de 1997 à 1998. Il était alors le président d'Exxon Yémen. La compagnie devait superviser des activités pétrolières et gazières dans ce pays du Moyen-Orient. Marib Upstream Services Co. a été un client Appleby jusqu'en 2015.

Carl Icahn

L'homme d'affaires américain, propriétaire des entreprises Icahn, a dû renoncer en août 2017 à son rôle de conseiller auprès du président américain. Carl Icahn a quitté ce poste informel, même s'il niait les allégations de conflit d'intérêts. Il était soupçonné d'influencer les politiques américaines à l'avantage de ses affaires commerciales, dans le secteur de l'énergie, des métaux, de l'immobilier et des casinos. Le milliardaire a notamment investi dans deux sociétés basées dans des paradis fiscaux qui lui ont fait perdre « *beaucoup d'argent* ». Carl Icahn n'avait rien à voir dans la structure fiscale de ces entreprises, selon sa porte-parole.

Gary Cohn

Le conseiller économique de Donald Trump est un ancien de la banque Goldman Sachs. Gary Cohn a aussi occupé à cette époque des postes de haute direction, à la présidence ou à la vice-présidence, de plus d'une vingtaine de compagnies enregistrées aux Bermudes, toutes affiliées à un fonds d'investissement dirigé par l'institution financière. D'autres hauts dirigeants de Goldman Sachs, spécialisés dans l'immobilier et les investissements en Asie, étaient aussi impliqués dans la gestion de ces compagnies, radiées en 2012 du registre bermudien des entreprises. Goldman Sachs assure que ces activités étaient légitimes.

Stephen Schwarzman

Cet allié de Donald Trump est un fervent opposant aux politiques visant à taxer les plus riches. Le Groupe Blackstone, un cabinet d'investissements en capital qu'il dirige, a acquis des propriétés au Royaume-Uni, dont un centre commercial. Selon l'ICIJ, les documents d'Appleby montrent que ces acquisitions ont été faites grâce à un réseau de sociétés et de fiducies enregistrées au Luxembourg et à Jersey, une île anglo-normande. Les revenus obtenus grâce à ses propriétés allaient ainsi passer par des paradis fiscaux, libres d'impôts. Blackstone estime que ces investissements sont la « *norme* » dans l'immobilier et qu'ils « *respectent les règles internationales et britanniques de taxation* ».

Sheldon G. Adelson

Ce magnat des casinos américains est l'un des plus grands donateurs de la campagne de Donald Trump à la Maison-Blanche. Le milliardaire est président d'une compagnie enregistrée aux Bermudes qui gère la flotte d'avions à la disposition des dirigeants et employés de ses casinos. Selon des documents d'Appleby, Sheldon G. Adelson a ainsi versé des dizaines de millions de dollars à cette compagnie, faisant passer son argent des États-Unis aux Bermudes, sans payer d'impôts. Son entreprise, Las Vegas Sands, est liée à une deuxième société, aussi basée aux Bermudes, qui semble offrir le même genre de services. Sheldon G. Adelson n'a pas répondu aux requêtes de l'ICIJ.

Paul E. Singer

Cet important donateur n'a pas hésité à soutenir le Parti républicain et Donald Trump, en lui donnant d'ailleurs 1 million de dollars pour son investiture. Paul Elliot Singer est connu pour acheter des actifs en difficulté dans le but d'en tirer profit. De nouveaux documents montrent comment l'une de ses filiales enregistrées aux îles Caïmans lui a permis de collecter des millions de dollars de la République démocratique du Congo, dont il avait racheté la dette. L'affaire s'est réglée à l'amiable en 2008, alors que Paul E. Singer était un client d'Appleby. Les documents confidentiels ont été révélés dans la fuite, mais Paul E. Singer n'a pas répondu aux questions spécifiques concernant ses activités.

Randal Quarles

Au sein de l'administration Trump, Randal Quarles est chargé de la régulation bancaire et siège à ce titre au Comité de politique monétaire de la Fed. Cet avocat d'affaires était l'administrateur de deux sociétés enregistrées aux Iles Caïmans, alors qu'il avait rejoint le Groupe Carlyle, société de gestion d'actifs, après son passage au poste de sous-secrétaire au Trésor sous George W. Bush en 2005-2006. En 2013, le ministère américain de la Justice a ouvert une enquête pour des soupçons d'évasion fiscale sur l'une banque des Caïmans, Butterfield, dans laquelle Carlyle a investi 550 millions de dollars en 2010. Butterfield a provisionné 5,5 millions de dollars en prévision d'une amende. La Fed a indiqué que Quarles n'a reçu « *aucun revenu* » pour sa « *position* » aux Caïmans, où il n'avait « *aucune responsabilité* » engagée. Aux régulateurs, il a indiqué cette année qu'il comptait vendre ses parts dans des fonds Carlyle, dont celui lié à Butterfield, pour des sommes allant de 5 à 25 millions de dollars.

PROMOTEUR IMMOBILIER ?

Trump se prétend le roi des promoteurs immobiliers. En réalité, cela fait longtemps qu'il ne bâtit plus aucun immeuble : il gagne ses millions en vendant son nom comme une licence.

« *Ni les banques ni les multinationales ne peuvent me contrôler* », lançait-il pendant la campagne présidentielle, se moquant de ses adversaires, contraints, eux, à une communication millimétrée pour ne froisser aucun sponsor. Dans son bureau, Donald J. Trump, président de la Trump Organisation, trône en souriant avec des photos de lui à sa droite, à sa gauche, devant et derrière lui. Un fusil, est accroché au mur. Quand on lui demande de quel leader il s'inspire pour diriger sa compagnie, il répond laconiquement : « *Moi* ».

Sa carrière de « *promoteur* » est encore plus étonnante que sa candidature à la Maison-Blanche. Trump a pris son essor dans les années 1980 en ayant beaucoup d'argent et en empruntant beaucoup d'argent. Il impose sa patte à l'entreprise familiale en investissant massivement dans le logement locatif dans le très huppé quartier new-yorkais de Manhattan. Fort de cette réussite, il fait alors construire son premier gratte-ciel, la Trump Tower, avant de récidiver à plusieurs reprises de Las Vegas à Chicago. il a survécu aux désastres du début des années 1990 qui l'ont quasiment balayé, puis a changé de modèle économique. Un nouvel empire est né sur les décombres de l'ancien. Ses affaires sont toujours florissantes, simplement elles ne ressemblent pas à ce qu'il prétend. Pendant les années 1980, il a acheté une compagnie aérienne, une vaste propriété à Palm Beach et un yacht démesuré. Il est devenu le magnat d'Atlantic City avec son Trump Taj Mahal, le plus cher des casinos jamais construits dans le monde. Il s'est payé deux gratte-ciel sur Central Park, qu'il a baptisés Trump Park Avenue et Trump Parc East, et s'est offert le Plaza Hotel pour 400 millions de dollars, entièrement empruntés. Ce « *promoteur* » a tellement emprunté qu'il a fini par garantir personnellement pas loin de 1 milliard de dollars. Autant dire que les banques auraient facilement pu le ruiner si quelque chose était allé de travers. En 1990, l'inauguration du Taj Mahal a été l'apothéose mais le rideau est tombé une année plus tard, quand le grandiose établissement a fait banqueroute.

Avant cette année de course présidentielle, le seul véritable succès de Donald Trump a été de parvenir à rester debout, quand l'économie se dérobait sous ses pieds. Il a tout perdu : le Plaza, le yacht, la compagnie aérienne, tandis que ses casinos se mettaient sous la protection de la loi sur les faillites. Ce qui l'a sauvé, c'est que ses banquiers ont estimé qu'il valait davantage vivant que mort. Il a gagné du temps jusqu'à ce que le marché immobilier redécolle. Et en 1995, une partie de ses dettes effacées et quelques projets portant son nom lancé, il a redémarré en capitalisant sur son nom.

C'est en cédant son nom aux propriétaires de nouvelles tours aux Philippines, au Panama, en Inde, en Uruguay, au Brésil, au Canada et aux Etats-Unis que Trump dégage des millions de dollars sans avoir à engager des garanties personnelles. Son nom sur un building ne signifie plus nécessairement qu'il le détient ou qu'il l'a construit. Prenez le Trump International Hotel & Tower qui s'élève à Colombus Circle : c'est General Electric qui a investi pour réaliser l'opération.

Depuis 1996, il est propriétaire de l'organisation du concours de beauté Miss Univers (qui a pâti des propos racistes de son propriétaire). En 2005, il l'a mis sur une bouteille de vodka, aussitôt baptisée « *la meilleure des vodkas premium du monde* ». Il y a aussi un thé Trump, une boisson énergisante Trump, et des parfums Trump, baptisés Success et Empire. Il a également lancé une collection Trump de vêtements pour homme vendue chez Macy's ou encore des matelas Trump à mémoire de forme. En 2005, il devient le « *promoteur* » d'une société de vente a multi niveaux : ACN (All Communication Network) dont il a été le porte-parole officiel jusqu'à son implication en politique où ACN a décidé de mettre fin à ce partenariat. Ces contrats lui ont rapporté chacun entre 1 et 5 millions de dollars l'an, selon les informations qu'il a données officiellement dans le cadre de sa campagne.

Trump Steaks, Trump Premium Vodka et Trump Ice

Trump Steaks est une marque, aujourd'hui abandonnée, de steak et autres viandes détenue par Donald Trump. La marque est lancée en 2007 et vendue exclusivement par The Sharper Image et QVC. Les produits Trump Steaks sont lancés le 8 mai 2007 exclusivement dans le catalogue, les magasins et le site Web de « The Sharper Image » et ce dans le cadre d'une période d'essai de trois mois. Quelque temps plus tard pendant ce même mois, Trump et quelques concurrents de sa série télé-réalité The Apprentice assistent à un événement dans un magasin The Sharper Image au Rockefeller Plaza afin de promouvoir les steaks. La viande est fournie par Buckhead Beef, une société basée à Atlanta, qui fournissait également de la viande à de nombreux hôtels-casino de Trump. Des burgers et des saucisses sont également vendus sous le nom de Trump Steaks. Les steaks sont certifiés Angus par l'USDA, et sont vendus sous forme de quatre paquets à des prix allant de 199 $ à 999 $ avec le slogan « The World's Greatest Steaks » (« Les meilleurs steaks du monde »). Une carte-cadeau Trump Steak est également vendue au prix de 1 037 $. En avril 2016, les seuls endroits où les steaks peuvent encore être achetés sont les différentes propriétés de Trump. Trump figure dans le numéro de juin 2007 du magazine The Sharper Image afin de promouvoir Trump Steaks. Les Trump Steaks connaissent un échec commercial et sont abandonnés par leur distributeur au bout de deux mois.

Fin 2005, il annonce la signature d'un accord de licence avec Drinks Americas, un distributeur d'alcools divers et variés. De ce partenariat naîtra la Trump Super Premium Vodka, la meilleure vodka du monde évidemment. Donald Trump ne rate pas cette nouvelle occasion de fanfaronner : « D'ici l'été prochain, je suis certain que le cocktail le plus demandé aux Etats-Unis sera le « T & T », pour « Trump & Tonic ». Encore raté : sa vodka a disparu des rayons quelques années plus tard. Une aventure d'autant plus absurde que Donald Trump avait jusque-là assuré à la presse qu'il ne buvait pas d'alcool...

Trump Ice, une eau minérale en bouteilles, vendue en super-marché. « J'en ai servi dans mes casinos, les gens l'ont telle-ment aimée qu'ils voulaient en acheter des caisses entières », assure-t-il à l'époque au magazine New York pour expliquer ce nouveau business. Sur l'étiquette de la bouteille, un photomon-tage fait poser Donald Trump devant les flammes d'un incendie : « C'est le feu et la glace ! » traduit-il. L'affaire ne sera pas plus un succès. Ce n'est pourtant pas faute d'avoir poussé très loin la campagne promotionnelle.

Ce génie des affaires a eu beaucoup plus de succès encore avec son show, « *The Apprentice* », sur NBC, qui lui aurait rapporté 200 millions de dollars en quatorze ans. Mais son autre véritable bu-siness, ce sont les golfs. Bienvenue au Trump National Golf Club de Bedminster : un hommage au style Trump. Inimitable : à l'entrée du club-house, on peut voir une fontaine avec des statues de lions au-tour d'un bassin, puis un peu plus haut d'autres lions près d'autres bassins. C'est Trump qui a imaginé cette folle déco. Ce club compte 400 membres, qui paient chacun 24.000 dollars de cotisation par an après avoir lâché quelque 150.000 dollars de droits d'inscription. Il devrait réaliser un profit de 5 millions de dollars cette année. Notre promoteur détient une douzaine d'autres clubs aux Etats-Unis, deux en Ecosse, un en Irlande (qui a accueilli la convention annuelle du Parti national, un mouvement d'extrême droite irlandais), et il s'ap-prête à céder une licence à Dubaï. Il est persuadé que ce business pourrait devenir encore plus rentable. « *Il y a une chose que vous devez réaliser, c'est qu'un terrain de golf est avant tout un espace sur lequel vous pouvez bâtir des milliers de villas (sic !). Personne ne semble jamais en avoir conscience* », dit-il. En attendant, la plus grosse partie de sa fortune reste son portefeuille immobilier et de bureaux, avec notamment la Trump Tower, le Nike Town Store, et aussi des complexes touristiques haut de gamme comme le Trump National Doral à Miami.

Selon sa déclaration de biens, actifs et dettes, envoyé à la commis-sion fédérale électorale après l'officialisation de sa candidature, le milliardaire a gagné en 2014 la somme de 362 millions de dollars en

2014. Et c'est sans compter les revenus du capital, les loyers et les royalties. Rien d'étonnant lui : il jouit de pas moins de 168 sources différentes de revenus, fruit des 515 fonctions qu'il assume, au moins sur le papier. En 2013, Donald Trump fut même condamné par la justice américaine à une amende de 40 millions de dollars (36 millions d'euros) pour avoir fondé une université sans accréditation de l'État. Et Trump est furieux de voir sa fortune évaluée à 4,5 milliards de dollars dans le dernier classement « Forbes » : il l'estime, lui, au moins deux fois plus importante.

Mais l'empire Trump ne fait plus vendre. Après la disparition de la ligne de vêtements d'Ivanka Trump des rayons de Nordstrom, les magasins Sears et la chaîne de grandes surfaces K-Mart ont annoncé le retrait de nombreux articles de la marque Trump Home. Selon Sears Holding, propriétaire des deux enseignes, la gamme n'était pas assez rentable. La chaîne canadienne de grands magasins, La Compagnie de la Baie d'Hudson a annoncé qu'elle arrêtait de vendre la ligne de vêtements d'Ivanka Trump. Détenue par Donald Trump, la société Trump Home commercialise des luminaires, des miroirs et des meubles portant pour beaucoup la griffe de sa fille.

Son empire est actuellement géré par ses deux plus grands fils, Don Jr et Eric. Mais, malgré l'avis des spécialistes d'éthique, il possède toujours des intérêts dans le groupe et perçoit donc des bénéfices. Ce qui, selon certains experts, viole une clause de la Constitution qui interdit à un président de recevoir de l'argent de gouvernements étrangers, notamment.

Le clan familial

Marié trois fois et père de cinq enfants, Donald Trump n'hésite pas à mettre en avant les membres de sa famille riche et célèbre. Homme de clan, Donald Trump peut compter sur le soutien indéfectible de ses proches, en particulier ses trois enfants adultes, Donald Jr, Ivanka et Eric. Meetings, interviews, messages sur Twitter : tous ont contribué au succès de sa campagne. « Donald fait confiance à ses enfants », assure Gwenda Blair. Une « pièce rapportée » s'est glissée dans ce petit cercle : Jared Kushner, le gendre passé maître dans l'art d'exploiter les « data », ces précieuses données informatiques qui révolutionnent les modèles économiques des entreprises, et aussi les modèles politiques. C'est sans doute le secret de la victoire électorale de Trump.

Ivana Zelníčková, la première femme de Trump

Ivana Zelníčková est née en 1949 en République tchèque, alors partie du bloc soviétique. Née prématurée à 7 mois, elle passe les premiers mois de sa vie dans une couveuse. Fille unique, elle est durement entraînée à la pratique sportive par son père, qui rêvait d'avoir un garçon. « *Il me défiait en me disant, si tu peux nager d'ici à là, je te donnerai cinq dollars. Alors, je nageais* », a-t-elle raconté au site Fashion Week Daily. À 15 ans, Ivana fait partie de l'équipe nationale de ski junior et a la chance de voyager hors du bloc communiste. L'adolescente s'émerveille de ce monde opulent et étranger, mais reste sous l'œil du régime, ce dernier voulant éviter toute tentative d'évasion. En 1967, elle s'installe à Prague, s'inscrit à l'université et commence une carrière de mannequin. Après la répression du Printemps de Prague, Ivana veut quitter le pays mais craint que ses parents ne subissent le revers de sa liberté. Seul moyen de s'échapper : épouser un étranger. Un mariage blanc est arrangé en 1971, avec un skieur autrichien dénommé Alfred Winkelmayer. En parallèle, elle quitte son premier amour, George Syrovatka, pour Luri Steidal, poète, compositeur et play-boy. Ce dernier meurt peu après dans un accident de voiture. Dévastée, Ivana part pour de bon, au Canada, chez ses oncle et tante, en 1973. Là-bas, elle met fin à son mariage-caution et poursuit sa carrière de mannequin. Puis, un jour, dans un restaurant de New York, elle est abordée par Donald Trump ; il lui dit qu'il veut conquérir Manhattan. Durant leurs vacances de ski à Aspen, il découvre ses talents de skieuse, subjugué, il la demande en mariage, après seulement quelques mois de relation. Le premier couple Trump est né. Ce mariage durera quinze ans, ils auront trois enfants : Ivanka, Eric et Donald Jr. Leur divorce douloureux est causé au début des années 1990 par la révélation de la liaison de Donald Trump avec Marla Maples. Depuis leur divorce, tous deux sont en bons termes. Elle a même annoncé qu'elle voterait pour lui. En septembre 2016, elle avait accepté de parler politique avec le « *New York Post* », pour exprimer une nouvelle fois son soutien à son ex-mari. Cependant, elle n'a pas parlé des 12 femmes qui accusent Donald Trump d'agression sexuelle. Ivana Trump avait pourtant accusé celui qui était encore son mari de viol dans un livre en 1993.

Ivanka Trump, la fille aînée

Fille de Donald Trump et d'Ivana Zelníčková, sa première femme, Ivanka Trump est née le 30 octobre 1981 à Manhattan. Pendant ses études, elle a une relation de près de quatre ans avec Greg Hersch, un banquier d'investissement. En 2005, elle commence à fréquenter le promoteur immobilier Jared Kushner. Le couple rompt, en 2008, en raison des objections des parents de Kushner, mais ils renouent finalement et se marient lors d'une cérémonie juive le 25 octobre 2009. Ivanka Trump et Jared Kushner ont trois enfants : une fille Arabella Rose Kushner et deux garçons Joseph Frederick Kushner et Theodore. Ivanka Trump a été élevée dans le culte presbytérien, mais avant son mariage, en juillet 2009, et après avoir étudié à l'école juive orthodoxe moderne Ramaz School avec le rabbin Elie Weinstock, elle se convertit au judaïsme et prend le nom hébreu de Yaël. Elle décrit sa conversion comme un « *voyage extraordinaire et beau* », et précise que son père l'a soutenue dès le début, en raison de son respect pour la religion juive. Pratiquante, elle dit respecter le chabbat et l'alimentation casher et elle envoie sa fille à la maternelle dans une école juive de New York.

Après un début de carrière timide dans le mannequinat, Ivanka Trump fait sa première couverture de magazine en 1997 pour le mensuel Seventeen. Elle effectue ensuite des défilés de mode pour Versace, Marc Bouwer et Thierry Mugler et des campagnes publicitaires pour Tommy Hilfiger et Vidal Sassoon. Elle finit par rejoindre la Trump Organization où elle occupe le rôle de Vice-présidente du développement et des acquisitions. Parallèlement, elle a également créé sa propre marque de vêtements et accessoires. Elle est aussi très active sur les réseaux sociaux où elle partage régulièrement des contenus mode, beauté et lifestyle. Côté politique, Ivanka est un peu le bras droit de papa Trump. Et sans grande surprise, c'est elle qui est à l'origine des idées et des propositions de lois pour la cause des femmes que Trump n'envisageraient bien sûr pas lui-même. Elle a des liens d'amitié avec Chelsea Clinton, la fille d'Hillary Clinton, et Georgina Bloomberg, la fille de Michael Bloomberg, l'ancien maire (très démocrate et anti Trump) de New York. Ivanka Trump affirme au sujet de ses opinions politiques qu'elle ne se considère pas catégoriquement comme républicaine ou démocrate. En 2007, elle fait don de 1 000 $ à la campagne présidentielle d'Hillary

Clinton. En 2012, elle soutient la candidature républicaine de Mitt Romney à la présidentielle. En 2013, Ivanka et son mari organisent une collecte de fonds pour le démocrate Cory Booker. Le couple récolte plus de 40 000 $ pour sa campagne au Sénat des États-Unis. Elle affirme également son soutien à la cause des femmes et d'Israël. En mai-juin 2017, elle plaide, en vain, auprès de son père pour que les États-Unis ne quittent pas l'accord de Paris sur le climat. Depuis le début de la présidence, elle fait partie, avec son mari Jared Kushner, de l'aile modérée du cabinet du président. En juillet 2017, elle remplace pendant une réunion son père au sommet du G20 de 2017 ; elle s'est par ailleurs entretenue avec plusieurs dirigeants internationaux. Elle organise chez elles des dîners bipartismes, avec des élus républicains et démocrates. Après une courte période de disgrâce présidentielle, elle se mobilise particulièrement pour convaincre le président de s'opposer à la séparation des familles de migrants sud-américains.

Eric Trump

Lui aussi issu de l'union de Donald Trump et Ivana, Eric Trump naît en 1984. S'il a également travaillé en tant que Vice-président du développement et des acquisitions de la Trump Organization, il s'occupe aussi des récoltes de la Trump Winery, dont le vignoble est basé en Virginie. Passionné de golf, il développe également ce secteur depuis 2013. En 2006, il crée sa propre fondation, Eric Trump Foundation, afin de récolter des fonds pour les enfants malades. Son image est plus controversée que celle de son frère et de sa sœur. En 2012, il déclenche une vive polémique lorsque des photos d'une chasse en Afrique surgissent dans la presse et soulèvent une vive polémique auprès des défenseurs des animaux protégés. En novembre 2016, après l'élection de son père, il déclenche un buzz lorsqu'il poste sur les réseaux sociaux la photo de son bulletin de vote, ce qui est interdit par la loi. Côté vie privée, il rencontre Lara Yunaska, une productrice de télévision, en 2008. Le couple se fiance durant l'été 2013 et célèbre son mariage le 8 novembre 2014 à Palm Beach en Floride. Le 12 septembre 2017, le couple donne naissance à un petit garçon prénommé Eric Luke. Enfin côté politique, lui aussi reste présent aux côtés de papa Trump qu'il soutient également lors de ses meetings.

Donald Trump Jr

Né en 1977, Donald Trump Jr est diplômé d'économie, il travaille aux côtés d'Ivanka et Eric à la vice-présidence de la Trump Organization. Particulièrement proche de son grand-père maternel, il parle couramment le tchèque. En 2003, Trump Jr. a commencé à fréquenter la mannequin Vanessa Kay Haydon à la suggestion de son père. Le couple s'est marié le 12 novembre 2005 et ils ont cinq enfants. Le 15 mars 2018, le couple se sépare, le divorce est en cours. Trump Jr aurait une relation avec Kimberly Guilfoyle, une amie de la famille.

Coté politique, Trump Jr. a eu une réunion en août 2016 avec un émissaire des Émirats arabes unis et de l'Arabie saoudite qui ont offert leur aide pour la campagne présidentielle de Trump. Etaient présents : Joel Zamel, un spécialiste israélien de la manipulation des médias sociaux ; George Nader, représentant des princes héritiers des Émirats arabes unis et d'Arabie saoudite ; et l'homme d'affaires américain Erik Prince. En novembre 2017, des rumeurs circulaient selon lesquelles Julian Assange avait utilisé le compte Twitter de Wikileaks pour correspondre avec Donald Trump Jr. lors de l'élection présidentielle de 2016. Trump Jr. avait déjà fourni cette correspondance aux enquêteurs du Congrès qui étudiaient l'ingérence de la Russie lors des élections. La correspondance montrait que Wikileaks sollicitait activement la coopération de Trump Jr., substitut de la campagne et conseiller dans la campagne de son père. Wikileaks aurait demandé à Trump Jr. de partager une rumeur selon laquelle Hillary Clinton aurait voulu attaquer Assange avec des drones. Wikileaks a également partagé un lien vers un site Web qui aiderait les gens à rechercher dans les courriels piratés du directeur de campagne de Clinton, John Podesta, que Wikileaks avait récemment rendus publics.

En mai 2018, Trump Jr a retweeté une théorie du complot non seulement fausse mais antisémite selon laquelle George Soros, l'homme d'affaires et philanthrope juif américano-hongrois, était un *« nazi qui a contribué à assassiner ses camarades juifs dans des camps de concentration allemands pour leur voler leur fortune »*.

En juin 2018, Trump Jr a aimé un tweet suggérant que les enfants migrants séparés de leurs parents en raison de la politique de séparation des familles de l'administration Trump étaient en réalité des acteurs. En 2018, il participe activement à la campagne des mid-terms pour le Parti républicain, sillonnant le pays afin de défendre le bilan présidentiel de son père. Tout comme ses frères et sœurs, Donald Jr soutient fermement les choix politiques de son père. Un père qui selon lui est un *« homme bien, un homme qui va de l'avant lorsqu'on lui dit que quelque chose est impossible »,* déclarait-il l'an passé à Cleveland lors de son discours en soutien Donald Trump.

Marla Maples, sa seconde épouse

Mariée à Donald Trump de 1993 à 1999, Marla Maples est donc la deuxième épouse du Président. De leur union naît Tiffany, en 1993. Côté carrière, Marla Maples a fait ses preuves dans la comédie, la chanson mais aussi l'animation d'un concours de beauté. Elle a aussi participé à la 22ème édition de « *Dancing with the stars* ». Maples est très active dans *Kids Creating Peace,* une organisation qui unit des enfants israéliens et palestiniens. En 1996, Trump licencie son garde du corps après qu'on l'ait retrouvé avec Maples sur une plage déserte à 4 heures du matin. Maples et Trump se sont séparés en mai 1997 et ont divorcé le 8 juin 1999.

Côté politique, Marla Maples ne s'implique pas trop. Si elle ne dit mot sur ce qu'elle pense du programme électoral de Donald Trump, elle affirme néanmoins « *qu'elle ne pense pas que les intentions de son ex-mari soient négatives pour les Etats-Unis* ». Et celle que Marla soutient dans ses choix est avant tout Tiffany, sa fille.

Tiffany Trump

Née en 1993. Tiffany Trump est donc la fille de Donald Trump et Marla Maples. Tout comme son père et sa demi-sœur Ivanka, la jeune femme a fait ses études à l'Université de Pennsylvanie, dont elle vient d'être diplômée. Si elle grandit auprès de sa mère, elle confie tout de même sur la chaîne ABC que son père a « *énormément motivé sa vie* ». Côté politique, si son rôle est encore léger aux côtés de papa Trump, Tiffany a néanmoins fait une intervention très remarquée lors de la convention de Cleveland, où elle est arrivée accompagnée de son petit ami... démocrate ! Très présente sur les réseaux sociaux, Tiffany pourrait être un atout dans la communication politique de son père.

Melania Trump, la first lady

Née en Yougoslavie en 1970, Melania Trump parle cinq langues, a suivi des études d'architecture et fait une belle carrière dans le mannequinat à l'international. C'est d'ailleurs à l'occasion d'un défilé de mode en 1999 qu'elle rencontre Donald Trump. Après avoir participé tous deux à plusieurs émissions de télévision, ils se marient en 2005 en Floride. Melania devient alors la troisième femme du nouveau président des Etats-Unis. Ensemble, le couple devient parent d'un petit garçon, Barron, né en 2006. Côté carrière, elle soutient activement Donald Trump dans chacune de ses décisions politiques et l'accompagne régulièrement lors de ses meetings. Atout charme de Donald Trump, si son rôle semble avant tout voué à dédramatiser l'image du Président, on note tout de même que, au début du moins, les discours ne semblent pas être son fort. Melania Trump avait en effet été vivement critiquée pour avoir plagié des passages entiers d'un discours de Michelle Obama, le 3 novembre 2016. La première dame des Etats-Unis assure, dans un rare entretien diffusé vendredi 12 octobre 2018, avoir « *d'autres choses* » en tête que les infidélités présumées de son mari, mais reste flou sur ses intimes convictions. Les aventures extra-conjugales prêtées à Donald Trump ne sont pas « *un sujet d'inquiétude* ». Cependant on assiste à une certaine « *distance* » dans le couple : lors d'une réception officielle à la Maison Blanche, le President a essayé de prendre la main de son épouse... Alors que celle-ci refusait fermement. Et ce n'est pas la première fois qu'elle repousse un geste de son époux. Lors d'un voyage en Israël, en mai dernier, elle avait même été jusqu'à donner une claque sur la main de son mari pour qu'il la laisse tranquille. Depuis les révélations de la liaison supposée de Donald Trump avec l'actrice de films pour adultes Stormy Daniels, Melania Trump se montre plus que jamais distante en public.

Elle a permis à ses parents slovènes de devenir des citoyens américains en août 2018 grâce à la fameuse « *migration en chaîne* » qui s'apparenterait en France au regroupement familial (méthode que le President considère comme un désastre total).

Jared Kushner

Jared Corey Kushner est né le 10 janvier 1981 à Livingston. Il est marié depuis 2009 à Ivanka Trump, fille aînée de Donald Trump. Une des grands-mères de Jared Kushner était une survivante de l'Holocauste ; elle a vécu aux États-Unis après avoir été passagère du Saint Louis, un paquebot en grande majorité composé de Juifs allemands fuyant l'Allemagne nazie et dont l'essentiel des passagers a été refoulé à son arrivée aux États-Unis. Il est titulaire d'un BA en sociologie de l'université de Harvard (2003) et d'un master professionnel en droit ainsi que d'un MBA de l'université de New-York (2007).

Son père, Charles Kushner, est un entrepreneur majeur de l'immobilier du New Jersey, qui « n'a fait son entrée dans le cœur de New York qu'avec le concours plus présentable de Jared auprès des investisseurs ». Accusé d'avoir détourné de l'argent, Charles Kushner a été condamné à deux ans de prison par le procureur de l'État Chris Christie, ce qui explique les ressentiments futurs de Jared Kushner à son égard. En 2005, il se met en couple avec la femme d'affaires Ivanka Trump, fille de Donald Trump. Leur relation est interrompue en 2008, sous la pression de sa famille juive orthodoxe. Sa compagne se convertit finalement au judaïsme, ce qui lui permet d'épouser Jared Kushner en 2009. Ils ont trois enfants.

Après avoir soutenu financièrement le Parti démocrate les années précédentes, il compte, en 2016, parmi les conseillers de la campagne présidentielle de Donald Trump et est décrit comme l'architecte de sa campagne sur les médias numériques. Il joue un rôle essentiel dans le départ des deux premiers directeurs de campagne, Paul Manafort et Corey Lewandowski, et contribue à écarter Chris Christie, ennemi personnel de son père, de l'équipe de transition de Donald Trump. Pendant la période de transition, il cherche à mettre en place un canal de communication secret avec la Russie. Le 9 janvier 2017, Donald Trump le nomme Haut conseiller du président des États-Unis. Jared Kushner a déclaré qu'il renoncerait à tout son salaire, pour la durée du poste. Une fois Donald Trump investi, il est chargé de définir la politique moyen-orientale des États-Unis et de suivre d'éventuelles négociations israélo-palestiniennes. En avril 2017, il se voit chargé de la réforme de l'administration américaine. Il figure également au premier plan des relations avec les ré-

gimes mexicain et chinois. Mediapart le présente comme le « pense-bête de Donald Trump, un mémento de l'essentiel de ses préoccupations immédiates, des dossiers que seul un proche digne de la plus haute confiance pourrait se voir confier ».

En mai 2018, il assiste à l'inauguration de l'ambassade des États-Unis à Jérusalem avec son épouse.

Chapitre 4
LES MENSONGES
DU CANDIDAT TRUMP

Depuis qu'il a annoncé au printemps 2015 qu'il était candidat à la présidence américaine, Donald Trump n'est jamais sorti de l'actualité pendant moins d'une heure. Selon Dominique Dewitte personne d'autre n'a jamais rien connu de semblable. Trump est le roi de la doctrine du « *eux* » contre « *nous* », dans laquelle il invente sa vision du rôle de victime sur le monde. Non seulement cette stratégie fonctionne, mais personne n'est capable de trouver un antidote pour le moment. Il exploite les médias en continu, 24/24 et 7/7, pour communiquer au monde les théories de conspiration les plus aberrantes à un rythme sans précédent. C'est exactement ce que Trump a fait pendant la campagne : sans cesse brutaliser, humilier, insulter et rabaisser ses adversaires (« *crooked Hillary* » (« *Hillary la tordue* »), « *little Marco* » (« le petit Marco »), « *lying Ted* » (« *Ted le menteur* »), « *low energy Jeb* » (« *Jeb l'apathique* »)... afin d'influencer la perception des électeurs. Peu de ses victies ont réussi à se défendre. Elles ne sont pas allées au-delà d'un commentaire sur un « *comportement non-présidentiel* ». Mais ses électeurs avaient compris bien avant qu'ils ne se rendent aux urnes que Trump se comportait d'une manière non-présiden-tielle. Et ils s'en fichaient.

America First

En promettant dans son discours d'investiture du 20 janvier 2017 qu'« à dater de ce jour une nouvelle vision va gouverner notre pays ..., ce sera l'Amérique d'abord », le nouveau président américain n'a pas usé d'un langage neutre.

« America First » est étroitement lié au populisme et à la démagogie la plus sombre des Etats Unis. Le slogan du discours d'investiture de Donald Trump, a toujours été, dans l'histoire nord-américaine, celui des mouvements d'extrême droite, notamment dans les années 1930 et 1940. L'AFC (America First Committee) fut le principal groupe de pression isolationniste s'opposant à l'entrée des Etats-Unis dans la guerre contre le nazisme. Ses animateurs, dont le célèbre aviateur Charles Lindbergh, affichaient leur antisémitisme et leur sympathie pour le régime hitlérien. Bref, ce slogan, qui fut le refrain hier d'un discours autoritaire et nationaliste, rappelle une histoire précise des Etats-Unis, celle où s'est exprimé explicitement le désir d'un pouvoir fasciste.

Déjà le 10 janvier 1920, le sénateur Warren Harding, candidat à l'élection présidentielle, utilise plusieurs fois l'expression, dans un discours prononcé à New York : « Il faut sauvegarder l'Amérique d'abord, stabiliser l'Amérique d'abord, faire prospérer l'Amérique d'abord, penser à l'Amérique d'abord, exalter l'Amérique d'abord, faire vivre et vénérer l'Amérique d'abord ».

Le parti républicain avait adopté le slogan America First, en y ajoutant : « the rest of the world afterward » (le reste du monde après), ce qui devint la référence de base de ce même parti en 1894.

America First fut alors repris et largement exploité par les nationalistes blancs pour être adossé à « 100% American » et au sinistre « not one drop of Negro blood » (pas une seule goutte de sang noir). De fait, lorsque le Ku Klux Klan organisa une manifestation, en 1922, dans les rues d'Alexandria en Louisiane, les nombreux calicots du mouvement raciste affichaient en toutes lettres « 100% American, America First ».

En conclusion l'usage récurrent que Trump fait de ces slogans au passé nauséabond est tout sauf un hasard.

LES TWEETS DE TRUMP

« Sans les Tweet, je ne serais pas là où je suis », a déclaré le président des Etats-Unis. Et sans le compte @realdonaldtrump, Twitter, critique envers la politique de l'homme d'Etat, pourrait perdre un cinquième de sa valeur boursière. La Maison Blanche l'a précisé au début de l'année, le président des Etats-Unis n'a qu'une seule application sur son iPhone ultrasécurisé : Twitter. C'est avec son compte, @realDonaldTrump, qu'il s'adresse *« directement au peuple »*, court-circuitant les canaux habituels et les médias. Son flux est un mélange d'opinions, d'insultes, de messages institutionnels et de contre-vérités. Un défouloir qui ressemble à celui de l'utilisateur de base, à ceci près que c'est celui de l'homme le plus puissant du monde et qu'il parle directement à 39 millions de personnes.

Faut-il prêter attention à tout ce qui se dit sur Twitter ? Non, sans doute. Mais quand l'homme candidat ou élu président des Etats-Unis utilise ce réseau social à tout bout de champ, au point d'en faire son vecteur de communication quasi unique, le tweet n'est plus une anecdote, une vision déformée de la réalité : il est la réalité. Défense en lettres capitales quand un dossier compromettant émerge à son propos, critiques régulières d'Hillary Clinton et des démocrates, autocélébration permanente de son succès, crise diplomatique avec la Chine : depuis le 8 novembre et son élection à la présidence des Etats-Unis, ses tweets s'accumulent, divisent et sidèrent. Leur analyse précise permet de mieux comprendre ce qui a toutes les formes d'une obsession. Entre le lendemain de son élection, le 9 novembre 2016, et le 17 janvier 2017, à 48 heures du début effectif de sa présidence, il s'est écoulé 70 jours, et Donald Trump a tweeté 334 fois, soit une moyenne proche de cinq tweets par jour. Il n'est resté silencieux que deux fois, les 14 et 25 novembre, et est monté jusqu'à onze tweets en un seul jour (les 27 novembre, 4 décembre, 3 et 6 janvier).

« Twitter ? Je trouve que c'est un super moyen de communication. Mais je ne l'utiliserai pas beaucoup quand je serai président ». Ces propos de Donald Trump, prononcés le 27 mars alors qu'il était en campagne pour les primaires républicains, paraissent bien loin. S'il s'y est effectivement à peu près tenu les tout premiers jours après

son élection, s'offrant même quelques tweets aimables (sur Obama ou les manifestations anti-Trump), il a rapidement retrouvé un rythme soutenu, à peine ralenti par les fêtes de fin d'année. Entre midi et 14 heures en France (entre 6 et 8 heures du matin à New York). D'un coup, une série de tweets rageurs et polémiques de Donald Trump. Si le nouveau président américain tweete tant, c'est avant tout parce qu'il s'y met très tôt dans la journée : près d'un sur deux a été émis avant 10 heures du matin. Chacun de ses tweets possède une capacité de propagation unique, suivi par plus de 20 millions de personnes. Son tweet le plus viral est le premier qu'il a publié au lendemain de son élection, suivi de près par celui du 31 décembre souhaitant une bonne année « *à tout le monde, y compris à mes nombreux ennemis et ceux qui m'ont combattu et ont subi une défaite si cuisante qu'ils ne savent plus quoi faire* » : Cette amabilité si chère au President !

Décembre 2018 après les émeutes de Paris des gilets jaunes : Un tweet de plus. Donald Trump a retweeté un message d'un certain Charlie Kirk, président d'une association étudiante plutôt républicaine que démocrate. Ce dernier tweeté : « *Il y des émeutes dans la France socialiste à cause des taxes d'extrême gauche sur l'essence. Les médias n'en parlent quasiment pas. L'Amérique prospère, l'Europe brûle. Ils veulent masquer la rébellion de la classe moyenne contre le marxisme culturel. « On veut Trump » chante-t-on dans les rues de Paris* ». fake news : il semblerait que Charlie Kirk se soit basé sur une vidéo tournée à Londres et non pas à Paris, et qui, en plus, date probablement du mois de juin. Une fake news qui n'a pas empêché le président des Etats-Unis d'en tirer profit.

Trump s'exprime avec ironie par un autre tweet : « *je suis heureux que mon ami Emmanuel Macron et les manifestants à Paris soient tombés d'accord sur la conclusion à laquelle j'avais abouti il y a deux ans* ». Selon lui, le prix de l'énergie augmente pour les pays responsables à cause de ces accords de Paris. On est encore en plein délire !

LES OBSESSIONS DE TRUMP

1 - Trump et Hillary Clinton

Jamais un candidat à la présidence ne s'était autant acharné sur son adversaire. Cela en devenait pathétique ! « *Ce qu'a fait Clinton, c'est un crime* », « *Sale, pourrie, menteuse* ».

L'affaire des e-mails de la candidate démocrate a sans aucun doute ponctué sa campagne électorale et entaché son image. Hillary Clinton s'est en effet vu reprocher l'usage d'un serveur de messagerie privé plutôt que celui du département d'Etat lorsqu'elle dirigeait la diplomatie américaine (2009-2013), pendant le premier mandat de Barack Obama. Une pratique dont elle a elle-même reconnu que c'était une erreur d'un point de vue de la sécurité des échanges d'informations sensibles. La police fédérale avait alors décidé d'ouvrir une enquête avant de la classer, en juillet, sans poursuivre la candidate. Mais le 28 octobre, à la surprise générale, le chef du FBI, James Comey, annonçait dans une lettre adressée aux élus du Congrès l'ouverture d'un complément d'enquête après la découverte de courriels du département d'Etat sur l'ordinateur portable d'Anthony Weiner, l'ex-mari de Huma Abedin, conseillère de la candidate démocrate. Encore plus surprenant, le 6 novembre, James Comey informe le Congrès que l'examen de nouveaux courriels de Hillary Clinton n'a pas modifié les conclusions formulées en juillet, qui recommandaient le classement de l'affaire.

Le 9 septembre, la démocrate rompt avec une règle d'or, ne jamais s'en prendre à l'électorat de son adversaire. Ce jour-là, elle juge publiquement lors d'une collecte de fonds que, « *grosso modo* », une bonne moitié des soutiens de Donald Trump sont « *pitoyables* » et « *irrécupérables* », parce que « *racistes, sexistes, homophobes, xénophobes, islamophobes* ».

Le camp républicain monte aussitôt au créneau. Donald Trump réagit vivement dans un tweet :

« *Waouh, Hillary Clinton a été TELLEMENT INSULTANTE envers mes supporteurs, des millions de personnes incroyables, qui travaillent dur. Je pense que cela va lui coûter cher dans les sondages !* ».

Plusieurs commentateurs politiques estiment également qu'il s'agit d'une erreur sérieuse de la part de Hillary Clinton, au moment où les sondages prédisaient une course plus disputée qu'attendu pour la Maison Blanche. La candidate démocrate finit par s'excuser le lendemain reconnaissant avoir « *généralisé grossièrement* » et disant à son tour que nombre d'électeurs de Donald Trump sont des « *Américains qui travaillent dur* ».

Dans un tweet, le Président des États-Unis Donald Trump, s'en est pris à Hillary Clinton. Il a qualifié sa concurrente lors de l'élection présidentielle américaine de 2016, de « *pire (et plus grande) perdante de tous les temps* », l'invitant à tenter sa chance à nouveau dans trois ans.

La surenchère verbale entre Donald Trump et Hillary Clinton continue même un an après la fin de l'élection présidentielle. Après que le Président américain a lancé une pique contre son ancien adversaire, elle s'est précipitée pour répondre.

« *Apparemment, mon ancien adversaire est obsédé par mon discours, apparemment il y a eu un autre tweet aujourd'hui… Honnêtement, entre tweeter et jouer au golf, comment fait-il quelque chose d'autre ? Je ne le comprends pas. C'est tout le problème* », a-t-elle déclaré, citée par Politico.

Coté ingérence russe, c'est sa faute. C'est Hillary Clinton qui a tout manigancé. Évidemment, ça faisait son affaire que les courriels de son équipe soient volés et exposés au grand jour. Selon la porte-parole de la Maison-Blanche, il existe des preuves claires que la campagne de Clinton était de mèche avec les services de renseignement russes. Évidemment, si on soupçonne Donald Trump de quelque chose, on n'a pas besoin d'attendre très longtemps pour que ce dernier renvoie l'accusation intacte à la figure de ses adversaires politiques. Ça fonctionne, puisque tous les partisans de Trump et l'auditoire de Fox News finiront sûrement par croire qu'Hillary Clinton a tout fait et qu'il faudra ajouter deux ou trois sentences de prison à la punition qu'on réclame déjà pour elles 'il n'en tenait qu'au président et à ses amis de Fox News, les enquêteurs de Robert Mueller suivraient les pistes qui leur permettraient de découvrir que c'est Hillary Clinton elle-même qui a conspiré pour que les services de renseignement russes volent des courriels potentiellement embarrassants pour sa campagne et les exposent au grand jour. Hillary et Vladimir, même combat ! Elle est forte cette Hillary, elle qui a passé toutes ces années à critiquer le régime autoritaire de Poutine et à encourager les forces d'opposition russes dans le but d'amadouer Poutine et de s'assurer qu'il accepte, le moment venu, de s'immiscer dans une campagne présidentielle pour favoriser son adversaire ! On est en plein délire !

Le rôle du FBI contre Hillary Clinton

Courant automne 2015, le FBI contacte le comité national démocrate afin de surveiller tout signe d'activité inhabituelle dans ses systèmes informatiques sans jamais mentionner que l'agence soupçonnait deja un acte de piratage russe. De plus, lorsque des membres du comité démocrate ont demandé plus d'informations au FBI, celui-ci a refusé. En agissant de la sorte le FBI a empêché le Parti démocrate d'adopter des mesures qui auraient pu permettre de limiter le nombre de courriels et de documents que les pirates informatiques ont réussi à voler. Néanmoins, le FBI a tout de même prévenu le comité qu'il était victime de piratage en mars 2016, quelques jours avant que le comité ne le découvre.

C'est probablement le FBI qui a précipité la défaite d'Hillary Clinton à l'élection du 8 novembre 2016 quand le bureau d'enquête fédérale a relancé une enquête sur la boîte de messagerie privée utilisée par Hillary Clinton quand elle était secrétaire d'État. Le 12 novembre 2016, Hillary Clinton a estimé lors d'une conversation téléphonique avec ses principaux donateurs que le directeur du FBI James Comey était responsable de sa défaite à la présidentielle américaine.

2 - Trump et Obama

Depuis Truman il existe une sorte de fraternité présidentielle aux États-Unis. Cette fraternité s'inspire du principe qu'un ancien président est apte plus que toute autre personne pour comprendre exactement les exigences posées par la présidence américaine. Si le développement de liens privilégiés avec les anciens présidents n'est pas obligatoire, il peut être fort utile en période de crise. Les anciens présidents peuvent devenir alors de précieux conseillers. Ainsi, John F. Kennedy n'hésita pas à consulter régulièrement Dwight

Eisenhower et Harry Truman sur des dossiers aussi variés que le Vietnam, Berlin, les relations avec la Russie, ou Cuba. Cette fraternité présidentielle continua de se manifester par la suite. George H. W. Bush écrivit une lettre très bienveillante à son successeur le 20 janvier 1993 dans laquelle il lui souhaitait la meilleure des chances et lui conseillait de ne pas se laisser perturber par les critiques dans l'accomplissement de sa tâche de président. Tous deux sont devenus par la suite deux grands amis. Bill Clinton a aussi développé des liens amicaux avec son successeur, George W. Bush. Tous deux se téléphonaient régulièrement. Lorsqu'il y avait besoin d'un conseil, Bush n'hésitait pas à consulter Clinton. Quelques jours avant de devenir président, Barack Obama a réuni tous les anciens présidents encore vivants pour solliciter leurs conseils sur la meilleure façon de remplir son devoir comme président. La réunion eut lieu à la Maison-Blanche à la suggestion de George W. Bush. Mais cette fraternité a disparu avec l'arrivée de Donald Trump. Si le nouveau président n'entretient aucune relation avec les autres anciens présidents, les tensions sont particulièrement palpables avec Barack Obama. Leurs différends vont bien au-delà d'un conflit idéologique ou d'une différence de style. L'animosité personnelle entre les deux perdure depuis très longtemps. Leur inimitié prend sa racine dans la théorie qu'Obama ne serait pas né aux États-Unis. Cette théorie, cherchant à délégitimer l'élection de Barack Obama, parce que ce dernier est Afro-américain, est profondément raciste. Or, cette théorie fut largement soutenue et diffusée par Donald Trump. Ce dernier a utilisé en mars 2011 cette théorie pour tester ses propres chances de se porter candidat à la présidence. Dans l'émission The View d'ABC, il attaqua directement Obama en exigeant de voir son certificat de naissance. La pseudo-controverse sur la naissance d'Obama a fourni à Donald Trump une opportunité pour se connecter avec la frange extrémiste de l'électorat américain sur un sujet considéré comme tabou : l'inconfort ressenti par une portion importante de l'électorat blanc devant l'élection d'un Afro-américain comme président des États-Unis. En dépit du fait que Barack Obama a tout fait pour faciliter la transition vers une administration Trump, les deux hommes furent incapables de développer une relation de travail. Trump a tout simplement refusé de maintenir un minimum de cordialité avec son prédécesseur.

En accusant sans preuve son prédécesseur de l'avoir écouté illéga-lement pendant la campagne électorale, Donald Trump a déclen-ché une nouvelle tempête médiatique. Faisant fi de tout protocole, il se permet de faire les assertions les plus incendiaires, fondées sur de vagues soupçons et il le fait sans même consulter ses plus proches collaborateurs et son administration pour savoir s'ils pos-sèdent des éléments contradictoires. Une telle action, clairement illégale, demanderait la complicité du FBI ou des services de rensei-gnements. Mais cela n'a pas empêché Trump de porter une telle ac-cusation sans précédent. Sans fournir aucune preuve Et après avoir créé cette tempête médiatique, il finit par exiger l'ouverture d'une enquête pour trouver des éléments de preuve inexistants.

Trump ne cherche nullement à masquer son dédain pour son pré-décesseur, affichant ouvertement son hostilité à l'égard des déci-sions de l'administration Obama, il recourt à tous les moyens pour dénigrer ces dernières. Aussi, Trump n'a de cesse qu'il n'ait pas ef-facé tout l'héritage de Barack Obama. Il a annulé l'accord du Parte-nariat Transpacifique, dénoncé l'accord de Paris sur le changement climatique, abrogé le programme environnemental, désavoué la loi de 2010 régulant les banques et le marché boursier, modifié la po-litique d'ouverture à Cuba et déchiré la loi sur des soins de santé abordables connue comme l'Obamacare, etc.

Le désir compulsif de Trump de déraciner et de détruire l'héritage d'Obama s'apparente aux comportements d'une personne souf-frant de troubles obsessionnels. Bien sûr, cette haine d'Obama chez Trump est soutenue par l'animosité partisane de nombreux répu-blicains depuis 2009. Mais cette fixation est aussi alimentée chez Trump à la fois par son narcissisme et par un racisme sous-jacent selon lequel un Afro-américain ne crée rien de bon et ne peut donc pas réussir. Pour le site Politico, le nouveau président américain souffre tout simplement d'une « *obsession d'Obama* ».

LES DÉCLARATIONS D'IMPÔTS
DU CANDIDAT TRUMP

Le président américain ayant toujours refusé de rendre publiques ses déclarations de revenus, certains affirmaient qu'il n'avait pas payé ses impôts pendant 20 ans. Et le mystère a perduré pendant la campagne alors que les candidats à la Maison Blanche jouent traditionnellement la transparence. En octobre, le New York Times pensait en comprendre la raison. Le journal affirmait que le milliardaire avait évité de payer des impôts pendant près de 20 ans en déclarant des pertes de 916 millions de dollars en 1995. Une pratique légale mais décriée. Le candidat républicain et ses proches avaient alors vanté ses talents d'homme d'affaires, capables en toute légalité d'utiliser toutes les astuces fiscales disponibles.

Pourtant, la chaîne MSNBC vient de publier les deux pages principales de la déclaration du couple Trump de 2005, montrant le paiement d'environ 38 millions de dollars d'impôt fédéral sur le revenu (36,5 selon un autre calcul), sur un peu plus de 150 millions de revenus. Le document a été découvert par le journaliste indépendant David Cay Johnston, qui dit l'avoir reçu dans sa boîte aux lettres. Il est l'auteur d'un livre sur Donald Trump. *« Le document montre que Trump et sa femme Melania ont payé 5,3 millions de dollars d'impôt fédéral classique sur le revenu - un taux de moins de quatre pour cent »,* a écrit le journaliste sur Daily Beast. Le taux effectif d'environ 25% n'a été atteint que grâce au paiement de 31 millions de dollars supplémentaires par les Trump au titre de *« l'impôt minimum alternatif »* (AMT), un impôt créé pour empêcher que des contribuables profitent de niches fiscales pour payer peu ou pas d'impôt, a encore noté David Cay Johnston. Donald Trump a déduit cette année-là plus de 100 millions de pertes. Par comparaison, Hillary et Bill Clinton, qui sont millionnaires, ont payé 30,8% d'impôt fédéral en 2005. Les Clinton ont publié toutes leurs déclarations depuis 1977.

Si le président américain n'a jamais souhaité se plier à la tradition américaine de transparence des revenus, visant à identifier d'éventuels conflits d'intérêts pour les candidats à la présidentielle, c'est parce qu'il affirme être victime de contrôles fiscaux dont il fait l'objet depuis des années. Hillary Clinton, son adversaire démocrate, en avait fait un argument de campagne, l'accusant d'avoir toujours tenté d'échapper à l'impôt.

TRUMP ET LES FEMMES

Les frasques sexuelles de Donald Trump

Les frasques sexuelles de Donald Trump font décidément les gros titres. En janvier dernier, l'aventure entre une actrice de film X, Stéphanie Clifford, dite Stormy, et le président américain était révélée par une autre star du X, Alana Evans. Donald Trump était pourtant marié à Melania Trump. « *Tout ce que je vais te dire, c'est que je me suis retrouvée dans la chambre d'hôtel de Donald. Imagine-le en train de me courir après dans sa chambre en slip kangourou blanc »,* aurait raconté Stormy à son amie.

Au lendemain de la diffusion de l'interview de la star du X Stormy Daniels, la réaction de la Maison-Blanche a été sans équivoque. *« Je dirais que le président a démenti fortement, clairement et constamment ces accusations »* a assuré Raj Shah, le porte-parole adjoint de l'exécutif américain, devant les journalistes. Mais elle affirme avoir reçu 130 000 dollars pour ne pas en faire état. Elle a déposé plainte pour casser cette clause de confidentialité, et vient de publier les résultats de tests au détecteur de mensonges, en sa faveur. En revanche, l'un des avocats du milliardaire, Michael Cohen, a admis avoir versé cette somme en précisant avoir puisé dans ses fonds personnels, tout en contestant l'existence de cette relation. Selon plusieurs emails, l'actrice et directrice de films coquins a déclaré que Donald Trump apprécie tout particulièrement une pratique sexuelle pour le moins originale : être fessé avec un magazine Forbes.

A l'heure du mouvement féministe #MeToo et dans le sillage de l'affaire Weinstein, l'affaire pourrait être grave. Mais Donald Trump, habitué à être accusé d'infidélités et de gestes déplacés envers des femmes, paraît intouchable. Le tourbillon médiatique et juridique ne semble pas l'atteindre. Ou si peu !

Scénario similaire du côté de la brune Karen McDougall. Elle a porté plainte, à Los Angeles, contre le groupe de presse American Media (AMI), pour demander d'invalider une clause d'exclusivité. Elle pensait que son histoire serait publiée. Elle s'est trompée. Le National Enquirer (qui avait déjà couvert les agissements de Harvey Weinstein) aurait en fait acheté son témoignage dans l'intention de ne jamais le publier, pour protéger Donald Trump. Elle affirme avoir reçu 150 000 dollars. La moitié aurait été reversée à son avocat, qu'elle accuse d'être lié au clan Trump. Karen McDougall a livré un témoignage exclusif à un des journalistes stars de CNN, Anderson Cooper, confessions qui ont été diffusées.

Au même moment, une troisième femme, Summer Zervos, refait surface. Cette ex-candidate de The Apprentice, l'émission de télé-réalité à l'époque présentée par Donald Trump, l'accuse de l'avoir caressée et embrassée de force en 2007. Un cas différent des précédents puisqu'il s'agit cette fois de contrainte.

Dans ces affaires, la guerre des avocats tourne autour de l'argent. Donald Trump pourrait être accusé d'infractions aux lois électorales s'il est prouvé que ces versements d'argent avaient pour but d'influencer le scrutin de 2016.

Dans cette Amérique puritaine, des politiciens ont dû démissionner pour des affaires d'infidélité et de gestes déplacés. Donald Trump, lui, reste debout. En tout, rappelle USA Today, ce sont 19 femmes, dont des actrices pornos et d'anciennes Miss, qui l'accusent de contraintes ou de vouloir les réduire au silence pour taire une liaison.

Jusqu'ici, la Maison-Blanche a balayé toutes les accusations. Mais certains tweets et déclarations ne trompent pas. « *Je suis automatiquement attiré par les belles, je les embrasse tout de suite* » : voilà ce que Donald Trump a dit lors de la fameuse vidéo qui a déclenché le Pussygate. Il avait été filmé à son insu en 2005, lors de la préparation d'une émission pour la NBC. L'enregistrement a été rendu public à quatre semaines de l'élection présidentielle. Trump a perdu des soutiens, Trump s'est excusé et Trump a été élu. La colère des femmes s'est manifestée à travers la Women's March, le lendemain de son assermentation. Sans beaucoup d'effet.

Récemment, alors que deux cadres de la Maison-Blanche ont été accusés de violences conjugales, Donald Trump a pris leur défense. Il a aussi apporté son soutien à Roger Ailes, ex-patron de Fox News, et à l'un de ses animateurs vedettes, Bill O'Reilly, deux républicains accusés de harcèlement sexuel. C'est dans ce cadre qu'il a eu cette fameuse phrase sur la journaliste Megan Kelly: « *On pouvait voir du sang gicler de ses yeux, du sang gicler de son..., d'où que ce soit* ».

Les parodies de Trump

« Plus on est extrême, plus les gens nous croient », explique Christopher Blair, qui a créé un compte parodique très populaire chez les pro-Trump. Ce compte Facebook parodique est pris au sérieux par des millions de fans de Trump.

« America's Last Line of Defense », (la dernière ligne de défense de l'Amérique) est un compte Facebook parodique créé en 2016 par un blogueur qui voulait se moquer des excès du candidat Trump.

Un avertissement indique clairement que « rien sur cette page n'est vrai » et les faux titres sont particulièrement absurdes. Ces derniers mois, Christopher Blair a écrit que « la Californie avait institué la charia » « que Barack Obama allait lancer une version 100% afro-américaine de La Petite maison dans la prairie sur Netflix » et « qu'une chaîne de supermarchés avait décidé de renommer les fruits vendus par leurs noms arabes pour promouvoir la diversité ».

Selon le Washington Post, cette page Facebook est désormais la plus populaire du réseau social parmi les conservateurs pro-Trump de plus de 55 ans. Certains mois, la page attire jusqu'à six millions de visiteurs. Les fans de ce compte Facebook sont un mélange de conservateurs qui ne voient pas la parodie et d'internautes qui trouvent la parodie amusante. Les liens vers les faux articles ne fonctionnent même pas, mais cela n'empêche pas certains fans de les partager.

« Malgré le niveau impressionnant de racisme, d'intolérance et d'absurdité de nos contenus, les gens continuaient de nous lire, a écrit Blair sur un blog. Quelle est la limite? Y a-t-il un moment où les gens se rendent compte qu'on leur raconte des conneries et décident enfin de revenir à la réalité? ».

Plusieurs sites dont BuzzFeed ont publié les détails d'un rapport non vérifié sur les frasques sexuelles du futur président américain lors de récents voyages en Russie. Selon CNN, le fameux rapport, qui aurait été établi par un agent britannique, a été remis au futur président américain après son briefing sur le rôle de la Russie dans ses tentatives de déstabilisation de l'élection présidentielle. Un document de 35 pages qui regroupe plusieurs rapports réalisés entre le 20 juin et le 20 octobre 2016, et qui font état des communications entre l'équipe de campagne de Trump et Moscou, mais aussi de frasques sexuelles impliquant le président lors de ses séjours en Russie. Les services secrets russes auraient conservé certaines des pièces de leur surveillance au cas où il y aurait besoin de faire pression sur Washington. La Maison-Blanche. Le Kremlin et Donald Trump ont fermement démenti des révélations selon lesquelles Moscou détiendrait des documents très compromettants sur le président élu.

TRUMP LE MISOGYNE

Depuis des années, Donald Trump multiplie les remarques misogynes. A propos de sa rivale lors des primaires républicaines, Carly Fiorina, il avait déclaré : « *Vous avez vu sa tête ? Qui voterait pour « ça » ? »*. Quant à l'ancienne Miss Univers Alicia Machado, il l'avait qualifiée de « *Miss Piggy* » lorsqu'il produisait ce concours. Hillary Clinton elle-même est présentée comme ayant un problème de « *tempérament* », comme étant « *diabolique* » (telle une sorcière), une « *mauvaise femme* ».

Pour un candidat, « *féminiser* » son adversaire en le qualifiant de lâche, d'émotif, voire d'intello, comme le fut John Kerry en 2004, vise à le décrédibiliser. Un homme, un vrai, ne manque pas de leadership et ne craint pas l'adversité.

La mise en scène décomplexée d'une virilité forte fait partie de la stratégie de Trump. Il parle à mots couverts de la taille de son pénis lors des primaires. Il met en scène sa femme et ses cinq enfants pour montrer son attachement aux valeurs familiales et vanter sa vigueur (sexuelle) malgré ses 70 ans. Il qualifie de simples « *propos de vestiaires* » sa prétention à profiter de sa notoriété pour agresser sexuellement des femmes. Mais il n'hésite pas à qualifier les immigrés mexicains de violeurs, et les musulmans de sexistes pour signifier : la misogynie, ce n'est pas « *nous* », mais « *eux* » car nous sommes des plaisantins, nous aimons les belles femmes. Les gens ont encore tendance à se tourner vers une personnalité qui affiche une puissance virile, s'entourant de belles femmes et promettant de protéger son pays. Quelque 63% des électrices blanches républicaines ont voté pour lui. Elles disent: « *Nos maris ne sont pas très différents de lui et nous savons les gérer. Au moins ils assurent nos besoins et notre sécurité* ».

En réalité, son plus grand atout, c'est le racisme. Quand Donald Trump dit : « *Make America Great Again* » (Rendons à l'Amérique sa grandeur), on comprend « *Make America White Again* » (Rendons à l'Amérique sa blancheur). C'est au politiquement correct que Trump a déclaré la guerre en prenant la défense des « *angry white males* ». L'imaginaire de Trump dans cette élection, celui de l'identité, renvoie à la disparition de l'Amérique blanche. Les structures sociales traditionnelles ont été mises à mal par l'élection d'un président noir issu de l'élite intellectuelle de la côte Est, par les lois instaurant le mariage entre personnes de même sexe et autorisant les homosexuels à intégrer l'armée, par la place grandissante des femmes dans l'espace public (dont Hillary Clinton est le symbole). Les « *angry white males* » s'estiment victimes d'une discrimination à l'envers. Ils pensent que les femmes et les minorités leur prennent leurs emplois dans leur pays. L'Amérique que propose Trump est debout, combative et virile. Elle promet de restaurer l'autorité perdue sous Obama, ce président qui s'excuse, qui se couche.

Brett Kavanaugh étant confirmé à la Cour suprême, on verra se multiplier les obstacles à l'avortement, à la contraception, mais aussi aux études de genre, à l'éducation sexuelle ou à l'enseignement de la théorie de l'évolution Ce sera une régression phénoménale.

The Emperor Has No Balls

Une statue de Donald Trump, nu et bedonnant, a été adjugée à 28 000 US dollars. I s'agit de la présumée dernière statue de Donald Trump représenté dans le plus simple appareil, les autres versions ayant été détruites, confisquées ou encore vandalisées. L'acquéreur est une personnalité de la télévision américaine. L'acquéreur, Zak Bagans, enquêteur sur les questions paranormales et personnalité de la télévision, entend exposer ce Donald Trump dodu dans son musée hanté à Las Vegas. Cette création d'un collectif anarchiste de la côte Ouest des Etats-Unis est probablement l'unique exemplaire restant du président américain représenté dans le plus simple appareil ayant échappé à la destruction ou à être confisqué et qui n'a pas été vandalisé. C'est le sort qu'ont connu les quatre autres copies de Donald Trump nu, une création appelée « L'empereur n'a pas de couilles ».

Illma Gore, l'artiste qui a peint Donald Trump nu et doté d'un micropénis baptisée « Make America Great Again » (soit « rendre sa grandeur à l'Amérique »), comme le slogan du candidat américain, montre le Président dans le plus simple appareil, tel que l'artiste se l'imagine. Le résultat ne flatte vraiment pas l'anatomie masculine de Donald Trump puisque ce dernier est affublé d'un micropénis. L'œuvre est censée « provoquer une réflexion, bonne ou mauvaise, sur l'importance que nous portons à notre apparence physique et plus particulièrement à nos parties génitales », explique la peintre de 24 ans. Trop controversée, la toile a d'abord été interdite d'exposition aux États-Unis où Illma Gore dit avoir reçu « un millier de menaces de mort de la part de sympathisants de Trump ». L'image a également été bannie de Facebook et Twitter. L'artiste a trouvé refuge début avril dans une galerie londonienne (La Maddox Gallery) où l'œuvre est mise en vente pour 1 million de livres.

L'envers du décor :

Le monde s'est arrêté le temps d'une info très singulière : le pénis de Donald Trump ressemblerait à Toad, le petit champignon trapu du jeu Mario Kart. Du moins, c'est ce que nous révélait le très sérieux Guardian en publiant les détails croustillants du livre de Stormy Daniels, *Full Disclosure*. L'actrice porno, qui affirme avoir été rémunérée pour taire sa liaison avec Trump, a récolté une promotion d'enfer et le président : « *l'homme le plus puissant au monde* », une humiliation planétaire. Est-ce vraiment plus efficace (et cohérent) de combattre un misogyne notoire en utilisant ses propres armes ? Parler le même langage que Trump sert-il vraiment la cause de l'égalité entre les sexes ? N'oublions pas qu'il n'est sans doute pas le seul à avoir un pénis peu harmonieux. Comment ne pas humilier et isoler avec lui tous ces hommes silencieux et complexés, lesquels ne sont pas tous des misogynes ? « *De loser, Trump deviendrait alors victime, l'icône magnifique et revancharde de la cause des pénis marginaux* ».

Chapitre 5
LES MENSONGES
DU PRESIDENT TRUMP

D onald Trump introduit dans la politique américaine l'irratio-
nalité, l'imprévisibilité et le chaos. Trump ne lit rien au point
que ses amis proches pensent qu'il est dyslexique ; il passe
des heures devant la télévision, en priorité devant la chaîne conservatrice Fox News où se déchaînent des commentateurs adeptes des
théories du complot et prêts à toutes les approximations et les exagérations. De toute façon, son narcissisme pathologique le fait évo-
luer dans une sphère cognitive qui lui est propre où, si les faits ne
lui conviennent pas, il en invente d'autres. Ce ne sont pas des argu-
ments sophistiqués mais des phrases simples qu'il répète plusieurs
fois dans des entretiens où il ne répond pas à son interlocuteur mais
se contente de s'écouter. Il est protectionniste, il est isolationniste,
hostile aux alliances et indifférent aux droits de l'homme ; il ne croit
qu'aux rapports de forces dans leur forme la plus crue ; il déteste
les organisations internationales auxquelles il oppose la seule réalité qui compte pour lui, l'Etat-Nation et il apprécie les dirigeants
autoritaires avec lesquels il pense parvenir plus facilement à des accords. « *America first* » clame-t-il mais c'est « *America alone* » qu'il
pratique. Il traite les Etats-Unis comme la Trump Organisation et
ses ministres comme ses comptables. Prisonnier de ses certitudes,
imperméable aux conseils et sûr de ses talents, Trump vit sa présidence absolument seul. Il n'a comme expérience que le pouvoir absolu sur une petite structure de quatre milliards de dollars (en pleine
déconfiture) et ce n'est pas à 72 ans qu'il va changer. Ce qui est inquiétant, c'est le rôle principal que le président s'est arrogé : il ne se
passe pas un jour sans qu'il attaque au moins une institution ou une
personnalité (les médias, le FBI, la CIA, Robert Mueller, les Démocrates, les républicains qui ne lui sont pas fidèles, le Ministère de la

Justice ...) en employant des termes peu conventionnels pour faire valoir son point de vue : « *bigger than Watergate* » (« plus gros que le Watergate »), « *criminal deep state* » (« État profond criminel »), « *Witch Hunt* » (« chasse aux sorcières »), « *Spygate could be one of the biggest political scandals in history!* » (« Le Spygate pourrait être l'un des plus grands scandales politiques de l'histoire »), etc. Il ne fait aucun doute qu'il y ait une stratégie derrière cela. Lesley Stahl, une journaliste qui est surtout célèbre pour sa collaboration à l'émission d'actualité « *60 Minutes* » a rapporté qu'elle avait rencontré Trump peu de temps après son élection. Avant le début de l'interview, il avait recommencé à attaquer la presse. Lorsqu'elle lui avait dit que c'était fatigant et qu'il devait arrêter parce qu'il avait gagné et qu'il était temps de tourner la page, Trump a répondu : « *Savez-vous pourquoi je fais cela ? Je le fais pour vous discréditer et vous rabaisser tous autant que vous êtes, afin que personne ne puisse vous croire quand vous écrivez du mal sur moi* ».

Les historiens s'accordent sur le fait que le candidat à la Présidence a placé la barre très haut avec ses mensonges. « *Dans toute l'histoire des élections américaines, aucun des candidats principaux n'avait jamais affabulé avec la constance de Donald Trump* », déclarait Douglas Brinkley, professeur d'histoire à l'université Rice.

Surtout, Donald Trump a obtenu de ses conseillers qu'ils reprennent ses mensonges à leur compte. Au lendemain de l'investiture, son porte-parole, Sean Spicer, a été envoyé au feu pour affirmer dans une déclaration agressive que la foule présente avait battu tous les records. L'un de ses conseillers politiques, Stephen Miller, est allé vendre ses contre-vérités dans plusieurs talk-shows, tandis que la conseillère Kellyanne Conway se rendait célèbre en les qualifiant de « *faits alternatifs* ». Résultat, personne à la Maison Blanche n'a conservé le rôle d'interlocuteur sincère auprès de l'opinion publique. Ce manque de confiance leur causera bien des soucis. « *Même s'ils croient très malin de saper la notion même de vérité, le moment viendra où ils voudront que les Américains jugent que le président est sincère, même en l'absence de toute preuve* », poursuit Eliot Cohen, qui enseigne à l'université John Hopkins. « *Et ça, ils ne l'obtiendront pas* ».

Trump : un génie de la propagande

Nous sommes en Septembre 2018 avant les élections de mi-mandat : Voici une déclaration pour le moins surprenante du President :

« Je suis très inquiet à l'idée que la Russie ne se ménagera pas pour avoir un impact sur les prochaines élections. Compte tenu du fait qu'aucun président n'a jamais été aussi dur que moi vis à vis de la Russie, ils vont tenter de promouvoir très énergiquement les Démocrates. Ils ne veulent définitivement pas de Trump ! ».

Un tel message pourrait sembler insensé, voire incohérent, compte tenu des résultats de l'enquête des services secrets américains pointant vers une ingérence russe en faveur de Trump, et de l'attitude conciliante que Trump avait manifestée jusqu'ici à l'égard du président russe Vladimir Poutine. Mais selon Ralph Peters, un ancien analyste de Fox News, il est emblématique d'une tactique bien calculée que le président Trump emploie à dessein :

« L'une des erreurs que les services d'intelligence et les médias commettent régulièrement à propos de Trump, c'est de le sous-estimer, en le taxant de fou. Eh bien, il est peut-être fou, mais c'est aussi un génie de la propagande ». Et même si nous nous moquons de cette déclaration selon laquelle Poutine pourrait aider les démocrates, elle convainc sa base. Et Trump est passé maître dans l'art du grand mensonge classique. Ne dites pas de petits mensonges, vous vous ferez prendre. Dites de gros mensonges, des mensonges énormes, et répétez-les encore et encore et renforcez-les avec ces slogans vraiment simples dont nous nous moquons aussi. « Fausses nouvelles », « Etat profond », « les médias sont l'ennemi du peuple ». Et cela fonctionne parce qu'il les répète encore et encore et encore et encore, jusqu'à ce que ses sympathisants réagissent automatiquement. Vous dites « enquête Mueller » à un partisan de Trump, et il ou elle dira immédiatement « Deep State ». C'est une forme de lavage de cerveau.

Quand on lui demande comment faire pour déjouer ces mensonges qui ont tendance à polariser le peuple américain, Peters souligne qu'il cela est très difficile : « Une chose que nous devons faire, et je déteste avoir à le dire, c'est de cesser de nous illusionner avec le mensonge selon lequel la vérité l'emportera toujours à la fin. Quand vous avez affaire avec des maîtres de la propagande, comme Trump ou comme Poutine, la vérité est une grande bataille, et vous devez vous battre en permanence. »

Pour Peters, outre l'art de manier la propagande, Trump partage un autre point commun avec Poutine : les deux hommes sont constamment sous-estimés : « Les agences européennes et américaines sous-estiment constamment Poutine, parce qu'il n'a pas fréquenté les bonnes écoles, il n'est pas allé dans les bonnes universités, et elles le rejettent. Mais une fois de plus, à propos de Trump et de Poutine, ce que nous ne réalisons pas, c'est que les élites bien éduquées ne changent pas le monde. Ce sont les « outsiders » qui font l'histoire, pour le meilleur et pour le pire. Poutine a été écarté comme n'étant qu'un simple agent du KGB et des services de renseignement russes, Hitler était un caporal ; Jésus était un charpentier, Mahomet, un commerçant illettré, et Napoléon était un militaire. Ce que je veux dire, c'est que lorsque vous consultez l'histoire, vous constatez que les gens qui ont introduit de force des changements, pour le meilleur ou pour le pire, dans le cas de Trump, nettement pour le pire, comme c'est le cas pour Poutine également, ce sont des non-initiés que l'on avait sous-estimé, et avant que vous en preniez conscience, ils entrent au Reichstag, ou à la Maison Blanche, ou au Kremlin ».

L'INGÉRENCE RUSSE

Poutine et Trump poussent la manipulation de la vérité à un niveau jamais égalé, ils partagent le même mépris pour la réalité. C'est une façon politiquement correcte de dire qu'ils mentent effrontément. A force de mentir, ils ont façonné, chacun, une autre réalité, celle qui leur convient. Ils brouillent les frontières entre le vrai et le faux.

Dans l'affaire de l'ingérence russe tout le monde ment : Trump ment et les Russes démentent. Les Républicains soutiennent les mensonges de leur Président, les Démocrates crient au complot. Les médias sont divisés et le Procureur Spécial Muller essaye de démêler le vrai du faux.

Dès août 2016, la CIA avait averti le président Barack Obama que les piratages du Parti démocrate avaient été ordonnés par Vladimir Poutine dans le but de nuire à Hillary Clinton et d'aider Donald Trump. Le 7 octobre 2016, le cabinet du directeur du renseignement national (DNI), qui représente dix-sept services de renseignement, déclare dans une lettre commune avec le département de la Sécurité intérieure (DHS), que la Russie interfère dans l'élection présidentielle américaine de 2016. Le DNI et le DHS considèrent comme probable que la Russie ait commandité le piratage des ordinateurs du Comité national démocrate (DNC) et la publication de documents confidentiels. Le rapport déclare que ces agissements ont été menés dans le but de peser sur les résultats de l'élection présidentielle. La Russie, comme prévu, nie son implication. De hauts dirigeants ainsi que les services de renseignement américains déclarent comme fiables les indices selon lesquels la Russie a aidé Wikileaks à obtenir les courriels qui ont fuité de la DNC et du directeur de campagne de Clinton, John Podesta, pour peser sur l'élection et faire élire Donald Trump. Wikileaks dément que les documents du Parti démocrate qu'il a divulgués proviennent des Russes. Rien n'a filtré du Parti républicain, alors que la CIA affirme qu'il a aussi été piraté. Par ailleurs, les soupçons d'ingérence portent également sur une offensive massive sur les réseaux sociaux à l'aide des « *usines à trolls* » multipliant les comptes pour diffuser une propagande pro-Trump et discréditer Hillary Clinton, à travers fausses nouvelles et autres techniques. Le 9 décembre 2016, le Washington Post rapporte que l'agence du renseignement intérieur « *a identifié des individus, ayant des connexions avec le gouvernement russe, qui ont transmis à Wikileaks des milliers d'e-mails hackés du parti démocrate et du directeur de campagne d'Hillary Clinton* ». En décembre 2016, le gouvernement américain accuse le gouvernement russe d'avoir interféré avec les élections présidentielles. Fin décembre 2016, le président Barack Obama ordonne en réponse à ces soupçons, l'expulsion de 35 diplomates russes de l'ambassade à Washington et du consulat de San Francisco, la fermeture de deux sites de renseignement russe dans le Maryland et à New York et de sanctions économiques contre les services de renseignements russes et trois entreprises. Il s'agit des plus importantes représailles des États-Unis vis-à-vis de la Russie depuis la fin de la guerre froide.

L'ingérence russe est bien antérieure aux élections américaines de 2016. L'usage de « *trolls* » sur Internet est une tactique développée par le gouvernement russe depuis 2011, une époque où il tentait de contrer d'énormes manifestations anti-Poutine sur les médias sociaux.

Les usines à trolls

Le terme usine à trolls qualifie une entreprise de propagande qui contrôle de nombreux comptes utilisateurs en ligne dans le but de simuler des mouvements de masse. La tactique vise à submerger le Net d'informations fausses semant la paranoïa, tout en en créant une atmosphère haineuse et agressive. Ces trolls sont, au début, financés par Evgeny Prigozhin, oligarque russe allié de Poutine, Elles agissent depuis Saint Pétersbourg sous le nom de Internet Research Agency (IRA). Vers la fin de l'année 2015 on observe sur les réseaux sociaux que des comptes russes de Internet Research Agency se mettent à soutenir Donald Trump lors de prémisses de la campagne pour l'élection présidentielle américaine. En novembre 2016, The Guardian signale que beaucoup des soutiens de Donald Trump les plus fervents sur Internet étaient en réalité des propagandistes russes. L'article estime à plusieurs milliers le nombre de trolls impliqués dans cette opération. Toujours en novembre 2016, BuzzFeed News affirme que « des trolls professionnels, soutenus par l'État russe, ont admis avoir créé et diffusé des articles de fausses nouvelles qui renforcent Trump et dénoncent Hillary ».

Les trolls russes créaient des comptes appartenant à de faux américains ; ils soutenaient que Hillary Clinton et les démocrates avaient une politique laxiste envers les islamistes : ils diffusaient par exemple une vidéo prétendant que l'état du Michigan autorisait les prestations sociales pour les musulmans ayant quatre femmes, ou bien encore une photo d'un vétéran américain SDF au visage défait tandis que légende de la photo déclarait que le parti démocrate désirait accueillir 620000 réfugiés aux Etats-Unis. Une étude américaine publiée en décembre 2016, affirme que « 64 % des Américains ont eu le sentiment que ces fake news avaient semé une grande confusion dans leur esprit pendant la campagne ». Les dirigeants de Facebook ont déclaré devant le Sénat américain que l'Internet Research Agency a *partagé 80 000 messages sur Facebook entre juin 2015 et août 2017, qui ont atteint 126 millions d'américains soit plus de la moitié du corps électoral. Et selon les dirigeants de Twitter, plus de 36 000 comptes automatisés et sous contrôle russe « ont publié 1,4 million de tweets relatifs à l'élection, vus 288 millions de fois entre le 1er septembre et le 15 novembre 2016 ». De plus, Donald Trump était soutenu par la Trump's Troll Army, un groupe d'internautes favorables à Donald Trump, qu'ils appellent le « Dieu-Empereur », dans le but de le faire élire, en trollant Hillary Clinton, harcelant ses détracteurs, piratant des lignes téléphoniques utilisées par les Démocrates.*

Dès l'annonce de la candidature de Trump à la Maison Blanche, le schéma de la menace informatique russe change pour passer de techniques secrètes à des tactiques sans dissimulation et de moindre sécurité opérationnelle. La fuite de courriels lors de l'élection de 2016 s'inscrit dans une série d'attaques informatiques contre la convention démocrate, perpétrée par deux groupes liés aux services russes, baptisés Fancy Bear et Cozy Bear ou respectivement APT28 et APT29 : les pirates utilisent des adresses IP russes, leurs claviers sont configurés pour des russes, et ils travaillent pendant les heures de bureau des russes.

LE PROCUREUR SPÉCIAL ROBERT MUELLER

Le procureur spécial Robert Mueller a été nommé en mai 2017, par le substitut du procureur général Rod Rosenstein, pour rechercher *« tout lien et/ou coordination entre le gouvernement russe et des individus associés à la campagne de Donald Trump »* dans la présidentielle 2016. Il aura aussi à se prononcer sur une éventuelle obstruction de la justice par le président des Etats-Unis. Son enquête pourrait déboucher sur la révélation de crimes fédéraux, la mise en cause de proches de Donald Trump ou du président lui-même, voire sur une destitution du 45e président des États-Unis, une hypothèse encore peu probable.

Décrit comme austère et méthodique par ceux qui l'ont côtoyé, Robert Mueller, 73 ans, ne s'est jamais exprimé depuis sa prise de fonction. Cet homme d'expérience, vétéran de la guerre du Vietnam, préfère travailler dans la discrétion avec une équipe d'une douzaine de juristes dans ses bureaux situés à deux pas de la Maison-Blanche. Il n'a aucun lien connu avec Donald Trump et il est le premier enquêteur indépendant à s'intéresser à l'affaire des possibles ingérences russes dans l'élection américaine avec toutes ses ramifications. Robert Mueller est une figure atypique dans le paysage politico-judiciaire américain ; respecté par les démocrates comme les républicains, cet ancien avocat a dirigé le FBI sous les mandats de Georges W. Bush et Barack Obama. En 2011, son mandat a été prolongé de deux ans par le président Obama, une demande inédite dans l'histoire du FBI. Son long mandat (douze ans) avait été dominé par les questions de terrorisme et de surveillance. Il avait été crédité d'un remaniement en profondeur du FBI à un moment où l'agence faisait face à des menaces de démantèlement pour avoir échoué à déjouer les attentats. Avant de rentrer au FBI, il avait déjà eu d'importantes responsabilités au sein du système judiciaire américain. Il a successivement occupé les postes de procureur fédéral à San Francisco, procureur fédéral et numéro deux du ministère de la Justice sous la présidence de George Bush père. Il avait notamment supervisé les procès de l'ancien homme fort du Panama, Manuel Antonio Noriega, condamné aux États-Unis pour trafic de drogue et blanchiment d'argent, ainsi que l'enquête sur l'explosion d'un Boeing 747 de la compagnie américaine Pan Am au-dessus du village écossais de Lockerbie, dans laquelle 270 personnes avaient été tuées le 21 décembre 1988. Doucement mais sûrement, le procureur spécial Robert Mueller se rapproche de Donald Trump. Outre l'ingérence russe dans le processus électoral américain en 2016, Robert Mueller enquête également sur une possible collusion entre la campagne Trump et les autorités russes, ce que les intéressés démentent évidemment !

Michael Flynn

Michael Flynn, ancien général et éphémère secrétaire d'Etat à la sécurité nationale, a été inculpé le 1er décembre. Renvoyé le 14 février par le président Trump, il est poursuivi pour avoir menti sur l'objet de ses conversations répétées avec l'ambassadeur russe, Serguei Kislyak, avant la prise de fonction officielle de Donald Trump, le 20 janvier. Lors de ces échanges, écoutés par la NSA (le renseignement américain), l'ancien militaire a demandé (entre autres) aux Russes de ne pas se livrer à une escalade de représailles après l'expulsion de diplomates russes décidée par Obama. Selon la presse américaine, Michael Flynn n'aurait pas mené ces pourparlers seul. Il aurait eu pour donneur d'ordre Jared Kushner, gendre et conseiller spécial de Donald Trump. Michael Flynn, qui fut l'un des artisans de la victoire de Trump est accusé d'avoir menti au FBI sur ses liens avec la Russie et a décidé de plaider coupable. Il annonce ainsi une collaboration avec la justice américaine. Un jour après sa démission, le 14 février, Donald Trump aurait suggéré au directeur du FBI, James Comey, d'arrêter les poursuites visant son ancien conseiller du fait de ses mensonges. « C'est un bon gars (...). J'espère que vous pourrez trouver une façon d'abandonner cela, de lâcher Flynn », aurait indiqué M. Trump, selon le compte rendu dressé par l'ancien patron du FBI. Le lendemain, au cours de l'unique conférence de presse organisée à ce jour par le président, ce dernier avait à nouveau insisté à de nombreuses reprises sur les qualités de Michael Flynn. Une attitude qui peut s'expliquer par la crainte de révélations sur des contacts inappropriés entre l'équipe de campagne et une tierce partie. Le patron du FBI, James Comey, qui avait poursuivi ses investigations, a été limogé par Donald Trump trois mois plus tard. Le président a admis que sa décision avait été motivée par le dossier « russe ». Le 16 Decembre 2018, à la surprise générale, le juge fédéral du tribunal fédéral de Washington, Emmet Sullivan, chargé de fixer la peine de Flynn a reporté son verdict tout en étrillant l'accusé, menaçant de le condamner sévèrement pour avoir menti sur ses contacts avec des Russes.Affaire à suivre le 19 mars prochain...

LA RENCONTRE ENTRE DONALD TRUMP JR, SON GENDRE, SON DIRECTEUR DE CAMPAGNE ET UNE AVOCATE RUSSE

Pour la première fois, un lien de connivence entre les Russes et la campagne de Trump est explicitement mis au jour : la rencontre entre le fils de Donald Trump, son gendre, son directeur de campagne et une avocate russe, Natalia Veselnitskaya, venue leur proposer des informations contre Clinton. Cette rencontre avait été arrangée par un producteur musical, Rob Goldstone, qui avait contacté Donald Trump Jr. en expliquant posséder des documents officiels et des informations qui mettraient en cause Hillary et ses accords avec la Russie et qui seraient très utiles pour son père· Donald Trump Jr· avait répondu « *Ça me plaît* » et avait accepté l'invitation. L'équipe Mueller enquête sur Prevezon, une entreprise russe représentée par Natalia Veselnitskaya, une affaire qui, semble-t-il, avait déjà intéressé l'ancien procureur des Etats-Unis, Preet Bharara, brutalement démis de ses fonctions en mars dernier (coïncidence ?).

Le New York Times a révélé que le fils aîné du président avait eu un entretien avec cette personne lui proposant des informations sur Hillary Clinton. Face aux révélations de presse, il n'a pu que reconnaître les faits. Étaient également présents, Jared Kushner, époux d'Ivanka Trump et proche conseiller du président, et Paul Manafort, ex-directeur de campagne· Donald Trump Jr avait pourtant démenti en mars 2017 dans le New York Times, « *avoir participé à des réunions avec des personnalités russes dans le cadre de la campagne électorale de son père* ». Or, selon le quotidien, qui s'appuie sur le témoignage de trois conseillers de la Maison-Blanche, une rencontre a bel et bien eu lieu le 9 juin 2016, à la Trump Tower. À cette époque, Donald Trump était assuré de remporter l'investiture républicaine, obtenue formellement le 19 juillet 2016. Pour le New York Times, la déclaration de Donald Trump Jr, ainsi que la confirmation que deux proches du président républicain ont également participé à ce rendez-vous, constitue la première preuve que certains membres de l'équipe de campagne de Donald Trump étaient prêts à accepter l'aide de la Russie dans l'optique de remporter la Maison-Blanche. En raison de cette affaire, les médias attendaient avec impatience la première rencontre officielle entre Donald Trump et Vladimir Poutine en marge du G20 à Hambourg, le 7 juillet 2017. Le président américain, qui a rejeté à plusieurs reprises une quelconque implication de Moscou dans sa victoire, a écrit sur Twitter qu'il avait interrogé Poutine sur la question de cette ingérence : « Il a nié avec véhémence ». (Que fallait-il attendre d'autre ?) Son ex-avocat Michael Cohen vient aujourd'hui contredire la version de son ancien client Donald Trump. Ce dernier a toujours dit ne rien avoir su de la rencontre entre son fils et l'avocate russe pendant la présidentielle. Or, d'après les chaînes CNN et NBC News, Michael Cohen affirme que celui-ci était parfaitement au courant du rendez-vous. Selon ses dires, l'avocat était présent quand le candidat en a été informé et en a accepté le principe. Michael Cohen ne possède aucun élément pour étayer ses déclarations mais il serait cependant disposé à confirmer ces allégations devant le procureur spécial Robert Mueller.

Michael Cohen

Longtemps considéré comme « l'ange gardien » de Trump, Michael Cohen a fait montre d'une fidélité sans faille envers son principal et quasi unique client, affirmant être prêt à prendre une balle pour lui. Seulement, l'avocat est à présent l'objet d'une vaste enquête du FBI pour avoir reconnu avoir acheté en novembre 2016 le silence de l'actrice Stormy Daniels concernant un rapport sexuel qu'elle aurait eu avec Trump dix ans plus tôt. Son bureau et son domicile ont été perquisitionnés. Michael Cohen vit depuis une véritable descente aux enfers à mesure que d'éventuelles poursuites judiciaires contre lui se précisent. Entre-temps, leur relation n'a cessé de se détériorer notamment après la révélation par le New York Times d'un enregistrement que l'avocat a réalisé à l'insu de son client. La discussion, datant de septembre 2016, porte sur le possible rachat des confessions d'une star du porno avec qui Trump aurait eu une liaison. Le président n'avait par la suite pas épargné son vieil ami. Récemment, l'avocat de Michael Cohen a répliqué et confié la bande sonore à CNN. « Quel genre d'avocat enregistre ses clients ? Vraiment triste ! », s'était étonné le président. L'ancien « ange gardien » de Trump apparaît plus que jamais aux abois et semble déterminé à entraîner le président dans sa chute. Décembre 2018 :

Donald Trump a lancé sur Twitter qu'il espérait une peine de prison pour son ancien avocat Michael Cohen ! « Il invente des histoires pour obtenir un accord » en ce sens et devrait, à mon avis, recevoir une peine entière et totale, a ajouté le président américain dans une nouvelle série de tweets rageurs. Le 12 Decembre 2018 il est condammné par le tribunal federal de New York a trois ans de prison ferme pour huit chefs d'accusation. Peu avant le prononcé de la peine, Michael Cohen a directement mis en cause le président américain devant les juges. « À de nombreuses reprises, j'ai eu le sentiment que c'était mon devoir de couvrir ses sales coups », a-t-il déclaré. « C'est ma loyauté aveugle envers cet homme qui m'a conduit à prendre le chemin des ténèbres, au lieu de celui de la lumière (...) J'ai vécu dans une prison mentale et personnelle à compter du jour fatidique où j'ai accepté de travailler pour un célèbre magnat de l'immobilier, dont j'admirais sincèrement le sens des affaires ». Il sera incarcéré le 6 mars prochain.

Mais il y a un dossier encore plus épineux, qui risque de couter cher à Trump et à son fils ; il s'agit des relations d'affaires avec la Russie. Michael Cohen, a plaidé coupable à l'accusation d'avoir menti au Congrès au sujet des liens d'affaires entre Trump et la Russie. C'est un gros problème pour le président. Michel Cohen a avoué avoir menti lorsqu'il a affirmé sous serment que l'organisation Trump n'avait pas été en contact avec des russes en vue de la construction d'une immense tour au centre de Moscou pendant la campagne de 2016. En fait, ces tractations se sont poursuivies jusqu'à l'été 2016, alors que la nomination de Donald Trump à l'investiture républicaine était bouclée. Cette révélation de Cohen est sérieuse car si le procureur Mueller a pu soutirer à Cohen un plaidoyer de culpabilité si clair, c'est qu'il doit avoir en sa possession des preuves matérielles que des tractations entre l'organisation Trump et des responsables russes ont bel et bien eu lieu. En entrevue impromptue avant son départ pour le G20, Donald Trump n'a pas nié le fond de l'affaire. Il s'est contenté de dénigrer Cohen et, c'est la partie clé, de souligner qu'il avait bien le droit de continuer ses activités d'affaires. Or pendant toute la campagne présidentielle de 2016, Donald Trump a été on ne peut plus clair : il n'avait aucun lien financier avec la Russie et il n'avait aucun projet immobilier dans ce pays. C'était un mensonge pur et simple et ce mensonge lui collera à la peau. Cette révélation est aussi importante pour Mueller, car elle consolide les fondations de son argumentation légale pour démontrer l'existence de liens entre la campagne de Trump et la Russie. L'exposition de ce mensonge de Cohen devant le Congrès expose d'autres membres de l'entourage de Trump à des accusations semblables. Le fils de Donald Trump, Donald Trump Jr, a aussi donné des réponses problématiques lors de sa déposition au Congrès concernant les liens de l'organisation familiale avec des intérêts russes. Par exemple, il a affirmé sous serment que l'organisation Trump avait interrompu ses négociations en Russie en 2014, ce qui est clairement démenti par le témoignage de Cohen. Une mise en accusation formelle du fils du président, qui devient de plus en plus probable, risque de créer une situation politique explosive et d'entraîner des réactions vives de la part du président, qui pourraient dégénérer en crise constitutionnelle très rapidement. Pour Donald Trump, l'éclosion de cette affaire alors qu'il s'embarquait pour le G20 en Argentine pouvait difficilement plus mal tomber. Après son décollage, il a annulé la rencontre prévue avec Vladimir Poutine, alléguant les tensions actuelles entre la Russie et l'Ukraine. Il est pourtant clair que ce sont les embarras internes de Trump qui l'empêchent de traiter normalement avec son vis-à-vis russe. C'est d'autant plus vrai que des rumeurs circulent alléguant que le projet de la Trump Tower au cœur de Moscou pourrait avoir prévu un énorme pot-de-vin pour Poutine sous la forme d'un appartement de luxe d'une valeur hypothétique de 50 millions de dollars.

Paul Manafort

L'ancien directeur de campagne de Donald Trump, Paul Manafort, est lui aussi poursuivi dans le cadre de l'enquête que mène Robert Mueller pour douze faits allégués : blanchiment d'argent, fraude bancaire et fraude fiscale... Selon le procureur spécial, l'ancien conseiller du candidat a contacté des témoins par téléphone ou par messages cryptés pour tenter de les convaincre de faire des faux témoignages. Le lobbyiste a été écroué après avoir été assigné à résidence et contraint de porter un bracelet électronique. Il fera l'objet de deux procès séparés, l'un devant la cour fédérale du District of Columbia à

Washington, notamment pour conspiration contre les États-Unis et blanchiment d'argent, l'autre devant le tribunal fédéral d'Alexandria pour fraude fiscale et fraude bancaire. Paul Manafort dément les faits qui lui étaient reprochés. L'accusation vise aussi l'un de ses associés d'affaires, Konstantin Kilimnik, soupçonné d'être lié au renseignement militaire russe. Cependant, il a accepté de plaider coupable dans le cadre d'un accord avec le procureur spécial Robert Mueller. Selon des documents de justice déposés le 14 septembre 2018, Paul Manafort plaide coupable de deux chefs d'accusation : conspiration contre les États-Unis et entrave à la justice. Mais on ignore s'il a accepté ou non de coopérer à l'enquête du procureur Mueller. Un des dossiers contre Manafort porte sur les millions de dollars qu'il a gagnés pour son travail de consultant politique auprès de politiciens pro-russes en Ukraine, dont l'ex-président Viktor Ianoukovitch qu'il a conseillé lors de sa campagne électorale victorieuse en 2010. Mais le 15 Juin 2018 la mesure de libération sous caution dans l'attente de son procès a été révoquée vendredi. En cause : des soupçons de subornation de témoin. Paul Manafort a été accusé d'avoir profité de son régime de liberté conditionnelle pour tenter de peser sur des témoins. Une tentative de subornation qui lui a valu des commentaires sévères de la juge. La juge Jackson estime que M. Manafort a traité la procédure judiciaire comme un « exercice de marketing ». « Je n'aime guère cela, mais je ne peux pas fermer les yeux : vous avez abusé de la confiance placée en vous ». Donald Trump a commenté avec défiance cette décision qualifiée d'injuste. « Wow, quelle peine sévère pour Paul Manafort, qui a représenté Ronald Reagan, Bob Dole, et beaucoup d'autres hauts responsables politiques et campagnes. Je ne savais pas que Manafort était à la tête de la mafia », a-t-il écrit sur son compte Twitter alors qu'aucune peine n'a, pour l'instant, été prononcée. Il a, par ailleurs, tenté de relativiser le rôle joué par Paul Manafort à ses côtés. « Il a travaillé pour moi pendant quoi, quarante-neuf jours ou quelque chose comme ça ? Une très courte période de temps », a-t-il assuré alors que Manafort a occupé les plus hautes fonctions dans son équipe de campagne pendant plus de quatre mois, de mars à août 2016.

MUELLER S'ATTAQUE À
L'ORGANISATION TRUMP

Le jeudi 15 mars 2017, les services du procureur ont remis une injonction à l'entreprise de Donald Trump afin qu'elle leur remette tout document relatif à la Russie. L'Organisation Trump, qui chapeaute toutes les entreprises immobilières du milliardaire, a été sommée de livrer aux enquêteurs tout document relatif à la Russie ou aux autres sujets sur lesquels l'équipe Mueller enquête. L'injonction est une obligation légale. Robert Mueller enquête sur d'autres affaires passibles d'être qualifiées d'activités criminelles, notamment certaines transactions conclues par Trump avant la campagne et impliquant des Russes, comme le concours Miss Univers qui s'est déroulé en 2013 ou bien encore la vente d'un domaine en Floride à un Russe fortuné en 2008.

L'oligarque Dmitri Rybolovlev

Dans leurs investigations sur les soupçons d'ingérence russe dans l'élection de Donald Trump, les enquêteurs américains pourraient un jour faire étape à Monaco. Le procureur spécial Robert Mueller, le FBI et le Sénat des Etats-Unis scrutent en effet les liens entre l'actuel président et l'oligarque Dmitri Rybolovlev, ex-magnat du potassium devenu propriétaire du club de football monégasque et personnage controversé de la principauté. Si ce dernier ne figure pas sur la liste des 13 Russes inculpés de « complot » vendredi par la justice américaine, son nom revient avec insistance dans plusieurs épisodes troubles impliquant Trump et son entourage. Les recherches portent sur une opération remontant à 2008 qui fut décisive pour Trump : la revente de sa villa de Palm Beach (Floride) à Rybolovlev, au prix de 95 millions de dollars. Cette transaction avait permis à celui qui n'était encore qu'un promoteur célèbre d'échapper à la banqueroute en empochant une plus-value mirifique de 54 millions de dollars. Baptisée « Maison de l'amitié », la résidence en question est un domaine de 62.000 mètres carrés au bord de l'océan. Trump l'avait achetée en 2004 pour 41 millions de dollars. Quatre ans plus tard, il annonçait l'avoir revendue à un « riche Russe » et se targuait d'avoir réussi la transaction la plus chère de l'histoire des Etats-

Unis. De fait, la vente semblait providentielle : frappé par la crise immobilière, Trump était au bord de l'abîme : son groupe hôtelier était en cessation de paiement, il faisait face à plusieurs procès et la Deutsche Bank lui réclamait 40 millions de dollars en remboursement d'un prêt pour la construction d'une tour à Chicago. A posteriori, la générosité de l'offre de Rybolovlev jure avec sa réputation d'homme d'affaires intraitable. Or c'est à cette même période que les enquêteurs américains situent l'origine du deal secret qu'aurait conclu Trump avec le Kremlin. « *A certains moments clés de sa carrière d'homme d'affaires, Trump a miraculeusement été sauvé de la ruine par des versements d'argent en provenance de l'ex-URSS* », écrit ainsi le journaliste Luke Harding, auteur d'une enquête de référence sur le sujet (Collusion, Flammarion, 2017). L'ex-femme de Rybolovlev a déclaré que l'oligarque s'était montré enthousiaste à l'idée d'acheter ce bien sans même avoir pu le visiter. Il n'y aurait ensuite « *pas séjourné un seul jour* ». Le fait est que la villa a ensuite été rasée et le domaine revendu en deux lots, en novembre 2016 et octobre 2017, à des sociétés-écrans dont les bénéficiaires ne sont pas identifiés.

D'autres éléments alimentent le trouble. Deux mois après la vente de sa villa, en septembre 2008, Donald Trump établissait l'une de ses sociétés à Chypre ; comme par hasard Rybolovlev logeait dans ce pays à fiscalité réduite l'essentiel de ses biens. En 2010, le même Rybolovlev s'octroyait 9,7% du capital de la principale banque chypriote, Bank of Cyprus, dont l'actionnaire principal deviendra peu après l'Américain Wilbur Ross, désormais secrétaire au Commerce de Donald Trump...

Les enquêteurs américains évoquent la possibilité d'autres entrevues confidentielles entre Rybolovlev et Trump ou ses proches. Dmitri Rybolovlev reste proche du Kremlin, comme en témoigne son amitié affichée avec Iouri Troutnev, l'un des bras droits de Vladimir Poutine. Il apparaît sur la liste des personnalités russes désignées le 29 janvier par le Congrès comme « *ennemis de l'Amérique* ». Le 16 février 2018, la presse annonce que Robert Mueller a mis en accusation trois entités russes et treize individus de nationalité russe pour avoir interféré dans les élections, en trompant les électeurs en vue de les inciter à voter pour Donald Trump tout en nuisant à la candidature de Hillary Clinton. Les organisations mises en accusation sont l'IRA et deux sociétés accusées d'agir comme soutiens financiers de l'IRA. Les personnes désignées par la mise en accusation sont elles aussi liées à l'IRA.

En parallèle à ces inculpations, le 15 juillet la justice annonce l'arrestation par le FBI et la mise en accusation d'une citoyenne russe résidant aux États-Unis, Maria Butina, pour avoir conspiré en vue d'agir en tant qu'agent russe non déclaré et d'avoir tenté d'établir des réseaux de communication occultes entre des Américains affiliés au Parti Républicain et des officiels russes en infiltrant la NRA, le National Prayer Breakfast et des organisations religieuses conservatrices. Selon les informations diffusées par la presse l'intéressée serait une protégée d'Aleksandr Torshin, décrit comme proche de Vladimir Poutine et de la NRA. La presse américaine laisse entendre que le procureur spécial Mueller chercherait à vérifier si la Russie aurait pu financer la campagne présidentielle de Donald Trump par l'intermédiaire d'associations comme la NRA qui a contribué pour trente millions de dollars à la campagne électorale de Trump en 2016.

L'équipe de Mueller pourrait découvrir deux types de crimes liés aux élections. Le premier consisterait en un complot ourdi par l'équipe de Trump pour aider à pirater le courrier électronique d'Hillary Clinton, ou bien en une violation des lois sur la campagne. Le deuxième serait un crime commis lors de l'enquête comme l'intimidation de témoins, le parjure ou bien encore l'obstruction à la justice. Si Robert Mueller et son équipe trouvent des preuves convaincantes que l'un de ces deux types de crimes a été commis, le procureur spécial a le pouvoir de convoquer un grand jury fédéral pour que ce dernier inculpe la personne incriminée. L'enquête pourrait donc en théorie conduire à l'inculpation d'un membre de la famille du président ou d'un de ses proches associés. Cela mettrait Trump face à un choix terrible : prendre le risque que cette personne soit emprisonnée où utiliser le pardon présidentiel pour les protéger des accusations fédérales. Mais cette dernière option pourrait provoquer un grave conflit politique avec le Congrès qui ne manquerait pas de mettre en avant l'irrégularité pour un président d'accorder son pardon à un membre de sa famille ou à un de ses proches associés pour des crimes commis pour l'aider à gagner l'élection présidentielle. Et qu'en est-il si Robert Mueller trouve les preuves d'un comportement criminel commis par Donald Trump lui-même ? Le procureur spécial pourrait faire un rapport à la Chambre des représentants avec la preuve de « *crimes et délits graves* » commis par le président, la norme constitutionnelle pour une mise en accusation. Si les preuves s'avéraient flagrantes, la Chambre pourrait alors entamer une procédure d'impeachment.

Depuis mai 2017 jusqu'à ce jour (Décembre 2018), les investigations semblent être efficaces : 32 mises en examen dont quatre anciens membres de l'équipe de Trump et trois entreprises russes montrant bien les soupçons d'ingérence dans l'élection américaine ont été poursuivis. Sans pour autant réussir pour le moment à démontrer qu'il y avait eu coordination entre la campagne Trump et l'ingérence russe. Le procureur spécial avance à son rythme et on sait très peu de chose. Sauf quand il y a une inculpation ou une condamnation. Il procède de manière secrète et cela peut se comprendre car il a le Président en ligne de mire. Le procureur Mueller gagne à chaque arrestation la collaboration secrète des inculpés. Cohen a plaidé coupable et a signé un accord de coopération avec Mueller en échange d'une réduction de peine. Ces révélations donnent du grain à moudre à Mueller, surtout la condamnation de Paul Manafort qui donne l'image d'un ex-directeur de campagne profondément corrompu. Mueller se penche sur les transactions financières de Trump. Il a interrogé le milliardaire Thomas Barrack, qui avait organisé la cérémonie d'investiture du Président.

À coups de tweets et de déclarations tonitruantes, Donald Trump dément depuis des mois toute « *collusion* » et dénonce une « *chasse aux sorcières* ». Mais le FBI, la CIA et la NSA publient, fait inédit, un rapport commun afin de convaincre Donald Trump de la responsabilité de Vladimir Poutine. Après avoir reçu les responsables des services, le président élu s'engage, sans désigner la Russie, « *à combattre agressivement et à stopper les cyberattaques* », prévoyant ainsi de nommer une équipe qui disposera de 90 jours pour lui remettre un plan d'action, alors qu'il mettait en doute jusqu'ici les travaux des services de renseignement.

DONAL TRUMP S'EN PREND DIRECTEMENT À ROBERT MUELLER

Depuis quelque temps, le président, qui nie toute collusion avec Moscou, écrit quasiment chaque jour trois ou quatre messages sur le réseau social pour décrier une « *chasse à l'homme coûteuse et injuste* ». Récemment, il a encore franchi un cran en qualifiant le procureur spécial Robert Mueller, qui la supervise, de « *voyou hors de contrôle* ». Sa nervosité semble liée aux progrès réalisés par les enquêteurs, qui ont réussi à obtenir la coopération de plusieurs de ses proches. Le président a de nouveau attaqué frontalement, dans une série de tweets ce mardi 27 novembre 2018.

« *Mueller et sa bande de démocrates en colère ne regardent qu'un côté, pas l'autre. Attendez que soit révélée la façon horrible et vicieuse dont ils traitent les gens, ruinant leur vie parce qu'ils refusent de mentir* », a menacé le président Trump.

Ira-t-il jusqu'à le limoger, au risque d'une crise majeure ?

Depuis le licenciement brutal du directeur du FBI, James Comey, certains observateurs craignent que Robert Mueller ne soit remercié à son tour par le président américain. Selon le Times et le Washington Post, les avocats personnels et les collaborateurs de Donald Trump ont d'ailleurs commencé à fouiller la vie des enquêteurs embauchés par Robert Mueller dans le but de découvrir des conflits d'intérêts qui pourraient permettre de discréditer leur travail, voire de forcer leur éviction ou celle de Robert Mueller.

En théorie, un procureur spécial reste subordonné au ministre de la Justice et a fortiori au président des Etats-Unis. Donald Trump a ainsi le droit de renvoyer Robert Mueller. Mais comme le souligne le New York Times, le « *limogeage de Robert Mueller serait une décision explosive qui ne ferait que relancer les questions autour de Donald Trump, dont la décision de limoger de façon abrupte le directeur du FBI James Comey a mené à des accusations d'entrave à la justice et a conduit à la nomination de Robert Mueller* ».

Depuis le mois de juin, Donald Trump clame haut et fort que l'équipe de Mueller est corrompue. Selon lui, le procureur spécial est trop proche de l'ex-patron du FBI, James Comey, pour pouvoir enquêter de façon partiale sur l'homme qui l'a congédié.

Donald Trump estime aussi que Robert Mueller a embauché des personnes liées au parti démocrate et donc hostile de fait aux républicains. Un point réfuté par des experts juridiques, y compris les plus conservateurs. Selon le Washington Post et le New York Times, ces accusations de partialité politique sont conçues pour que l'enquête Mueller ressemble à une chasse aux sorcières démocrate aux yeux des républicains. Si l'équipe de Trump réussit à transformer l'enquête en une question partisane, cela leur donnerait une marge de manœuvre dans le cas où des accusations réelles étaient déposées. Que peut-il se passer si Trump parvient à congédier Mueller ? Vraisemblablement, l'enquête du FBI se poursuivrait, à moins que le remplaçant de Jeff Sessions accepte qu'elle prenne fin. La balle reviendrait alors dans le camp des républicains du Congrès. A charge pour eux de décider si le président Trump est allé trop loin en limogeant Mueller. Jusqu'ici, les républicains ont plutôt ignoré les déclarations et actes les plus controversés de Trump ou n'ont émis que de timides remontrances. Certains ont pourtant déjà prévenu qu'un licenciement de Mueller serait inadmissible. Mais il est à l'heure actuelle impossible de savoir si les républicains seraient disposés à défier le président et à adopter une législation pour faire en sorte que le scandale russe fasse l'objet d'une enquête ou bien s'ils préféreraient fermer les yeux. Une chose est sûre : avec un président dédaignant à ce point les valeurs constitutionnelles, la confiance des Américains dans le fonctionnement des institutions de leur pays risque de s'effondrer.

Trump : Le Bon? La Brute et le Méchant

*D'après John D. Gartner, PhD. **

Les troubles de la personnalité sont si visibles chez Trump, que même un non-spécialiste se demande « qu'est ce qui ne va pas chez cet homme ? ».

Le problème qui se pose est : « à quel point Trump est simplement un méchant ou à quel point il est fou ». Pour le psychanalyste Reisner, Trump agit selon un plan diabolique pour manipuler les plus bas instincts de son public dans le but de s'amuser, ou pour le pouvoir ou enfin pour le profit.

Le méchant : un narcissique débridé (« malignant narcissism »)

C'est un trouble sévère de la personnalité qui comprend quatre composants : Un trouble narcissique ; un comportement antisocial (sociopathie), une paranoïa et un sadisme.

C'est le sadisme qui fait la différence avec un narcissiste classique. On a souvent vu Trump « boxer » l'autre, le dégrader, l'humilier. Une grande proportion des 40.000 tweets peut être considérés comme du cyber harcèlement. Il va parfois envoyer six fois de suite le même tweet pour « bien enfoncer le clou ».

La brute : Au bord de la psychose

Après son élection il devient plus incisif et ouvertement raciste, il n'a plus de limites grâce au pouvoir présidentiel. Il est dans l'illusion de type psychotique ou il a des croyances rigides, et il est totalement imperméable aux preuves contradictoires.

Il n'est pas schizophrène mais il a des attitudes bipolaires, c'est un hypomaniaque plein d'énergie qui dort moins de 6 heures par jour. Il est agité, impatient, s'ennuie très vite et nécessite une stimulation permanente. Il veut dominer la conversation et c'est une force de la nature dans la poursuite de ses objectifs. Il peut être exubérant, charmeur, mais surtout très arrogant. Il est impulsif mais reste superficiel ; un rien le distrait de son activité, il a des troubles déficitaires de l'attention. Mais lorsqu'on lui demande à qui il pourrait s'adresser pour avoir des conseils il répond invariablement : » à moi-même »

Trump est brute et méchant et cela va s'aggraver, il va devenir plus irrationnel, mégalo, paranoïaque, agressif, irritable et impulsif. Le pire des scenarii va devenir réalité.

* John D. Gartner est un psychologue clinicien qui a travaillé pendant 28 ans au Département de Psychiatrie de l'Université Johns Hopkins. Il est co-auteur du livre « The dangerous case of Donald Trump ».

L'IMPLICATION DE POUTINE

La chaîne NBC News rapporte que deux hauts fonctionnaires fédéraux ont déclaré que des renseignements obtenus après l'élection avaient conduit des représentants officiels à déclarer que Vladimir Poutine avait directement contrôlé l'opération. Ils affirment que les motivations de Poutine étaient au départ une vendetta contre Hillary Clinton, avant de devenir une volonté de fomenter une méfiance généralisée envers les États-Unis. Le rapport des services de renseignement avance en outre que Vladimir Poutine désirait très probablement discréditer Hillary Clinton car il l'accuse publiquement depuis 2011 d'avoir incité à de grandes manifestations contre son régime fin 2011 et début 2012. L'agence Reuters rapporte que sous la direction de Poutine, les objectifs évoluèrent pour passer de la critique de la démocratie américaine à une attaque contre Clinton. Les intentions de Poutine ont changé au cours de l'année 2016 en favorisant l'élection de Trump, quand il a pensé que ce candidat favoriserait la Russie vis-à-vis des sanctions financières des États-Unis. Un agent du renseignement a expliqué que du fait de l'expérience antérieure de Poutine comme agent du KGB, il maintenait un contrôle plus strict sur les opérations du renseignement russe. Ces agents fédéraux indiquent, d'autre part, que Poutine exerçant un contrôle absolu, l'opération a nécessité l'autorisation de hauts fonctionnaires russes.

Coté personnalité : Vladimir Poutine aborde la diplomatie comme un combat de judo… mais en usant de tactiques plus ou moins malhonnêtes. Avec lui, les chefs d'État ne savent jamais à quoi s'attendre. Une imprévisibilité maitrisée dont il use et abuse pour marquer des points sur la scène internationale. Intimidation, séduction ou encore manipulation, le maître du Kremlin joue toutes les cartes pour faire avancer ses pions sur la scène internationale. Dans le comportement de Poutine face à ses interlocuteurs, il y a de l'observation. L'attention particulière portée par Vladimir Poutine à la psychologie de ses interlocuteurs remonte à ses années en tant qu'agent du KGB, le service de renseignement de l'URSS. « *Les écoles spéciales des services secrets russes enseignent le sang-froid, l'art de la dissimulation, de la mise en scène, sans oublier le double, voire, le triple langage».* Dans les années 80, lorsqu'un ami lui demande de définir son métier d'espion, Poutine a cette réponse : *« Je suis un spécialiste en relations humaines ».* Tous les gens qui l'ont rencontré disent qu'il peut être très variable. C'est un caméléon, doté d'un regard qui peut se faire aussi charmeur que froid à l'extrême. Il maîtrise parfaitement son rôle et use à merveille de la rupture de ton. On remarque également cette tactique dans ces interventions publiques. Il peut utiliser un langage très diplomatique ou bureaucratique, puis soudain faire une blague graveleuse ou grossière, comme lorsqu'il a déclaré à propos des terroristes tchétchènes *: « j'irai les buter jusque dans les chiottes ».*

Poutine a toute une série de trucs pour l'emporter, qui relèvent souvent de la micro-humiliation. Parmi ses trucs : arriver quasi-systématiquement en retard lors de ses rendez-vous. Le président russe a déjà fait attendre un quart d'heure Jean-Paul II et la reine d'Angleterre, 40 minutes Angela Merkel et 50 minutes le pape François. Une pratique fort peu diplomatique qui s'inscrit dans une stratégie de déstabilisation.

L'absence totale de confiance de Trump devient le problème central de sa présidence.

D'après Gail Sheehy, PhD*

Le narcissisme et la paranoïa sont les attributs de Trump, mais il y a pire : Trump ne fait confiance à personne, et cela va le conduire à sa perte. Dans un monde qui devient progressivement incontrôlable, peut-on faire confiance à un Président qui ne compte que sur son « instinct », tout en s'aliénant les Alliés de toujours et tout en flirtant avec ses ennemis de toujours ?

Le fondement de tout progrès humain reste cette capacité à faire confiance aux autres. Trump s'est toujours vanté de son manque total de confiance envers les autres :

« People are too trusting. I'am a very unstrusting guy » (1990) ; (les gens sont trop confiants, moi, on ne doit pas me faire confiance).

« Hire the best people and don't trust them » (2007) ; (Recrute

les meilleurs et surtout ne leur fait pas confiance)

« The world is a vicious and brutal place. Even your friend are out to get you : they want your job, your money, your wife » (2007) ; (Le monde est un endroit vicieux et brutal. Même vos amis sont à l'affut pour tout vous prendre : ils veulent votre job, votre argent et votre femme).

Son père l'a formé à devenir un « tueur », la seule alternative à devenir un perdant, un loser. Et il applique systématiquement cette « philosophie » dans tous les domaines. En tant que Président il va discréditer toutes les institutions dont il a la charge : Les dix-sept agences de renseignements américains seront traités de « nazis », le système judiciaire est aussi discrédité parce qu'un des juges est d'origine hispanique et parce qu'un autre a exprimé son opposition à sa proposition de loi sur la restriction d'entrée aux USA de certains pays musulmans. Son manque de confiance est encore plus grave quand il l'applique à l'échelle mondiale avec l'OTAN, avec ses Alliés Europeens, avec les accords commerciaux ou le climat, avec les Canadiens et les Mexicains. Trump, comme tout mégalo, perd tout contact avec la réalité dans laquelle nous, citoyens, nous vivons. Trump va même créer son propre vison de la réalité ; il va donner l'ordre a son porte-parole de défendre cette « réalité » comme normale et il attend que la société accepte cette réalité malgré le manque criant de preuves. C'est ce que Lifton appelle la « normalité maligne » ou les mensonges toxiques deviennent normaux.

D'après ses propres mots, Trump prétend que « les autres » ne sont là que pour le détruire, et il était logique qu'il prenne comme conseillers les deux complotistes de service : Steve Bannon et le General Michael Flynn.

Le jour viendra où sa réalité devra être remise en question par ses concitoyens ou par la Justice, alors Trump sera atteint » d'hémophilie politique », maladie dans laquelle on continue à perdre son sang quoi qu'il arrive et, connaissant Trump, on ne peut que s'inquiéter de ses réactions impulsives qui pourraient conduire à la catastrophe.

* Gail Sheehy est journaliste et auteur très populaire. Elle est co-auteur du livre « The dangerous case of Donald Trump ».

LES MENSONGES POLITIQUES
DU PRESIDENT TRUMP

Les mensonges sur l'économie

L'économie américaine semblerait aller mieux, mais le portrait qu'en dresse le président Trump déforme la réalité, notamment en peignant une image noire et incomplète des années précédentes. Il masque aussi le fait que les bénéfices de cette croissance sont concentrés entre les mains d'une petite minorité et omet de mentionner que cette performance est largement attribuable à un creusement rapide et dangereux du déficit budgétaire. L'économie américaine tourne à plein régime et le président Trump ne perd jamais une occasion de citer à son avantage les chiffres de la création d'emplois, de la croissance et de la bourse. Mais le mensonge américain sur l'emploi va faire exploser l'économie mondiale.

En prouvant la bonne santé de l'économie américaine, les statistiques de l'emploi aux USA tirent l'économie mondiale vers le haut depuis des années. Mais que se passera-t-il quand tout le monde comprendra que ces chiffres sont totalement faux ? Donald Trump clame que la croissance annualisée de 4,1% du PIB est nettement au-dessus de la moyenne des dernières années. Selon Trump, cette performance éclipse tout le bilan économique de son prédécesseur, mais il est facile de démontrer que c'est faux, car la présidence de Barack Obama a connu quatre trimestres de croissance supérieure à 4,2% ; en fait, tous les présidents depuis 1950 ont connu des trimestres de croissance supérieure à 4,1 à de multiples reprises, alors l'affirmation de Trump selon qui sa performance est historique est encore un mensonge.

L'économie américaine a créé des emplois de façon soutenue depuis janvier 2017, mais le nombre absolu des emplois créés pendant ces 19 premiers mois (moyenne de 194,000 par mois) a été un peu inférieur et non supérieur au nombre d'emplois créés pendant les 19 derniers mois de la présidence de Barack Obama (moyenne de 205,000 par mois). Encore un mensonge.

Le même constat est vrai pour les salaires réels, qui ont augmenté en moyenne de 0,8% pendant l'ensemble de la présidence Obama (et de près de 2% pendant le second mandat) comparé à une augmentation modeste de 0,3% pendant les 19 premiers mois de Trump.

Somme toute, la performance de l'économie américaine depuis l'arrivée de Trump à la Maison-Blanche est relativement bonne, mais elle tient beaucoup plus de la continuité avec la période précédente que d'un virage prononcé. Mais si la croissance des années Trump est réelle, elle bénéficie d'abord au mieux nantis, aux dépens des autres, sans oublier leur descendance, qui en aura pour longtemps à payer la facture de cette sortie d'une crise qui n'existe que dans l'imagination de Donald Trump et de ses fidèles.

Donald Trump répète constamment que la période qui a précédé sa présidence était une catastrophe et que sa politique est entièrement responsable des performances enviables de l'économie américaine. C'est de la pure fabulation !

Aujourd'hui, on nous dit que l'économie US connaît le plein emploi avec tantôt 4,4%, tantôt 5,1% ou encore 4,7% de chômage suivant les modes de calcul utilisés. Et cette seule information suffit à démontrer que les États-Unis ont dépassé la crise depuis longtemps, qu'ils ont rétabli une situation meilleure encore que celle qui prévalait avant la crise.

L'ennui dans cette jolie histoire c'est qu'un rapport récent de l'agence Morningside Hill Capital Management a montré que 93% des emplois prétendument créés depuis 2008 n'avaient en réalité existé uniquement que sur de jolis tableaux informatiques qui s'appuyaient sur une particularité du système de comptage des demandeurs d'emploi aux États-Unis. En effet, pour être considéré comme "demandeurs d'emploi", et donc être inscrit sur les listes de "chômeurs", il faut avoir effectué une démarche volontaire de recherche d'emploi durant le mois précédent. À défaut, vous n'êtes plus considéré comme demandeur d'emploi. Ainsi, officiellement, les États-Unis comptent environ 8 millions de chômeurs déclarés... mais en réalité, il faudrait y ajouter 94 millions d'Américains en âge de travailler sans emploi. C'est en tout cas la conclusion du Bureau of Labor Statistics publiée sur le site du ministère du travail américain.

Et là, ça devient tout de suite plus embêtant. Parce que si nous devions calculer le taux de chômage réel des USA, et même en enlevant une bonne moitié des 20 millions d'étudiants américains qui auraient éventuellement choisi de ne pas travailler pendant leurs études, il reste encore beaucoup, de sans-emplois aux USA.

Comment expliquer à des millions de gens que l'économie pour laquelle ils travaillent de plus en plus dur en espérant pouvoir en vivre, épargner, prendre leur retraite que tout cela n'existe pas en réalité et qu'il s'agit juste d'un mensonge destiné à repousser le plus longtemps possible le moment où le trou des pertes ne pourra plus être caché ? Car là encore, c'est le monde entier qui pourrait être impacté par le mensonge de ce pays qui se prétend le phare de l'économie planétaire.

Le bras de fer avec la Banque Centrale Américaine (la FED)

Depuis son élection, le président américain Donald Trump a fait de la hausse de Wall Street un indicateur de la bonne santé économique américaine et de la réussite de sa politique. Mais voilà: les effets conjugués d'une déréglementation financière et d'une réduction massive d'impôts s'estompent. La chute brutale, en fin d'année, des indices boursiers américains est perçue comme le signe annonciateur d'une crise économique imminente. Il y a quelques bonnes raisons d'y croire.

Avec tous ces conflits commerciaux en suspens, l'administration Trump ne cesse de souffler le chaud et le froid en matière commerciale. Tantôt elle menace ses partenaires commerciaux d'une hausse unilatérale de droits de douane, tantôt elle annonce la conclusion d'un accord ou d'une trêve, lorsqu'elle parvient à obtenir quelques concessions chez la partie adverse et dans ce domaine le comportement de Trump relève davantage de l'homme d'affaires que du responsable politique, il développe une stratégie de type mercantiliste. Il ne cherche pas à réguler mais à obtenir des concessions spécifiques au service de ses industriels.

Mais le bras de fer le plus dangereux est celui qui oppose Donald Trump à Jerome Powel, le président de la Réserve fédérale, la banque centrale américaine (Fed). En 2018, les taux d'intérêt ont été relevés quatre fois, passant de 1,5 % à 2,5 %. Or, la dernière hausse en date, celle de décembre, a suscité le courroux du président américain. Trump accuse notamment cette dernière hausse d'être responsable de l'effondrement des marchés financiers de décembre.

Tensions commerciales, fin du cycle de croissance américain, contexte international déprimé, division au sein de l'administration américaine sur les politiques budgétaires et monétaires... On le voit, cette fin d'année 2018 n'incite guère à l'optimisme pour 2019. Aussi, la question que se posent aujourd'hui la plupart des économistes n'est pas de savoir s'il y aura ou non une récession l'année prochaine (celle-ci semble acquise) mais si cette récession sera à l'image de 2001, de courte durée, ou si elle s'accompagnera d'un effondrement plus brutal comme ce fut le cas en 2008.

Troubles délirants et admiration pour les dictateurs brutaux

D'après Michael J. Tansey, PhD *

Lorsque Trump fait une affirmation qui, de toute evidence est erronée et que, malgré toutes les preuves contraires, il maintient son affirmation tout en accusant les autres de « fake news »,on peut le taxer de propos delirants.C'est beaucoup plus grave que de nier l'evidence, c'est inventer une histoire et y croire « dur comme fer » si bien que même un détecteur de mensonge n'y verrait que du feu. En terme scientifique c'est du « solipsisme » un trouble délirant dans lequel le patient pense qu'il est la seule chose de l'Univers .Toutes les autres personnes étant simplement des ornements ou des obstacles a sa satisfaction.

On comprend mieux pourquoi Trump admire les dictateurs brutaux, ils font partie de ses pensées délirantes.

Il faut savoir que Trump est totalement ignorant des processus démocratiques et des barrières entre les différentes branches gouvernementales. Il apprend sur le tas mais c'est difficile car il ne lit pas les memos ni les rapports. Par exemple, pendant la campagne électorale, il pensait que les Russes avaient attaqué la Crimée sans l'occuper ! Il se réjouissait de visiter Israel...

après son voyage au Moyen Orient ! Voici quelques-unes de ses opinions sur les dictateurs qu'il admire le plus :

Kim Jong-un : *« Il faut lui donner du crédit... quand son père est mort, il s'est emparé du pouvoir, effacé ces généraux difficiles et il est devenu le boss. Incroyable ! Il a effacé son oncle, puis d'autres et d'autres. Incroyable ! Il a fait exécuter son oncle par un peloton d'exécution avec sept de ses amis. Sa tante, la sœur de son père a été empoisonnée. Tous les autres enfants et petits-enfants ont été tués. Il a exécuté un general avec un missile... à bout portant avec l'obligation pour toute la famille d'y assister ! Son pays est au bord du gouffre pour financer ses ambitions nucléaires ».*

Bashar al-Assad : *« En tant que leadership je lui donne un A, notre actuel président n'en mérite pas tant ».* En réalité Assad est responsable de la mort de 300.000 personnes en Syrie

Saddam Hussein : *« Okay c'était un méchant. Mais vous savez ce qu'il savait bien faire ? Tuer des terroristes, il faisait cela si bien ! Il ne leur lisait pas leurs droits. Ils ne parlaient pas. Vous étiez un terroriste, vous étiez mort ! »* En réalité Saddam est l'un des tyrans les plus cruels de l'histoire : il a gazé plus de 100.000 Kurdes, brulé vifs des dizaines de millier et assassiné plus de 180.000 victimes.

Vladimir Poutine : *« Il a dit des choses très bonnes à mon sujet et je vais faire de même avec lui. C'est vraiment un grand leader... qui contrôle très bien son pays... et regardez il a 82% de gens satisfaits de lui ».* Etonnants commentaires quand on connait toute la tyrannie de Poutine.

Il aime citer Mussolini : *« Il est préférable de vivre un jour comme un lion que cent ans comme un mouton ».*

Il n'a pas encore osé citer Hitler !

Il a félicité le Président Rodrigo Duterte pour avoir réglé le problème de la drogue dans son pays par la bonne manière (Duterte abattait lui-même de sang-froid les trafiquants)

Il a invité et exprimé son support au President Erdogan de Turquie qui continue à emprisonner des dizaines de milliers de Turcs ainsi que des journalistes.

*Il admire et ne condamne pas le prince héritier d'Arabie Saou-
dite, Mohamed Ben Salmane qui vient juste d'ordonner l'assassinat et le démembrement d'un journaliste.*

*Jair Bolsonaro, le nouveau président du Bresil est un fan de
Trump ; ce farouche opposant du multilatéralisme et clima-
to-sceptique, a écrit récemment que « Trump peut sauver
l'Occident ».*

*En revanche, il n'aime pas les Démocraties : Il insulte au télé-
phone le Premier Ministre Australien Malcolm Turnbull ; il refuse de serrer la main d'Angela Merckel, il insulte Macron et le
canadien Trudeau, ainsi que Theresa May. Il sympathise avec
les gouvernements populistes (Pologne, Hongrie, Italie).*

*Trump règne, au lieu de diriger ; il contrôle au lieu de faire
des compromis. Ce n'est plus de la politique c'est l'apocalypse.
Qu'aurait t-il fait à la place de John Kennedy pendant la crise de
Cuba ? On n'ose pas y penser !*

** Michael J. Tansey, PhD est un psychologue clinicien diplomé de Harvard.Il
est co-auteur du livre « The Dangerous case of Donald Trump ».*

LES MENSONGES DE L'AFFAIRE

KHASHOGGI

Dans cette affaire on retrouve tous les mensonges possibles :
mensonges et gestion calamiteuse de la communication de la part
de l'Arabie Saoudite, mensonge économique et demi-vérités pour
le President Trump, mensonge criminel pour le donneur d'ordre,
mensonges hypocrites ou silences pesants de la part des pays européens (excepté l'Allemagne). Menaces à contretemps du President
Turc.

Pour bien comprendre la chronologie des mensonges voyons les
faits tels qu'ils se sont déroulés :

Mardi 2 octobre 2018 : Le journaliste saoudien en exil, résident aux
USA et chroniqueur au Washington Post, Jamal Khashoggi entre
dans le consulat de son pays à Istanbul. Cet ancien proche de la

famille royale est devenu, depuis l'arrivée au cœur du pouvoir de Mohammed Ben Salman (MBS *pour faire court*), un critique affirmé du régime de Riyad. M. Khashoggi, 59 ans, est fiancé à Hatice Cengiz, citoyenne turque. Afin de pouvoir l'épouser, il doit accomplir une formalité administrative, d'où sa visite au Consulat d'Arabie Saoudite a Istamboul. Il est alors 13H14 en heure locale. Les heures passent, il ne réapparaît pas. Sa fiancée, qui l'avait accompagné et était restée l'attendre à l'extérieur, alerte les médias et le gouvernement d'Ankara, une consigne que le journaliste lui avait donnée dans le cas où il tarderait à revenir. Les autorités consulaires l'attendaient et ont donné le feu vert à l'équipe de tueurs. Il avait appelé le consulat un peu avant d'y aller pour voir si ses documents étaient prêts, ils lui ont dit « *oui, c'est prêt, vous pouvez venir* ». On apprend ainsi qu'une quinzaine de sujets du royaume sont arrivés par jet privé peu avant la disparition de Khashoggi, et ont quitté Istanbul par le même moyen quelques heures après le rendez-vous fatal. D'après le « *New York Times* », l'équipe d'agents saoudiens avait, à cet effet, apporté une scie à os !!

Ce qui s'est réellement passé : les agents ont demandé a Khashoggi d'entrer dans le bureau du Consul. Une fois à l'intérieur du bureau du Consul, Mohammad al-Otaibi, les agents ont agrippé le journaliste et ont commencé à le torturer et à le battre. Ils lui ont également coupé les doigts. Quand le Consul a dit aux agents saoudiens : « *Faites ça à l'extérieur, car vous allez me mettre dans une situation intenable* », on lui a répondu : « *Si vous voulez vivre à votre retour en Arabie, fermez-la !* ». Le journaliste est semble-t-il décédé après seulement quelques minutes de son arrivée au Consulat. Après son décès, une équipe médicale, dont la mission était de disposer du corps du journaliste, a coupé sa tête et l'a démembré au son de la musique. Tout était réglé en deux heures.

Selon un autre journal turc, Yeni Shafak, proche du pouvoir, M. Khashoggi a eu une petite conversation avec le consul général Mohamad al-Otaïbi dans son bureau avant que deux hommes n'entrent et le fassent sortir par la force vers une chambre voisine. Le journaliste saoudien a bien entendu tenté de résister, mais il a été neutralisé après lui avoir inoculé une certaine substance. Yeni Shafak révèle aussi que ce dernier a été transporté vers une troisième chambre où il a été tué. « *L'opération de découpage de son* corps en morceaux a été faite par des gardes du corps personnels du prince hériter Mohamad ben Salmane et elle est enregistrée », précise le journal. Pour transporter les morceaux de son corps, l'équipe aurait acheté des grandes valises du souk Serkeji, dans les quartiers européens de la ville d'Istanbul. Ces valises sont apparues lors de leur transfert depuis le consulat à bord d'une Mercédès Vito vers la maison du consul situé à 300 mètres. Le premier groupe de l'équipe qui a effectué l'opération d'assassinat a quitté les lieux quelques minutes après l'avoir terminée. Alors que le second avait pour mission « d'effacer toutes les preuves de la scène du crime », rapporte Yeni Chafak. Faisait partie de ce dernier le médecin légiste Mohamad Salah al-Tobeïki, dont le nom a été dévoilé par les autorités turques. La surveillance des 26 voitures du consulat a permis de déceler que l'une d'entre elles avait disparu des caméras de surveillance pendant 5 à 6 heures dans la région Kartel Mal Tibieh Bindik, en se dirigeant de la partie européenne d'Istanbul vers sa partie asiatique. Puis elle est réapparue.

Ce que les tueurs ne pouvaient pas savoir, c'est que le journaliste portait une montre connectée dont la connexion était activée et reliée au téléphone portable de sa fiancée qui l'attendait dehors. Les quotidiens turcs « Sözcü » et « Milliyet » affirment que des enregistrements audios ont ainsi été transmis par ce téléphone et ont été examinés par la justice turque. Le Washington Post a quant à lui rapporté, citant des sources turques, qu'Ankara a informé les Etats-Unis détenir les enregistrements sonores et vidéos de l'opération de torture et d'assassinat, ainsi qu'un appel téléphonique au moins de la part d'une personne qui se trouvait dans le consulat lors de son exécution. Selon Daily Sabah, les enregistrements ont été transférés depuis la montre via le programme ICloud. Ils révèlent que les Saoudiens ont torturé M. Khashoggi avant de le tuer. Mais la montre a été détectée par l'équipe chargée de son assassinat et qui a effacé certains dossiers. Le portable a été soumis au programme Back up via, indique aussi le quotidien turc. Selon l'agence Reuters, cette montre était aussi capable de localiser l'emplacement de celui qui la porte et de révéler l'état des battements de son cœur.

Le 4 octobre, le ministère des affaires étrangères turc convoque l'ambassadeur saoudien. En fin de semaine, des représentants des services de sécurité turcs confient anonymement à des organes de presse liés au pouvoir que M. Khashoggi a été assassiné dans l'enceinte même du consulat.

Premier de toute une série de mensonges de MBS, interviewé par l'agence Bloomberg : *« il est entré et ressorti après quelques minutes ou une heure »*. Les autorités turques réclament les images de vidéo-surveillance susceptibles d'étayer la version saoudienne, Riyad répond : *« nos caméras étaient en panne ce jour-là »*. Pas de chance quand on sait qu'ils disposent des systèmes vidéo les plus sophistiqués au monde ! Autre argument un temps invoqué : le personnel du consulat se trouvait le jour dit en congé. Quand le sort s'acharne...

Le quotidien Sabah révèle le 10 octobre, photos à l'appui, l'identité des tueurs. Tous seraient des officiers des services de sécurité du royaume ou des proches de MBS. Parmi eux, un médecin légiste ayant le grade de lieutenant-colonel. Le New York Times a été en mesure d'identifier quatre des 15 agents qui ont participé à l'assassinat du journaliste, dont le garde du corps du prince héritier, MBS. Sur les images diffusées par plusieurs télévisions turques, on voit la cohorte suspecte pénétrer à bord d'un minibus de couleur sombre dans l'enceinte consulaire, puis filer jusqu'à la résidence du consul saoudien.

Riyad tient sa ligne, celle du déni. Le royaume martèle que le journaliste a bien quitté l'enceinte du consulat. Le ministre de l'intérieur saoudien dénonce, au sujet de la théorie de plus en plus crédible de l'assassinat politique, des *« mensonges sans fondement »*.

Le Washington Post précisera bientôt que les services de renseignement US ont eu vent, via des écoutes électroniques récentes, d'un plan consistant à attirer Jamal Khashoggi dans un piège et à le kidnapper ; plan avalisé, soutiennent les mêmes sources, par le prince héritier lui-même.

Enfin Abdel Aziz ben Saoud ben Nayef, Ministre de l'Intérieur, consent à publier un communiqué à la formulation déroutante. *« Ce qui a été rapporté au sujet d'instructions en vue de tuer Khashoggi est un mensonge et une allégation infondée »*.

Dans la foulée, son collègue chargé des Affaires du Golfe fustige une *« campagne mensongère, traîtresse et sale »*, dont l'origine remonte à « *des décennies* ». Ainsi on voit se dessiner la ligne de défense improvisée par la monarchie, qui s'efforce à endosser le costume de la victime, cible d'une conspiration ourdie, au choix, par le Qatar, l'Iran, la Turquie, ou les Frères Musulmans.

Samedi 13 octobre : l'affaire tourne à la crise diplomatique. Ce même jour, Donald Trump évoque la possibilité que l'Arabie saoudite soit à l'origine de la disparition du journaliste.

Le lendemain, dans une déclaration commune, Paris, Londres et Berlin demandent à l'Arabie saoudite une « *enquête crédible* » sur la disparition du journaliste.

Pour Riyad, l'affaire tombe très mal. Plus tard dans le mois doit se tenir en Arabie saoudite la deuxième édition du sommet économique *Future Investment Initiative*, outil de légitimation du prince héritier sur la scène internationale. Dans la tourmente de l'affaire Khashoggi, les désistements se multiplient. De grands patrons américains annoncent qu'ils n'honoreront pas leurs invitations. Le président de la Banque mondiale, Jim Young Kim, la présidente du Fonds monétaire international, Christine Lagarde, le secrétaire américain au Trésor, Steven Mnuchin, ainsi que le ministre de l'économie français, Bruno Le Maire, font de même.

Le 18 octobre, Yeni Safak, le quotidien turc annonce la mort d'un des quinze suspects, Mashal Saad Al-Bostani, tué à Riyad dans un accident de voiture, dont les circonstances ne sont pas précisées.

Samedi 20 octobre : Riyad reconnaît la mort de Khashoggi. En pleine nuit, l'agence de presse officielle saoudienne dévoile la version des faits arrêtée par les dignitaires du royaume : Jamal Khashoggi serait mort des suites d'une rixe. « *Les discussions qui ont eu lieu entre lui et les personnes qui l'ont reçu au consulat saoudien à Istanbul ont débouché sur une bagarre et sur une rixe à coups de poing avec le citoyen Jamal Khashoggi ; ce qui a conduit à sa mort... Que son âme repose en paix* », déclare le procureur général d'Arabie saoudite.

Aux Etats-Unis, Ali Shihabi, le directeur d'Arabia Foundation, un centre de réflexion financé par Riyad, donne une autre version des faits. « *Khashoggi est mort d'un étranglement au cours d'une altercation physique, pas d'une rixe à coups de poing* », écrit-il sur Twitter, disant s'appuyer sur une source saoudienne haut placée. Dix-huit personnes sont arrêtées en Arabie saoudite et deux proches du prince héritier sont destitués : Ahmed Al-Assiri, un haut responsable du renseignement, et Saoud Al-Qahtani, un conseiller influent.

« Nous avons découvert qu'il avait été tué au consulat. Nous ne savons pas comment, dans le détail. Nous ne savons pas où se trouve le corps », déclare le ministre des affaires étrangères du royaume, Adel Al-Jubeir, interrogé sur la chaîne américaine Fox News à Riyad. *« Les individus qui ont fait cela l'ont fait en dehors du champ de leurs responsabilités. Une erreur monumentale a été commise, qui a été aggravée par la tentative de la cacher »,* ajoute-t-il, assurant que Mohammed Ben Salman n'était *« pas informé de l'opération, non autorisée par le pouvoir ».*

Lundi 22 octobre, la chaîne d'information américaine CNN diffuse des images de vidéo surveillance datant du 2 octobre et montrant un des agents saoudiens quittant le consulat par une porte arrière portant les vêtements dont était vêtu Khashoggi à son arrivée, ainsi qu'une barbe factice mais des chaussures différentes, ce qui a mis en évidence la grossièreté du subterfuge. Il s'agissait, selon un responsable turc, d'une *« tentative de dissimulation »* visant à faire croire que Khashoggi avait bel et bien quitté le bâtiment, comme l'avait affirmé Riyad après sa disparition.

A ce jour, mise à part les inculpations initiales, MBS n'a jamais et ne sera probablement jamais inquiété. Aux dernières informations : l'Arabie saoudite dit *« ne pas savoir où se trouve »* le corps. L'administration Trump fait preuve aussi d'une ambivalence troublante. Dès le début, le président américain, qui a fait de sa relation privilégiée avec les Saoudiens la pierre angulaire de sa politique au Moyen-Orient pour contrer l'Iran, a tenté de trouver une sortie de crise susceptible d'exonérer *« MBS »*. Donald Trump l'a poussée très loin, en revendiquant ouvertement les bénéfices économiques et financiers, en fermant les yeux sur le drame du Yémen et sur les méthodes répressives du jeune prince. M. Trump croit toujours aux 110 milliards de dollars (95,3 milliards d'euros) de contrats d'armements que les Saoudiens lui font miroiter. En outre, le New York Times a indiqué que Trump a refusé de reconnaitre la responsabilité de Ben Salmane dans le meurtre de Khashoggi, car cela impliquerait d'admettre d'avoir commis une *« grave erreur »* en misant de manière exagérée sur le prince de 33 ans. « *Trump rejette les conclusions catégoriques des services de renseignement américain car elles ne lui conviennent pas sur le plan politique* ».

En Décembre 2018 les Sénateurs Américains, informés par la CIA, mettent en cause MBS, ils affirment qu'ils n'ont plus aucun doute sur l'implication du prince saoudien dans le meurtre du journaliste à Istanbul. Cette position contredit directement le président américain qui avait déclaré que le service de renseignement n'avait « *rien trouvé d'absolument certain* » et avait réaffirmé l'alliance « *inébranlable* » entre Washington et Riyad. « *Mohammed ben Salmane est fou, il est dangereux, et il a mis cette relation en danger car il n'est pas fiable* », a déclaré Lindsey Graham, sénateur républicain. L'ambassade d'Arabie saoudite à Washington a une nouvelle fois rejeté catégoriquement toutes les accusations liant prétendument le prince héritier à cet horrible incident. « *A aucun moment Son Altesse Royale le prince héritier n'a eu d'échanges avec un quelconque responsable saoudien visant à faire du mal à Jamal Khashoggi* », a insisté sur Twitter sa porte-parole, Fatimah Baeshen.

Les dirigeants d'Arabie saoudite sont exposés au grand jour pour ce qu'ils sont : des assassins. Des assassins qui tuent les dissidents du régime et les femmes qui brisent les dictats religieux. Des assassins qui sont responsables de la guerre au Yémen et de la famine qui guette le pays. Une famine qui d'ici quelques mois pourrait provoquer des millions de morts, selon les dernières estimations.

Une fois encore le President des Etats Unis a clairement montré ou étaient ses « *priorités* ». « *J'aimerais qu'il (MBS) ne soit pas responsable. Je pense que c'est un allié très important pour nous. Notamment avec l'Iran qui mène tellement d'activités néfastes à travers le monde, c'est un bon contrepoids* », a-t-il confié au Washington Post, mentionnant à plusieurs reprises au cours de l'entretien l'importance des liens économiques entre les Etats-Unis et l'Arabie saoudite. Il est frustrant d'entendre Donald Trump ramener les relations entre les États-Unis et l'Arabie saoudite à de simples questions d'argent. Les dirigeants occidentaux qui courbent si volontiers l'échine devant les dirigeants saoudiens ne doivent pas se surprendre que par la suite leur propre population les méprise. Le réalisme politique, que ces dirigeants invoquent toujours pour justifier leur soumission aux riches dictatures, devrait plutôt les conduire à traiter ces dictatures en ennemis.

Contrat d'armement

Donald Trump est très fier de l'énorme contrat d'armement de 110 milliards qu'il a signé l'an dernier avec l'Arabie saoudite. Partout, il répète que ce contrat va créer beaucoup d'emplois aux États-Unis. Combien ? À mesure que les élections approchent, le nombre augmente ! C'était 450 000 le 13 octobre devant des journalistes, 500 000 le 16 octobre dans une interview sur Fox News, 600 000 le 19 à une table ronde sur une base militaire et « plus d'un million » quelques minutes plus tard à des journalistes ! À ce train-là, on sera à 10 millions en 2020 lors de sa campagne de réélection... Les spécialistes de la Défense, eux, sont très sceptiques. Selon eux, les emplois seront surtout créés en Arabie saoudite. Un document du fabricant de matériel militaire Lockheed Martin cité par Reuters, estime que 20 000 à 40 000 travailleurs de l'industrie de la Défense pourraient être impliqués dans la production du contrat saoudien, beaucoup déjà employés. Encore faut-il que tous les tanks, missiles, et bombes soient bien tous achetés. Or, très peu de contrats ont été signés jusqu'ici, nombre de commandes n'ont pas de dates ou sont prévues pour après 2022.

LE LICENCIEMENT DE JAMES COMEY, DIRECTEUR DU FBI

Le jour où Donald Trump a congédié James Comey, alors directeur du FBI, en mai 2017, il a déclenché un gigantesque incendie politique. Le président américain a démis de ses fonctions James Comey par courrier, « *avec effet immédiat* ». Non seulement il est rarissime pour un président américain de limoger son directeur du FBI, mais Donald Trump a renvoyé James Comey de manière particulièrement brutale. Trump n'a pas jugé bon de le prévenir. Le président a diffusé une lettre lapidaire expliquant sa décision, mais avant qu'elle n'arrive dans les mains de Comey, celui-ci avait appris la nouvelle en regardant la télé alors qu'il faisait un discours dans un bureau du FBI à Los Angeles. Il a même pensé que c'était une blague. Le New York Times raconte ainsi la scène :

« Alors que M. Comey parlait, les écrans de télévision derrière lui ont commencé à diffuser l'info. En réponse à ces nouvelles, M. Comey a ri, disant qu'il pensait que c'était une farce plutôt réussie ».

Cette façon brutale de congédier les gens est en quelque sorte ce qui a rendu Trump célèbre. En effet, avant d'être président, il était connu pour son rôle dans l'émission de télé réalité The Apprentice, dans laquelle il criait en direct « *tu es viré !* » au candidat qui ne reviendrait pas au prochain épisode. En virant Comey, il congédie celui qui l'a aidé à accéder à la présidence (avec l'enquête sur la gestion des e-mails d'Hillary Clinton) et celui qui pourrait aujourd'hui le menacer puisque celui-ci enquêtait désormais sur les échanges entre la Russie et l'équipe de Trump pendant la campagne. La Maison-Blanche a officiellement expliqué que Comey était limogé à cause de sa mauvaise gestion de l'affaire du serveur d'Hillary Clinton. Mais étant donné qu'aucune nouvelle information cruciale n'avait été révélée récemment sur ce sujet, beaucoup ont vu ce licenciement soudain comme une réaction à une autre enquête dirigée par Comey, celle sur les liens entre l'équipe de campagne de Trump et la Russie.

James Comey a écrit dans une déclaration que Trump lui avait plusieurs fois demandé d'annoncer publiquement qu'il ne faisait pas l'objet d'une enquête fédérale. Comey a aussi confirmé que le président lui avait demandé d'abandonner l'enquête sur les connexions russes de Michael Flynn, son ancien conseiller de sécurité nationale. Lors d'un coup de fil le 30 mars, Trump a demandé au directeur du FBI s'il pouvait « *dissiper le nuage* », soit faire disparaître ces enquêtes. Or le président américain est censé respecter l'indépendance du FBI. Il a dit qu'il n'avait rien à voir avec la Russie, écrit Comey, qu'il n'avait pas été avec des putes en Russie et qu'il savait qu'il était « *sous écoute* » quand il était en Russie. La mention des prostituées russes fait référence au dossier d'un agent secret britannique selon lequel la Russie détient des informations compromettantes sur le président, dont une vidéo avec des prostituées dans un hôtel. James Comey rapporte que Trump a aussi parlé de ce dossier lors d'une conversation le 27 janvier : « *Pendant le dîner, le président est revenu sur les détails sur lesquels je l'avais briefé le 6 janvier, et a encore une fois exprimé son dégoût face à ces allégations et les a fortement niées. Il a dit qu'il songeait à me demander de faire une enquête sur cet incident pour prouver qu'il n'avait pas eu lieu* ». Pendant ce même dîner en tête à tête le président avait dit à Comey : « *J'ai besoin de loyauté. Je m'attends à de la loyauté* ». Après chaque entretien avec le président, Comey prenait des notes pour se souvenir de leur échange. En seulement quatre mois, Comey et Trump ont eu neuf conversations personnelles, au téléphone et en tête à tête. Or pendant trois ans sous l'administration Obama, Comey n'avait parlé en tête à tête avec le président que deux fois. Mais Trump voulait visiblement tenter de faire pression sur Comey. Au point que, selon le New York Times, le directeur du FBI avait demandé à Jeff Sessions, le ministre de la Justice, de faire en sorte qu'il n'ait plus à se retrouver seul avec le président.

Alors que James Comey, témoignait au Sénat au sujet de l'enquête sur les liens entre des proches de Donald Trump et la Russie, le président américain était très occupé à la Maison-Blanche. En effet, ce jeudi 8 juin, ses conseillers avaient préparé un programme chargé afin d'empêcher le président d'écrire des tweets gênants en réaction aux propos de l'ex-chef du FBI. Après l'avoir limogé début mai, Trump avait qualifié Comey de « *fanfaron* » et de « *cinglé* ». A la place de Donald Trump, c'est son fils, Donald Jr., qui s'est lâché sur Twitter : il a tweeté et retweeté une quarantaine de fois pendant l'audience au Sénat. Son frère Eric avait récemment déclaré que l'enquête sur les liens entre la Russie et l'équipe de campagne de Trump était « *le plus gros canular de l'histoire* ».

James Comey, en réponse a cette démission publie son livre « *Vérités, mensonges et leadership* ». Dans cet ouvrage de 300 pages, il dresse un portrait inquiétant de Donald Trump. Il raconte les 6 mois durant lesquels il a côtoyé l'actuel président américain. Il a décrit toutes leurs rencontres et ce n'est pas vraiment flatteur pour Donald Trump. Dans son livre, James Comey se pose en fonctionnaire intègre qui a construit sa carrière sur les principes de justice, de vérité et d'honnêteté. Il décrit un président américain qui ne « *recule jamais pour éviter de faire souffrir quelqu'un d'autre* ». James Comey commence ainsi par passer en revue les moments forts de sa vie personnelle et professionnelle, interrogeant en filigrane ces deux concepts que sont le mensonge et la vérité, valeurs qui semblent s'être estompées, selon lui, sous un président « *moralement inapte* » à diriger les Etats-Unis. Dans le chapitre « *parler ou dissimuler* », James Comey revient sur sa gestion de l'affaire des e-mails d'Hillary Clinton qui aurait motivé, selon Donald Trump, son licenciement. « *Les Russes voulaient nuire à Hillary Clinton, Poutine la haïssait, car il la tenait pour personnellement responsable des grandes manifestations organisées contre lui à Moscou en décembre 2011* », explique-t-il, avant de conclure : « *Poutine voulait faire gagner Donald Trump* ». Une fois élu, Donald Trump est prévenu de la possible ingérence russe dans la campagne présidentielle. Mais, note avec ironie l'ancien directeur du FBI, l'équipe du président n'a pas bronché face à ces révélations.

Au-delà de ce tableau peu flatteur de l'administration Trump des premiers jours, James Comey se permet de surprenantes comparaisons, répétées, avec l'organisation mafieuse, Cosa Nostra, dont il a rencontré certains dirigeants au fil de sa carrière. L'ancien directeur du FBI dresse ainsi le portrait d'un leader qui, exigeant une loyauté sans limites, dirige son équipe par la peur.

« *Le parrain contrôle tout. Les serments d'allégeance. La mentalité du 'eux contre nous'. Les mensonges à tous les étages au service d'un code de loyauté qui plaçait l'organisation au-dessus de la loi, de la morale et de la vérité* ».

Une scène rapportée par l'ancien directeur du FBI lance cette métaphore, qu'il tiendra tout au long des derniers chapitres : à la suite de l'élection de Donald Trump, le FBI se rend à la « *Trump Tower* », pour informer le Président de l'ingérence Russe dans la campagne présidentielle. Alors même que l'équipe de Trump vient d'être mis au courant de l'affaire, elle commence à débattre, devant les hommes du service de renseignement, de la manière dont tourner sa stratégie de communication pour que cela lui soit favorable politiquement. « *(Cosa Nostra) traçait toujours une frontière entre vos amis, les gens en dehors du cercle et nos amis, les membres officiels de la famille. Je me disais : 'Bon sang, ils essayent de faire de chacun de nous un amica nostra, un de nos "amis" »*, écrit-il.

James Comey décrit également un Trump demandeur de méthodes « *plus agressives* » après la fuite d'informations confidentielles, notamment sur les dossiers russes : « *Je n'avais pas suggéré de s'attaquer aux médias, mais le Président a répondu qu'autrefois on mettait les journalistes en prison et ils se mettait à table* ».

Véritable scandale médiatique, l'épisode de la « *golden shower* » (douche dorée, en français) marque le début d'une série de révélations hors du commun pour un mandat présidentiel. Avant que l'affaire n'éclate au grand jour, le directeur du FBI prévient Donald Trump de l'imminente sortie du scandale. « *Je lui ai résumé les allégations selon lesquelles il aurait été filmé par les Russes en plein ébat avec des prostituées dans un hôtel à Moscou en 2013* », détaille-t-il, sans pour le moment mentionner la « *golden shower* ». Avant même qu'il puisse terminer, le président des Etats-Unis s'est empressé de démentir avec virulence, énumérant également les accusations d'agression sexuelles. « *La conversation tournait à la catastrophe, j'ai sorti mon joker de ma poche : "Vous n'êtes pas sous le coup d'une enquête, Monsieur". Ça a eu l'air de le calmer* », explique James Comey. Quatre jours après leur entretien, BuzzFeed révèle les informations compromettantes. Donald Trump « *inquiet* » quant à la « *fuite* » du « *dossier* », appelle de nouveau le directeur du FBI. « *Ça ne peut pas être vrai pour une autre raison : je suis germophobe (qui a peur des germes). Je n'aurais jamais laissé des gens uriner près de moi. C'est impossible* », aurait poursuit le président des Etats-Unis.

Donald Trump, enfin, n'a pas résisté à l'envie de lancer quelques tweets vengeurs. Pour lui, James Comey est la « *boule visqueuse à qui on ne peut pas faire confiance* », est un « *menteur reconnu qui a fait fuiter des informations classées* », un « *faible qui a menti au Congrès sous serment. Pour moi, ça a été un honneur de le virer !* ».

« *Je suis convaincu que je n'agirais pas différemment si c'était à refaire* », écrit Comey. Le jour de son licenciement, il dit avoir reçu un appel émouvant du général John Kelly, à l'époque secrétaire à la Sécurité intérieure (et actuel chef de cabinet de la Maison-Blanche). « *Il m'a dit qu'il était dégoûté et qu'il comptait démissionner en signe de protestation. Je l'ai supplié de ne pas le faire en affirmant* que la nation avait besoin de gens de principes comme lui en orbite autour du président, et en particulier de ce président-là ».

« Donald Trump prend la foudre tous les jours. Il traîne derrière lui un nombre d'affaires absolument incroyable, mais il est toujours là. Donc avec le temps, on finit par se dire : "bon, regardez, il dirige bien, mal, il n'y a pas de coup d'État aux États-Unis, c'est le foutoir, mais il est là". Et puis un jour, peut-être qu'il y aura une affaire qui le fera tomber. On ne sait rien ».

James Comey, lui, pense qu'il faut battre Donald Trump par les élections. Il est contre l'impeachment (destitution). Selon lui, si c'est le Congrès qui défait le président des États-Unis pour de petites affaires politiciennes, ce n'est en fait pas une bonne sanction.

LES ACCORDS SUR LE CLIMAT

La météo n'est pas la même chose que le climat. Le président devrait pouvoir comprendre ça, ce n'est pas difficile. Le président des Etats-Unis fait mine de ne pas le savoir, en ironisant sur le réchauffement climatique via son fil Twitter. « *Le vent froid brutal et prolongé pourrait exploser TOUS LES RECORDS. Qu'est-il arrivé au réchauffement climatique ?* », a tweeté le président américain. Avant d'être président, il avait même parlé au sujet du changement climatique d'un « *canular* » de la Chine.

Sans surprise, le président américain a annoncé, le jeudi 1er juin 2017, le retrait américain de l'Accord de Paris. Une décision justifiée par une batterie de contre-vérités et même de mensonges.

Cependant, aucun scoop là-dedans., durant sa campagne électorale, Trump n'a cessé de critiquer les suites de la COP 21, qualifiées de pire accord jamais conclu par une administration américaine. Après avoir fait durer le suspense, c'est tout naturellement qu'il tient l'une de ses promesses électorales. Dans son discours, Trump a justifié sa décision : pour lui, il s'agit tout simplement de protéger l'Amérique des répercussions, pour la plus grande économie du monde, de l'application de l'accord de Paris. Avec des chiffres à la clé : « *Les restrictions énergétiques imposées par l'accord de Paris, pourrait coûter 2,7 millions d'emplois en 2025* », avance le président. **FAUX.** Pire, la poursuite de la politique engagée par l'administration Obama réduirait «*de 12% la production de papier, de 23% celle du ciment, de 38% celle de l'acier et du fer, de 86% celle du charbon et de 31% celle du gaz* ». Au total, le manque à gagner atteint 3.000 milliards de dollars (2.661 Md€) en 25 ans !! **FAUX.**

Ces chiffres sont le fruit d'une estimation d'un consultant (Nera), souvent mandaté par les industriels et les lobbyistes pour contrer les projets de régulation de Washington. Ils négligent les créations d'emplois dans des domaines portés par la lutte contre le réchauffement : énergies renouvelables (ENR), véhicules propres, rénovation des bâtiments. En 2015, le seul secteur des ENR US employait 769.000 travailleurs américains, indique un récent rapport de l'agence internationale des énergies renouvelables (Irena): trois fois plus que le nombre de salariés travaillant dans le pétrole, le gaz et le charbon. Une récente étude de l'OCDE estime que, bien conduite, la lutte contre le changement climatique pourrait booster la croissance des pays du G20 (dont font encore partie les USA) de 4,7% en 2050 par rapport à un scénario tendanciel.

En bon unilatéraliste, Donald Trump n'aime pas les accords contraignants. Et visiblement, l'accord l'est trop à son goût. « *La Chine pourra construire des centaines de centrales au charbon. Alors que cela nous sera interdit, ils le pourront, grâce à cet accord. L'Inde sera autorisée à doubler sa production de charbon d'ici à 2020* ». **FAUX.** Là, on sombre dans le grand n'importe quoi. L'Accord de Paris n'impose aucune modification du bouquet énergétique : aucun Etat ne l'aurait d'ailleurs accepté. Les seuls engagements énergétiques sont ceux publiés par les Etats eux-mêmes. Donc, comme la Chine et l'Inde, les Etats-Unis ont bien évidemment la possibilité de construire de nouvelles centrales au charbon. Mais ce sont les compagnies électriques US qui préfèrent miser sur le gaz, moins cher que le charbon, et les énergies renouvelables, qui leur sont souvent imposées par les états fédérés.

Charbon, toujours. « *La Chine pourra augmenter ses émissions pendant plusieurs années. Ils pourront faire ce qu'ils veulent pendant 13 ans. L'Inde a monnayé sa participation contre des milliards et* des milliards et des milliards d'aides des pays développés », fustige le Trump. **FAUX.** Là encore, l'Accord de Paris ne dit rien sur les plafonds nationaux d'émission de gaz à effet de serre (GES). La Chine et l'Inde ont pris des engagements et s'y tiennent. En 2015, la Chine a ainsi investi une centaine de milliards de dollars dans les énergies décarbonées et emploie plus de 3,5 millions de personnes dans les seules ENR. A l'horizon 2020, l'Inde prévoit de multiplier par sept sa capacité solaire (100 gigawatts crête ; GWc) et d'interdire dès 2030 la commercialisation de voitures thermiques. A contrario, la nouvelle politique énergétique de Donald Trump devrait accroître les rejets US de GES.

Trump : « *Nous sortons, mais c'est pour commencer à négocier et voir si nous pouvons obtenir un accord convenable.* » **FAUX.** Car il y a un gros problème : dans le système onusien, un Etat, aussi puissant soit-il, ne peut rien imposer à la communauté internationale. « *On ne peut renégocier tout seul. Il s'agit d'un accord multilatéral, dont aucun Etat seul ne peut changer les termes* ». D'ores et déjà, Emmanuel Macron et Angela Merkel ont exclu toute réouverture de négociation.

Laurent Fabius, président du Conseil constitutionnel et l'ancien président de la COP21 a dénoncé le « *lot de mensonges* » proférés sur le sujet par le président américain :

« *Cette décision, ce discours, c'est une faute honteuse, et une erreur majeure. Ensuite c'est un lot de mensonges, et la seule réaction est la mobilisation mondiale, c'est ce qu'il faut faire* ».

Et pourtant le changement climatique affecte déjà les économies américaine et mondiale et ses conséquences négatives ne feront que s'aggraver si des mesures drastiques ne sont pas prises pour réduire les émissions des gaz à effet de serre, selon un important rapport gouvernemental américain publié le 23 Novembre 2018. « *D'ici le milieu de ce siècle, les pertes annuelles aux Etats-Unis liées au changement climatique pourraient atteindre des centaines de milliards de dollars* », selon le dernier « *National Climate Assessment* », une « *évaluation* » mandatée par le Congrès américain et rédigée par plus de 300 scientifiques.

« *Sans des efforts substantiels et soutenus pour l'atténuer au niveau mondial et d'adaptation au niveau régional, le changement climatique va affecter de manière de plus en plus négative les infrastructures et les biens américains et ainsi que le taux de croissance économique au cours de ce siècle* », insistent ses auteurs. « *Les conséquences du changement climatique au-delà de nos frontières vont affecter de plus en plus notre commerce et notre économie, notamment les prix à l'import et à l'export ainsi que les entreprises qui ont des investissements et des chaînes d'approvisionnement à l'étranger* », préviennent-ils dans ce texte de plus de 1.000 pages. Cette étude, qui concluait que le changement climatique était bien réel et résultait probablement des activités humaines, avait pourtant reçu le feu vert de la Maison Blanche pour être rendue publique. Le Président a sèchement rejeté, ces conclusions ; il avait déjà remis en cause le précédent volume de l'étude publié l'an dernier. On se demande s'il prend la peine de lire ou au minimum d'écouter ses conseillers. Il va même railler les déboires du President Macron sur les « *gilets jaunes* » en les liant aux accords sur le climat !! « *Je suis heureux que mon ami Emmanuel Macron et les manifestants à Paris soient tombés d'accord sur la conclusion à laquelle j'avais abouti il y a deux ans* », a ainsi commenté Donald Trump sur le réseau social. « *L'accord de Paris est fondamentalement mauvais car il provoque une hausse des prix de l'énergie pour les pays responsables, tout en donnant un blanc-seing à certains des pires pollueurs au monde* ».

Les scientifiques ont trouvé des preuves claires et irréfutables que la température mondiale moyenne est beaucoup plus élevée et augmente plus rapidement que constaté jusque-là dans la civilisation moderne. Et cette tendance au réchauffement ne peut être expliquée que par des activités humaines, notamment les émissions de gaz à effet de serre dans l'atmosphère. Le niveau de la mer continue d'augmenter, et des événements extrêmes comme des pluies torrentielles et des inondations se manifestent de plus en plus souvent sur la planète, ce qui aura des « *répercussions sur les secteurs économiques* ».

Voila un nouveau mensonge que Donald Trump vient d'inaugurer : le mensonge scientifique.

LA PARTIE DE POKER : TRUMP, KIM JONG-UN

Lorsque deux menteurs se rencontrent de quoi parlent-ils ? de mensonges ! Chacun y va de son couplet pour faires monter ou baisser la tension : une partie de poker permanente !

Un exemple : Trump a manqué de déclencher un conflit avec la Corée du Nord en envisageant de publier un tweet qui a vivement alarmé le Pentagone. Dans ce tweet, que M. Trump n'a finalement pas envoyé, il comptait ordonner le retour des familles des quelque 28 500 militaires américains basés en Corée du Sud, a précisé M. Woodward, dans une entrevue diffusée par CBS. Une telle mesure aurait instantanément été interprétée par Pyongyang comme le signal d'une attaque imminente des forces américaines. Un haut responsable gouvernemental américain décrit comment les collaborateurs du président s'escriment à limiter les conséquences potentiellement désastreuses de certaines de ses décisions impétueuses.

Le 30 juin 2017, lors de sa rencontre avec le président sud-coréen, le président américain a affirmé que « *la patience stratégique avec le régime nord-coréen est terminée* » le qualifiant de « *régime qui n'a aucun respect pour la vie humaine, la sécurité de son peuple et de ses voisins* ». Le 5 juillet, après le tir d'un missile balistique intercontinental la veille, jour de la fête nationale américaine, Donald Trump a tweeté « *Est-ce que ce gars n'a rien de mieux à faire de sa vie ?* »

La montée des périls atteint son apogée le 3 septembre. Ce jour-là, depuis le site de Punggye-ri, le régime nord-coréen procède à son sixième et plus puissant essai nucléaire depuis 2006. Une explosion quinze fois plus forte que la bombe lâchée sur Hiroshima en août 1945. Pyongyang claironne que « *le test de la bombe à hydrogène était une réussite parfaite* ». Un seuil est atteint.

Le 11 septembre, à l'unanimité, le Conseil de sécurité des Nations unies vote la résolution 2375 qui élargit le champ des sanctions à des pans entiers de l'économie nord-coréenne : textile, gaz, pétrole, main-d'œuvre, exportations. Depuis 2006 et ses premiers tirs de missiles balistiques, la Corée du Nord est abonnée aux sanctions de l'ONU. Mais de l'avis de tous les experts, ce nouveau texte frappe au cœur le Nord, notamment ses travailleurs employés à l'étranger et les entreprises en joint-ventures.

Trump : déficit cognitif ?

D'après le Dr David M. Reiss*

Il est difficile de concevoir un travail plus stressant ou plus exigeant que le poste de President des Etats Unis d'Amérique (POTUS : President Of The United States). Si on met de côté les critiques sur les vacances de Trump ou ses parties de golf, son travail exige une extrême capacité à rester vigilant, alerte et « de garde » 24/7 car des millions de vie sont potentiellement liées à la santé mentale du POTUS. Trump est le plus vieux président ayant prêté serment (et aussi le plus riche), est-il aussi en bonne santé mentale ?

Il n'existe pas, pour le moment, de tests standards qui pourraient définir l'aptitude à exercer le role de POTUS. Les autorités comptent plus sur la divulgation spontanée des résultats médicaux du candidat. Mais ceux-ci devraient être « validés » par un comité d'expert en particulier pour la recherche de maladies neurodégénératives comme la démence précoce ou la maladie d'Alzheimer.

Dans le cas précis de Donald Trump, faire un diagnostic de déclin cognitif sans critères précis serait s'aventurer sur un terrain très glissant. Néanmoins il est important de visionner dans le temps, l'énorme base de données vidéo de Trump et en tirer des hypothèses ; seulement des hypothèses !

En Janvier 2018 Trump a passé un test cognitif ; Le MoCA a été validé par plusieurs études scientifiques et s'est montré sensible pour repérer des atteintes des fonctions mentales supérieures comme la mémoire et l'attention, atteintes que l'on retrouve dans diverses maladies liées au vieillissement telles que la maladie d'Alzheimer. Cet outil n'a toutefois pas été conçu pour cerner les contributions de traits de personnalité ou de troubles psychologiques qui peuvent aussi interférer avec le fonctionnement cérébral. La performance de Trump à un outil de dépistage rend probable l'absence de trouble cognitif significatif, mais ne permet pas d'éliminer la possibilité d'une problématique neuropsychologique ou de répondre à la question posée dans différents médias à savoir s'il détient ou non les capacités cognitives requises pour être président des États-Unis.

Surtout, il n'y a finalement pas besoin de psychiatres pour constater que l'attitude du président américain, imprévisible et peu coordonnée, peut s'avérer problématique, dangereuse, voire irresponsable. C'est par exemple le cas quand il réagit de façon épidermique à coups de tweets intempestifs. Le récent message concernant le bouton nucléaire adressé au leader nord-coréen Kim Jong-un sur le mode « le mien est plus gros que le tien » en est un des exemples les plus flagrants. Il fait craindre le pire, sachant que le président est en mesure de déclencher à lui tout seul une guerre nucléaire. On se souvient aussi du « feu et fureur » promis au même Kim Jong-un, une expression que Michael Wolff a reprise comme titre de son livre. Ou de la vidéo diffusée par Trump dans laquelle il se met en scène en train de frapper Hillary Clinton avec une balle de golf. Les exemples sont nombreux. La façon dont il réagit à la moindre critique ou contestation, sur un mode de vengeance et sans filtre, démontre sa difficile adaptation à l'importance de sa fonction.

* David M. Reiss, M.D. est un psychiatre qui exerce en Californie. Il est co-auteur du livre « The Dangerous case of Donald Trump ».

« Little Rocket Man » : Après avoir promis le « feu et la fureur » au dictateur Nord-Coréen, Trump entre en scène en John Wayne à l'assemblée générale des Nations unies le 19 septembre. Il s'en prend à « Little Rocket Man », « le petit homme fusée » de la Corée du Nord qu'il accuse d'être embarqué dans « une mission suicide » pour lui-même et pour son régime. « Les Etats-Unis ont beaucoup de force et de patience. Mais si on les pousse à se défendre ou à défendre leurs alliés, nous n'aurons pas d'autre choix que de détruire totalement la Corée du Nord », assure un Trump martial à la tribune de l'ONU. Jamais la menace n'a été aussi claire dans la bouche d'un président américain imprévisible.

Le 2 Janvier 2018 Trump tweet de nouveau : « *Le leader nord-coréen Kim Jong-un vient d'affirmer que le «bouton nucléaire est sur son bureau en permanence »* (...) *informez-le que moi aussi j'ai un bouton nucléaire, mais il est beaucoup plus gros et plus puissant que le sien, et il fonctionne !* ». Pendant sa campagne, Donald Trump avait fait allusion à la taille de son sexe, et beaucoup d'internautes voient dans ce tweet sur son bouton nucléaire une nouvelle illustration de cet irrépressible besoin d'affirmer sa virilité, avec des illustrations qui frôlent parfois les limites du mauvais goût. Les questions sur la stabilité mentale du President ont refait surface. Mais ce message a surtout alarmé de nombreux élus, diplomates ou experts, qui s'interrogent sur la possibilité du déclenchement intempestif d'une guerre nucléaire avec la Corée du Nord. « *Il parle comme un enfant irritable de dix ans mais il dispose réellement de l'arme atomique* » a ainsi rappelé un ancien conseiller de Georges Bush. « *La diplomatie américaine est devenue complètement illisible* » relève pour sa part un ancien ambassadeur, qui ajoute : « *Cela crée une dangereuse confusion, surtout au sujet d'un dossier aussi brûlant que la Corée du Nord* ».

Le 9 février 2018, le président du présidium de l'Assemblée populaire suprême du Nord et la sœur de Kim Jong-un franchissent la zone démilitarisée pour participer à la cérémonie d'ouverture des JO aux côtés de Mike Pence, le vice-président américain.

Le 8 mars, Trump annonce qu'il accepte de rencontrer Kim Jong-un. A partir de ce moment, Kim multiplie les rencontres avec les dirigeants de la région et des hauts responsables américains. Le 21 avril, Kim annonce la suspension des tirs de missiles et des essais nucléaires et le démantèlement du site de Punggye-ri.

Les deux Corées vont encore plus loin le 27 avril en ouvrant une « *nouvelle ère* » qui surprend le monde entier. Elles se retrouvent à Panmunjom, au niveau de la zone démilitarisée (DMZ). Kim Jong-un et Moon Jae-in enjambent la DMZ la main dans la main. Ce troisième sommet intercoréen est historique et symbolique. Jamais le leader de la Corée du Nord n'avait foulé le sol du Sud. Kim et Moon signent la déclaration de Panmunjom. « *Nous déclarons solennellement devant les 80 millions de personnes de notre nation et le monde entier qu'il n'y aura plus de guerre sur la péninsule* », dit

Moon Jae-in. Kim souscrit à l'objectif partagé de la dénucléarisation complète de la péninsule.

Le 12 juin 2018, Donald Trump et Kim Jong-un se rencontrent pour la toute première fois de l'histoire lors du sommet entre les deux pays qui s'est tenu sur l'île de Sentosa à Singapour. À cette occasion, les deux dirigeants signent une déclaration commune dans laquelle, entre autres, les deux pays s'engagent à établir de nouvelles relations diplomatiques pour la paix et la prospérité.

Alors que le ministre nord-coréen des Affaires étrangères a déclaré à la tribune des Nations unies que la défiance de Pyongyang vis-à-vis des États-Unis ne faisait qu'augmenter, Donald Trump a, pour sa part, déclaré lors d'un rassemblement partisan en Virginie que Kim Jong-un et lui sont « *tombés amoureux* ». « *Nous nous en sortons très bien avec la Corée du Nord* », a-t-il dit. « *Nous allions en guerre avec la Corée du Nord. Des millions de personnes auraient été tuées. Maintenant, nous avons cette superbe relation* », a-t-il lancé. Ce discours contraste toutefois totalement avec celui qu'a livré le ministre nord-coréen des Affaires étrangères samedi après-midi aux Nations unies. Celui-ci a plutôt dénoncé les sanctions américaines dont Pyongyang fait encore les frais, malgré des mesures « significatives » pour prouver sa bonne volonté de vouloir se débarrasser de l'arme nucléaire. Selon lui, la Corée du Nord ne renoncera jamais unilatéralement à son arsenal nucléaire dans de telles conditions. Ri Yong-ho n'a par ailleurs fait aucune allusion à un deuxième sommet entre Kim Jong-un et Donald Trump. Il a, au contraire, salué les trois rencontres successives de ces derniers mois entre le numéro un nord-coréen et le président sud-coréen Moon Jae-in, en déclarant : « *Si la partie prenante à cette question de la dénucléarisation était la Corée du Sud et non les États-Unis, la dénucléarisation de la péninsule coréenne n'aurait pas abouti à une telle impasse* ».

Aout 2018 : L'ONU comme, l'Agence internationale de l'énergie atomique, ont confirmé que le régime nord-coréen poursuivait ses activités nucléaires. Mike Pompeo était rentré bredouille d'une précédente visite en juillet, et les autorités nord-coréennes avaient dénoncé les méthodes de « *gangster* » des Américains, accusés de vouloir obtenir leur désarmement unilatéral sans faire de concession à chaque étape. Washington appelle de fait la communauté internationale à maintenir la pression et les sanctions tant que Pyongyang n'aura pas abandonné ses armes nucléaires.

Le Deuxième amendement de la Constitution des États-Unis

Le deuxième amendement de la Constitution des États-Unis d'Amérique reconnait la possibilité pour le peuple américain de constituer une milice (« bien organisée ») pour contribuer « à la sécurité d'un État libre », et il garantit en conséquence à tout citoyen américain le droit de porter des armes.

Cet amendement est un pilier important de la société et de la politique intérieure américaine. Son interprétation actuelle — loin du contexte historique de sa rédaction — est cependant controversée, fréquemment et depuis de nombreuses années. Deux tendances s'opposent : L'une, reprise par le Parti républicain et le lobby américain des armes estime qu'il signifie que le port d'armes est autorisé pour tous les citoyens et sans conditions ; en quelque sorte inaliénable, tout comme la liberté de religion, d'expression, etc.

L'autre, adoptée par les Démocrates estime que le législateur a voulu par cet amendement signifier que le port d'armes doit être autorisé dans le contexte d'une « milice bien organisée », et n'est pas censé être un droit illimité.

Ce texte a été produit par un écrivain (William Lambert) et non pas un juriste, et il pose plusieurs problèmes sémantiques : La notion de milice a évolué depuis cette époque. En outre le mot people (qui doit pouvoir être armé au sens de cet amendement) peut ici avoir deux sens : celui d'individu ou l'ensemble des citoyens américains. Les auteurs ont-ils voulu dire que les citoyens peuvent détenir des armes pour défendre l'État s'il est attaqué (comme dans l'armée suisse aujourd'hui) ou que les citoyens peuvent utiliser ces armes pour leur propre défense, contre d'autres citoyens.

Historiquement, l'interprétation républicaine domine chez le législateur.

L'impasse actuelle est une source de frustration palpable pour le President qui rêve de démontrer avec le dossier nord-coréen qu'il peut, grâce à ses talents auto-revendiqués de négociateur, réussir là où tous ses prédécesseurs, républicains comme démocrates, ont échoué. La pilule est d'autant plus amère qu'il s'est longtemps montré très optimiste, faisant preuve d'une grande naïveté sur l'impact de sa rencontre avec l'héritier de la dynastie des Kim, qui règne d'une main de fer sur la Corée du Nord depuis plus de 60 ans.

LES ARMES À FEU

La détention des armes a feu est protégée, aux USA, par le deuxième amendement de la Constitution qui garantit à tout citoyen le droit de porter des armes. Les tueries massives qui ont lieu régulièrement relancé le débat aux Etats-Unis entre ceux qui réclament un contrôle plus strict des armes et ceux qui y sont opposés, au premier rang desquels la National Rifle Association (NRA), le très puissant lobby des armes à feu. Dans ce débat, le président américain, fervent défenseur du deuxième amendement de la Constitution est soutenu par la NRA.Sur ce dossier très sensible qui divise les Américains, le President promet, mais ne fait rien. Il ne peut pas se permettre de se mettre à dos la puissante NRA qui finance largement toutes ses campagnes. Alors il va utiliser la stratégie qu'il connait le mieux : le mensonge en demie teinte.

Lors de la tuerie du lycée de Parkland (Floride), le 14 février, au cours de laquelle dix-sept personnes ont trouvé la mort, et dans les heures qui suivent le drame, c'est le silence de Donald Trump sur la question des armes à feu qui frappe : il présente dans ses premiers tweets le drame en Floride comme l'acte d'un déséquilibré mental, sans relever que le tireur, âgé de 19 ans, a pu s'équiper d'un fusil d'assaut. Il faudra attendre dix-sept heures après l'annonce du bilan de la tuerie pour que le président américain s'adresse enfin avec gravité à la nation. Mais il passe alors sous silence la question des armes à feu et met plutôt l'accent sur la nécessité de repérer les personnes souffrant de problèmes psychiatriques. Accusé par des lycéens présents lors du drame de ne pas en faire assez pour le contrôle des armes à feu, le président choisit de répliquer, le 18 février, en s'en prenant à son meilleur ennemi du moment : le FBI. Il accuse la police fédérale de n'avoir pas su empêcher cette tuerie, jugeant qu'elle passe « *trop de temps* » à enquêter sur les interférences russes dans l'élection présidentielle de 2016.

Face à la colère grandissante d'une partie de la population, Donald Trump commence à montrer des signes d'inflexion : le 19 février, le président se dit favorable à un renforcement du contrôle des antécédents lors de l'achat d'une arme à feu. Mais ceci reste un vœu pieux. Le jeune tueur, Nikolas Cruz aurait fait usage d'un fusil d'assaut très populaire aux Etats-Unis, le AR-15. Ce semi-automatique a toutes les apparences d'une arme de guerre et peut être facilement modifié pour être transformé en quasi automatique, un type d'arme théoriquement interdit. Des AR-15 ont été utilisés systématiquement lors des dernières fusillades les plus meurtrières à San Bernardino (Californie) en décembre 2015, à Orlando (Floride) en juin 2016, à Las Vegas (Nevada), en octobre 2017 comme à Sutherland Spring (Texas), le mois suivant. L'avant-dernière tuerie (58 morts), la plus sanglante de l'histoire moderne américaine, avait attiré l'attention sur le dispositif ajouté au AR-15 utilisé par son auteur, Stephen Paddock, le « *bump stock* », permettant d'accélérer la cadence de tir.

La fusillade de Floride est la dix-huitième depuis le début de l'année, et la 291e visant un établissement scolaire depuis le début de 2013, selon Shannon Watts, fondatrice de Moms Demand Action For Gun Sense In America, une organisation qui lutte pour un contrôle accru des armes à feu. En décembre 2012, un massacre perpétré dans l'école Sandy Hook à Newtown (Connecticut) avait incité le président démocrate Barack Obama à demander au Congrès d'adopter une législation plus restrictive concernant l'accès aux semi-automatiques (un AR-15 avait été également utilisé) et la vérification des antécédents des acheteurs. Les élus républicains, rejoints par certains démocrates, avaient mis en échec ce projet.

Depuis, aucune mesure d'envergure n'a été adoptée au niveau fédéral. Très lié au lobby pro-armes, Donald Trump, après la tuerie de Las Vegas, avait exclu toute initiative de sa part. il avait assuré dans un document publié pendant la campagne des primaires républicaines que « *le gouvernement n'a pas à dicter quels types d'armes à feu les personnes honorables et honnêtes sont autorisées à posséder* ».

Fusillade dans une synagogue de Pittsburgh

Il s'agit d'une attaque terroriste antisémite survenue le 27 octobre 2018 aux États-Unis. Un tireur est entré dans la synagogue « Tree of Life » de Pittsburgh, en Pennsylvanie. Les autorités ont fait état de 11 morts et plusieurs blessés. Selon l'Anti-Defamation League c'est l'attaque la plus meurtrière perpétrée contre des Juifs dans l'histoire des États-Unis. Le samedi 27 octobre 2018, pendant l'office matinal de chabbat, à environ 9 h 45, un tueur a fait irruption dans la synagogue où se préparait une cérémonie de circoncision, en criant : « Tous les juifs doivent mourir ! » avant d'ouvrir le feu. Le tireur, un antisémite revendiqué blessé durant l'affrontement avec la police, a été placé en garde à vue puis inculpé et emprisonné. Le suspect se nomme Robert Bowers, un habitant de Pittsburgh âgé de 46 ans. Le suspect se nomme Robert Bowers, un habitant de Pittsburgh âgé de 46 ans. Un compte était ouvert au nom de Robert Bowers sur le réseau social Gab, connu pour être un refuge des suprématistes blancs. On y lisait des affirmations antisémites : « Les juifs sont des enfants de Satan » et d'autres messages violemment antisémites. Il y était également reproché au président Donald Trump d'être un « mondialiste et non pas un nationaliste ». Il y était aussi écrit que le slogan « Make America Great Again » n'a pas lieu d'être, les États-Unis étant « infestés de youpins ».

Selon un rapport publié quelques jours avant la fusillade, l'Anti-Defamation League, un groupe de défense des droits civiques des personnes juives aux États-Unis, met en évidence la progression de l'antisémitisme sous la présidence de Donald Trump en montrant que les sympathisants d'extrême droite ont intensifié une vague de harcèlement antisémite à l'encontre de journalistes et de candidats juifs aux élections de mi-mandat, dont les attaques de Trump et plusieurs de ses proches à l'encontre du milliardaire juif américain d'origine hongroise George Soros.

Dans un article publié le jour de la fusillade dans The New Yorker, Alexandra Schwartz pointe les signes avant-coureurs de l'attentat et la montée de l'antisémitisme aux États-Unis depuis la campagne présidentielle de 2016, avec en particulier une recrudescence de la négation de la Shoah et l'explosion du « vitriol de l'antisémitisme » sur Internet. L'auteur démontre que l'antisémitisme n'avait pas pris une telle ampleur dans la culture américaine depuis le début des années 1940.

Le President a estimé à plusieurs reprises que la multiplication des tueries relève davantage d'un problème de santé publique, soulignant l'état mental des auteurs, que d'un accès aux armes trop facile. Les Etats-Unis, qui comptent 4,4 % de la population mondiale, concentrent 42 % des armes en circulation dans le monde. 35.000 Américains meurent chaque année suite à la violence des armes et le Congrès n'arrive même pas à se pencher sur le problème. Que faire devant un président qui suggère d'armer les enseignants, qui affirme que les attentats de Paris auraient fait moins de victimes si les victimes avaient été armées... Face au pro-armes, des citoyens, des victimes, des survivants... Comme la jeune Emma Gonzalez qui fustige Donald Trump pour avoir reçu le soutien financier de la NRA. Des jeunes, des lycéens, qui disent #NeverAgain et qui marchent « *pour leurs vies* ». Selon un sondage publié en février dernier par le Washington Post et ABC, une majorité d'Américains estiment que le président Trump et le Congrès n'en font pas assez pour prévenir les fusillades en masse. Des personnalités médiatiques s'engagent : le chanteur Justin Bieber, l'acteur George Clooney, le réalisateur Steven Spielberg, l'animatrice de télévision Oprah Winfrey, l'ex-Beatle Paul McCartney. Et même la petite-fille de Martin Luther King, Yolanda Renee King, 9 ans seulement, qui déclarait lors d'une manifestation à Washington après la tuerie de Parkland : « *Je fais un rêve dans lequel trop c'est trop. Il ne devrait pas y avoir d'armes dans ce monde* ».

Les tueries de masse aux USA

Les États-Unis est la nation qui compte le plus de fusillades de masse dans le monde. Le terme « fusillade de masse » est généralement utilisé lorsque quatre victimes sont recensées, en excluant le meurtrier. Avec ce critère, 146 fusillades de masse ont été perpétrées entre 1967 et 2017, avec une moyenne de huit morts. Le meurtrier est généralement tué par la police, ou arrêté par des policiers ou des civils, ou se suicide. Voici les cinq fusillades les plus meurtrières (jusqu'à 2017) :

Fusillade de Las Vegas (2017) : 59 victimes, y compris le meurtrier. (Fusils semi-automatiques)

Fusillade du 12 juin 2016 à Orlando :50 victimes y compris le meurtrier (Fusil semi-automatique)

Fusillade de l'université Virginia Tech en 2007 : 33 victimes y compris le meurtrier (Arme de poing)

Tuerie de l'école primaire Sandy Hook   en 2012 ;28 victimes y compris le meurtrier (Fusil semi-automatique et carabine à verrou)

Fusillade de l'église de Sutherland Springs en 2017 ;27 victimes y compris le meurtrier (Fusil semi-automatique).

En 2018, les Etats-Unis n'ont pas connu plus de 4 jours sans fusillade de masse. Avec 12 personnes tuées, en plus du tireur, mercredi 7 novembre, dans une ville du sud de Los Angeles (Californie), les Etats-Unis ont connu leur 374e fusillade de masse depuis le 1er janvier 2018. D'un point de vue politique, le refus traditionnel chez les républicains et de l'administration Trump de légiférer sur le contrôle des armes n'augure pas non plus un changement de tendance.

LE MUR ET L'IMMIGRATION

C'était la promesse phare de la campagne de Donald Trump en 2016 : Un mur long de 3 200 km de frontière, entièrement payé par les Mexicains ! La construction a débuté à El Paso au Texas mais ne couvrira qu'une modeste portion de 6 km d'ici 2019. L'ouvrage, haut de 5 mètres, plus efficace que l'actuelle barrière pour dissuader les clandestins de passer, coûtera tout de même 22 millions de dollars. Presque une bagatelle au regard des 22 à 25 milliards de dollars que Donald Trump cherche encore pour financer la totalité de son fameux mur anti-immigration. Le projet reste au point mort sur le plan législatif. Après avoir abandonné l'idée initiale de faire financer ce mur par le Mexique, le président américain n'est pas non plus parvenu à convaincre les élus de Congrès de débloquer les crédits nécessaires. Côté mexicain, le président élu Andrés Manuel Lopez Obrador a déjà prévenu qu'il ne voulait pas aborder ce thème avec le président Trump, afin d'éviter toute confrontation. Convaincre et dialoguer plutôt que de s'affronter et se battre : telle est la stratégie que veut employer Andrés Manuel Lopez Obrador pour faire entendre raison à Donald Trump en matière d'immigration. Mais alors que Lopez Obrador veut éviter toute confrontation avec Donald Trump. Mais il y a plus important : La survie de plus d'un millier d'espèces serait menacée par la construction du mur entre les États-Unis et le Mexique, avertissent des scientifiques. Le loup du Mexique, le mouflon d'Amérique et l'antilope de Sonora verraient par exemple leurs populations scindées par ce mur, ont expliqué plus de 2700 chercheurs dans une lettre publiée dans le journal BioScience. Les jaguars et les ocelots, qui n'ont qu'une très faible population en territoire américain, seraient menacés d'extinction. Les sections du mur déjà construites réduisent la superficie, la qualité et la connectivité des habitats végétaux et animaux, et compromettent plus d'un siècle d'investissements binationaux dans la conservation. Le mur serait « *un crime contre la biodiversité* », affirme par ailleurs dans un communiqué un co-auteur de la lettre, le professeur à l'université de Stanford, Paul Ehrlich.

Le président américain a lancé plusieurs projets visant à réformer l'immigration légale et illégale aux États-Unis. À chaque fois, il s'est heurté l'opposition démocrate mais aussi à la justice qui a bloqué à plusieurs reprises certains de ces décrets. C'était son slogan de campagne : « *America First* ». Depuis le début de son mandat Donald Trump cherche à appliquer cette idée dans sa politique d'immigration. Décrets, fin de programmes d'accueil... sa présidence a été rythmée par des décisions qui ont toutes créé la polémique, et qui se sont heurtées à de nombreuses décisions de justice ralentissant leur mise en œuvre.

Dans les jours qui ont suivi son investiture, Donald Trump signe un décret visant à restreindre les conditions d'accès au territoire américain pour les ressortissants de sept pays jugés peu sûrs : la Syrie, l'Iran, le Soudan, la Libye, la Somalie, le Yémen et l'Irak. Rapidement l'ordre présidentiel est attaqué en justice. Commence alors le début d'une longue séquence d'échanges entre les juges et le gouvernement. Dès le lendemain de la signature du décret, deux juges suspendent les expulsions des ressortissants des pays visés. Finalement, la troisième version du décret va être acceptée le 4 décembre 2017 par la Cour Suprême des États-Unis. Celui-ci ne vise plus que le Tchad, la Libye, l'Iran, la Syrie, le Yémen et la Somalie. Il suspend également l'entrée aux ressortissants de la Corée du Nord ainsi qu'aux responsables vénézuéliens.

En septembre 2017, Donald Trump annonce la fin à venir du dispositif « Defered Action for Chilhood Arrivals » (DACA). Instauré en 2012, ce programme qui s'adresse aux immigrés clandestins arrivés dans le pays avant leurs 16 ans ou qui avait moins de 31 ans en juillet 2012, a permis à 800.000 « dreamers » de travailler et d'étudier légalement aux États-Unis. Pour bénéficier de ce programme, il faut ne pas avoir commis de délits majeurs et être scolarisé ou avoir obtenu un diplôme équivalent du Bac ou être engagé dans l'armée américaine. Dix-neuf États ont porté plainte contre la fin de ce programme, estimant que la mesure était « anticonstitutionnelle », et un juge californien a bloqué l'abrogation dans l'État de la côte ouest. La décision de mettre fin au DACA a également suscité l'opposition de dirigeants d'entreprises dont une centaine a signé une pétition demandant au Congrès américain de voter une loi protégeant ces jeunes « dreamers ». Comme à son habitude, il a transféré la responsabilité de ce décret aux Démocrates : « le programme DACA est probablement mort parce que les Démocrates n'en veulent pas vraiment, ils veulent juste parler et prendre de l'argent dont notre armée a désespérément besoin ».

Mais Trump va plus loin : « Tolérance zéro », la formule est conforme au président des Etats-Unis, pour qui l'expression de la force prime sur toute autre forme de vertu. Appliquée à l'immigration illégale, cette politique se traduit désormais par la séparation des familles de sans-papiers. Pendant que leurs parents sont jugés pour leur crime, selon la loi américaine, les enfants, parfois très jeunes, sont encagés dans des centres de rétention. Une véritable prise d'otages, qui a pour objectif de pousser le Congrès à adopter les mesures extrêmement restrictives en matière d'immigration voulues par Donald Trump. Elle signale aussi aux éventuels candidats au départ de pays d'Amérique centrale en proie au chaos ou à la violence que les Etats-Unis ont renoncé à toute forme d'humanité envers eux. Donald Trump veut désormais que le Congrès réduise considérablement le regroupement familial et supprime l'obtention de visas par le biais d'une loterie conçue pour favoriser une plus grande diversité migratoire, tout en lui accordant les fonds pour la construction du mur qu'il souhaite ériger sur la frontière avec le Mexique.

La politique de « *tolérance zéro* » de l'administration Trump face à l'immigration illégale avait abouti à la séparation de nombreux enfants de leurs parents, provoquant une vive polémique aux États-Unis, jusque dans les rangs républicains, mais aussi au niveau international avec de vives critiques de l'ONU. L'une des principales interrogations restait de savoir combien de temps il faudrait pour réunir toutes les familles séparées. Depuis l'annonce de la politique américaine de « *tolérance zéro* » début mai, 2342 enfants et jeunes migrants ont été séparés de leurs familles (du 5 mai au 9 juin), selon les nouveaux chiffres officiels.

Les partisans de Donald Trump sont allés aux urnes par peur de « *l'invasion* », il faut désormais leur donner des gages. Trois jours après les élections de mi-mandat, le président américain a annoncé un durcissement des règles du droit d'asile. Il sera donc impossible de déposer une demande ailleurs qu'à un poste-frontière. Entrer illégalement aux Etats-Unis sera suffisant pour disqualifier n'importe quel dossier, même éligible au statut de réfugié. Pour juguler le flux de migrants d'Amérique centrale qui arrivent par la frontière sud, le gouvernement américain insiste depuis des mois pour signer un accord de « *pays-tiers sûr* » avec le Mexique, ce qui en ferait de facto l'antichambre tampon des Etats-Unis : les migrants d'Amérique centrale devraient y faire leur demande d'asile et y attendre la réponse...

La caravane, l'invasion !

La « caravane » de migrants en provenance de plusieurs pays d'Amérique latine a été une occasion superbe pour le President de déclencher une offensive de désinformation dont il est devenu un expert. Le Pentagone a annoncé l'envoi de 5 000 soldats supplémentaires à la frontière avec le Mexique, soit bien plus que les 800 évoqués initialement, pour faire face à ce que le président des États-Unis a qualifié d'invasion. « C'est seulement le début de cette opération, baptisée Patriote fidèle », a ajouté le commandant de la zone militaire nord-américaine. « De nombreux membres de gangs et de très mauvaises personnes se sont mélangés à la caravane qui se dirige vers notre frontière sud », a tweeté le président américain. « C'est une invasion de notre pays et notre armée vous attend ».

Selon l'ONG Pueblos Sin Fronteras, la caravane ne compte plus que 4 000 personnes, contre 7 000 estimées, certains migrants ayant décidé de s'arrêter en route ou ayant préféré retourner en Amérique centrale. 5.800 militaires armés contre 4.000 personnes dont femmes et enfants sans armes : c'est cela que Trump appelle une « invasion »... à une semaine d'élections parlementaires cruciales précédées par des débats sur l'immigration. La rhétorique de Trump sur la caravane de migrants a repris le langage de l'extrême droite européenne durant l'exode syrien, sans toutefois que rien ne prouve que des terroristes islamistes soient infiltrés dans la caravane de migrants. Trump a lui-même admis qu'il n'existait aucune preuve en dépit d'un tweet très alarmiste dans lequel il affirmait que des inconnus du Moyen-Orient s'y trouvaient. L'Administration cherche à créer une crise de la sécurité nationale de type « état de siège » à la veille des élections de mi-mandat du 6 novembre. « Envahisseurs » était également le terme employé sur les médias sociaux par Robert Bowers, qui a tué 11 juifs à la synagogue de Pittsburg lors de la pire attaque antisémite de l'histoire des États-Unis. Bowers a spécifiquement visé la synagogue en raison de sa défense des participants à la caravane, qui, a-t-il dit, étaient là pour « tuer notre peuple ».

L'administration Trump envisage de restreindre l'accès à la carte verte, le statut de résident permanent aux États-Unis, pour les immigrants bénéficiant d'aides sociales, une mesure qui suscite l'inquiétude. Le département de la Sécurité intérieure a indiqué dans un communiqué samedi qu'avec le changement proposé de règlementation, être bénéficiaire ou avoir reçu des aides sociales pourrait être perçu comme un « *facteur négatif* » en vue d'une candidature pour devenir résident permanent sur le territoire américain. Cette annonce correspond à un nouveau tour de vis du gouvernement américain sur l'immigration, Donald Trump ayant fait d'un durcissement de la législation un marqueur de sa campagne et de sa présidence. Les immigrants candidats à la carte verte, programme permettant de s'installer aux États-Unis, doivent déjà prouver qu'ils ne deviendront pas une « *charge publique* » et produire les montants d'aides sociales déjà perçus. L'administration a estimé que cette nouvelle règle concernerait quelque 382 200 immigrants cherchant chaque année à décrocher le statut de résident permanent. Cette proposition est une « *honte* », a critiqué le maire de Los Angeles, dans un communiqué.

TRUMP ET LES MÉDIAS

« *Ne vous y trompez pas, M. le président, CNN ne ment pas. Nous couvrons l'actualité. Et nous signalons les mensonges de ceux qui sont au pouvoir. CNN soutient ses journalistes et leur travail. Les imbéciles sont peut-être nombreux dans cette histoire, mais Carl Bernstein n'en fait pas partie* ». Publié le 30/08/2018

S'il est fréquent que le président des États-Unis s'en prenne aux médias, il est en revanche plus rare que ceux-ci lui répondent. Et qu'ils qualifient à demi-mot le Président d'« *imbécile* ». Il semble que le tweet rédigé par Donald Trump, mercredi 29 août, ait fait sortir la chaîne américaine de sa réserve. « *Le président a attaqué CNN,* rapporte ce jeudi matin The New York Times*, à propos d'un article publié en juillet sur son ancien avocat, Michael Cohen* ».

L'article en question a été cosigné par trois journalistes, dont Carl Bernstein, à qui le président des États-Unis s'est pris nommément.

Voici le tweet du Président :

« CNN est ravagé de l'intérieur parce qu'on les a pris en flagrant délit de mensonge et qu'ils refusent d'admettre leur erreur. Carl Bernstein, un homme négligent qui vit dans le passé, à l'intellect d'un imbécile dégénéré et cumule les inventions, il est la risée du pays tout entier ! Fake News ».

Sauf que le journaliste *« négligent »* et *« dégénéré »* que décrit Donald Trump n'est pas n'importe qui. C'est lui qui, avec son collègue Bob Woodward, avait conduit en 1974 à la démission du président Nixon en révélant dans les colonnes du Washington Post le scandale du Watergate. Cette figure du journalisme d'investigation a également répondu à Donald Trump :

« Durant toute ma carrière de journaliste, j'ai cherché à révéler la vérité, peu importe le parti au pouvoir. Aucun persiflage ne sapera ma volonté de remplir cette mission, qui est le principal objectif de la liberté de la presse. CNN défend cet article et je défends mon travail ».

Depuis son entrée en fonctions en janvier 2017, le président américain ne s'est en effet pas privé de s'en prendre aux journalistes, les accusant notamment de propager des fakes news et d'être les « ennemis du peuple américain », rappelle le Washington Post.

« Des informations fausses, fausses et dégoûtantes », des gens *« horribles, affreux »*, des huées et des attaques directes : Donald Trump s'est encore lancé dans une diatribe contre la presse lors d'un discours pour soutenir un candidat républicain au Sénat en Pennsylvanie, le président des États-Unis a passé pas moins de 15 minutes selon le Guardian a vivement critiquer le traitement médiatique de son actualité. La liste des organes de presse contre lesquels le président américain a une dent ne cesse de s'allonger avec son mandat : ABC News, CBS News, CNN, NBC, The New York Times, The Washington Post...

Fox News

Fox News, est une chaîne de télévision d'information en continu américaine, qui fait partie du groupe Fox Entertainment, possédé en majorité par le groupe 21st Century Fox de Rupert Murdoch. Accessible par 85 millions de ménages américains, elle est la chaîne d'information câblée la plus regardée aux États-Unis devant ses concurrentes CNN et MSNBC. Fox News Channel est réputée pour favoriser les positions politiques conservatrices. Cette chaîne est donc, contrairement à MSNBC, favorable au Parti républicain et au President actuel. Durant la campagne, Fox News est la chaîne qui a donné le plus de temps d'antenne à Trump pendant les primaires. C'est la première fois qu'un candidat (Trump) parle si ouvertement d'un grand média comme d'un allié». Plusieurs des animateurs ont rejoint son administration. Depuis son élection, le soutien de la chaîne s'est encore accentué. Megyn Kelly, démissionnaire après ses accrochages avec le candidat a été remplacée par Tucker Carlson, un inconditionnel de Trump. L'arrivée à l'antenne de Nigel Farage, chantre du Brexit, en est un autre signe. Décrit comme un média au service du camp républicain par The New York Times, une « machine de propagande » conservatrice selon le magazine américain Rolling Stone, une chaîne « ultra-conservatrice » selon le journal français Le Monde et le « porte-voix de la droite conservatrice engagée » selon Le Figaro, Fox News est souvent accusée de partialité. La chaîne concède que plusieurs chroniqueurs s'affichent publiquement comme étant des conservateurs dans leurs émissions. Bill Shine, ex-dirigeant de la chaine Fox News, rejoindrait l'équipe Trump comme conseiller pour la communication. Une ancienne présentatrice de Fox News, Heather Nauert, succède à Nikki Haley comme représentante des États-Unis aux Nations unies. Une promotion étonnante pour cette ancienne journaliste qui n'avait aucune expérience de la politique ou des affaires étrangères jusqu'à l'an dernier.

En 2016, Roger Ailes, le patron de la rédaction de Fox News, doit quitter son poste après des accusations de harcèlements sexuels sur des employées de la chaîne contre lesquelles il prenait des mesures de représailles telles que des réductions de salaire ou des licenciements lorsqu'il n'obtenait pas satisfaction. En 2017, le New York Times révèle que le journaliste vedette Bill O'Reilly et Fox News ont versé 13 millions de dollars depuis 2002 à différentes employées de la chaîne en échange de leur silence pour des faits de harcèlements sexuels et d'injures. La chaîne licencie alors le journaliste en avril 2017.

Fox News qui était la chaîne préférée de Donald Trump l'est aujourd'hui beaucoup moins. Alors que le président américain a déclaré une guerre ouverte et violente à l'encontre de la presse, certains journalistes de la chaîne ultra-conservatrice commencent à en avoir assez. Ainsi, Shepard Smith, journaliste chez Fox News depuis plus de 20 ans, a jugé la conférence de Trump, datant du 16 février dernier, « folle ». Furax, Smith a ardemment défendu le droit des journalistes à savoir si le président était en relation, ou non, avec la Russie avant son élection. Chris Wallace, également présentateur sur Fox News depuis près de 15 ans, s'en est pris à Reince Priebus, chef de cabinet de Donald Trump à la Maison Blanche.

Récemment deux experts de l'ONU ont publié un communiqué pour exprimer leur inquiétude quant aux piques de Donald Trump envers les journalistes, qui pourrait selon eux se traduire par une violence physique.

« *Ces attaques vont à l'encontre des obligations de ce pays : respecter la liberté de la presse et les droits de l'Homme* », ont écrit David Kaye et Edison Lanza. Ces attaques sont pour eux « *stratégiques, créées pour miner la confiance en les articles et soulever des doutes sur des faits vérifiables* », relevant au passage que le président américain n'avait « *pas une fois réussi à montrer qu'un reportage en particulier avait été déterminé par des motivations inopportunes* ».

Donald Trump a réussi à faire passer l'idée que les médias sont aujourd'hui un obstacle à la démocratie. Ironiquement, il se fait passer comme le défenseur de cette démocratie contre les médias et il en fait un argument politique. Mais surtout, Donald Trump refuse toute critique ou remise en cause de sa politique. Les médias, comme tous les opposants qui offrent un point de vue différent, ne sont pas les bienvenus pour celui qui se prend pour le plus grand président de l'histoire des États-Unis. Le président cherche un combat frontal avec les médias, un combat dont il pense sortir vainqueur. Selon un récent sondage, 88 % de ses partisans lui font confiance pour leur fournir l'information la plus fiable, contre seulement 8 % aux médias traditionnels, ces médias, perçus comme menteurs, mus par des intérêts financiers ou des arrière-pensées politiques.

Quelles que soient les raisons stratégiques, les médias américains qui se sentent attaqués et insultés presque tous les jours par Donald Trump, ont décidé de riposter. Plus de 200 groupes de presse publient, en août 2018, des éditoriaux pour dénoncer la rhétorique présidentielle, et notamment les expressions « *ennemis du peuple* » et « *fake news* » dont Trump affuble les médias et que ces derniers considèrent comme dangereuses pour la démocratie américaine.

Au-delà même des Etats-Unis, le Boston Globe estime que Donald Trump envoie un signal alarmant à tous les despotes de la planète. Celui de dire que les journalistes peuvent être traités comme des ennemis intérieurs.

Fake News Awards : Les Oscars de l'intox

Le 17 janvier 2018, le président des États-Unis dévoile les vainqueurs des « Fake news Awards ». C'est lui qui a eu l'idée, c'est lui le jury et c'est lui qui remet les prix. Des prix virtuels, puisque ça s'est passé sur son compte Twitter. Une annonce, et un lien vers le site officiel du Parti républicain où sont publiés les résultats. Un classement des médias qui ont transmis les informations les plus erronées et « malhonnêtes » à son égard au cours de sa première année de mandat. Un classement des dix plus grosses « fake news » est ainsi disponible, dominé par CNN (4 mentions), le New York Times (deux mentions), ABC News, le magazine Time, le Washington Post et Newsweek (tous les quatre cités une fois). En tête de ce classement figure par exemple un billet de l'économiste Paul Krugman publié par le New York Times et qui assure que « l'économie américaine ne se remettra jamais de l'élection de Trump ». Viennent ensuite différentes affirmations de la presse américaine comme le fait que la première dame polonaise n'ait pas serré la main du président américain et surtout de nombreuses captures d'écran de Fox News, le seul média qui trouve grâce aux yeux de Trump, s'en prenant au reste des médias américains.

Et ceux qui n'ont pas perdu le nord dans cette affaire, c'est Reporters sans frontières. L'organisation qui défend la liberté de la presse a profité de ces awards pour lancer sa propre campagne sur les réseaux sociaux. Le thème c'est « Bravo Donald ! » et on y voit Vladimir Poutine, le président chinois Xi Jinping, et une poignée d'autres « grands démocrates » féliciter Trump pour ses efforts contre la presse.

LES FACT CHECKING

Hoax, fake : les mots ne manquent pas pour désigner ces fausses informations. Leur démontage est en passe de devenir un nouveau genre journalistique. Plusieurs médias en ligne ont décidé de leur consacrer une rubrique à part entière. Autre genre, le fact checking (vérification des faits) politique, qui consiste à contrôler l'exactitude des affirmations et promesses des hommes politiques. Libération a créé pour cela la rubrique « *Désintox* », Le Journal du dimanche a lancé « *Le détecteur de mensonge* » et Le Monde, le blog « *Les décodeurs* ».

Les medias americains sont trés friands du fact checker, le Washington Post et PolitiFact en sont devenu les leaders

PolitiFact est un site internet, qui vérifie la véracité des promesses et engagements pris par les politiques américains. Il appartient au St. Petersburg Times. Le site vérifie les promesses et les déclarations des personnalités politiques. Chaque déclaration est répartie en six catégories de véracité : vrai, principalement vrai, moitié-vrai, principalement faux et *pants on fire* (pantalons en feu) pour les déclarations outrancièrement fausses. Cette grille est adaptée différemment pour juger les réalisations des promesses de campagnes des présidents américains à travers un Obama-mètre, qui devint en 2017 un Trump-o-mètre. Créé en 2007, PolitiFact a gagné le Prix Pulitzer en 20092 dans la catégorie *National reporting* pour son examen de 750 déclarations faites durant la campagne pour l'élection présidentielle américaine de 2008.

Le Washington Post a créé un système de points : *les Pinocchios*.Ce systeme de notes s'est repandu comme une trainée de poudre dans les sphères politiques américaines.

La quotation accorde une importance différente selon qu'il s'agit de déclarations faites lors d'entretiens en direct, par opposition à un texte préparé· Elle juge plus sévèrement les déclarations d'un texte préparé, au motif que l'homme politique et le personnel ont eu le temps de discuter de la veracité des faits. Elle fait aussi des provisions si le politicien ou le groupe d'intérêt reconnaît qu'une erreur a été commise. Enfin, le système a une fonctionnalité specifique appelée « *Surveillance de la récidive* » qui met en évidence les affirmations répétées par les politiciens, même si l'affirmation a déjà été disqualifiée.

Un Pinocchio : Quelques nuances dans les faits. Dire sélectif de la vérité. Quelques omissions et exagérations, mais pas de faussetés. (Vous pouvez l'interpreter comme « *la plupart du temps vrai* ».)

Deux Pinocchios : Omissions et /ou exagérations importantes. Certaines erreurs factuelles peuvent être impliquées, mais pas nécessairement. Un politicien peut créer une fausse impression trompeuse en jouant avec les mots et en utilisant un langage légaliste qui signifie peu pour les gens ordinaires. (Semblable à « *moitié vrai* ».)

Trois Pinocchios : Erreur factuelle significative et / ou contradictions évidentes. Cela entre dans le domaine de « *la plupart du temps faux* ». Mais cela pourrait inclure des déclarations techniquement correctes (basées sur des données officielles du gouvernement, par exemple) mais tellement hors contexte qu'elles induiraient en erreur. La ligne entre deux et trois peut être un peu floue et le systeme n'attribue pas de demi-pinocchios.

Quatre Pinocchios : Gros mensonge

Bottomless Pinocchio (« *Pinocchio sans fond* «)

En 2018, le vérificateur des faits a présenté le Bottomless Pinocchio. La barre pour Pinocchio sans fond est haute: les réclamations doivent avoir reçu trois ou quatre pinocchios du vérificateur des faits, et elles doivent avoir été répétées au moins 20 fois.

Le vérificateur des faits n'a identifié aucune déclaration émanant d'un autre élu actuel qui répond à la norme autre que Trump. En fait, 14 déclarations du président sont immédiatement admissibles à la liste. Les mensonges les plus répétés du président appartiennent à une poignée de grandes catégories - réclamer le crédit de promesses qu'il n'a pas tenues; fausses assertions qui justifient son ordre du jour; et des armes politiques contre des ennemis présumés tels que les démocrates ou le Procureur spécial Robert S. Mueller.

Certaines des allegations de Trump datent du début de son administration, comme par exemple l'affirmation selon laquelle les États-Unis ont dépensé 7 000 milliards de dollars au Moyen-Orient (36 fois) ou que les États-Unis assument la majeure partie des coûts de l'OTAN (87 fois). C'est deux déclarations, il les a faites à plusieurs reprises lorsqu'il a fait campagne pour la présidence et continue de faire, bien qu'il ait accès aux données budgétaires officielles.

Une autre déclaration de campagne qui l'a porté à la présidence est l'affirmation selon laquelle les démocrates se sont entendus avec la Russie lors des élections (48 fois). Ceci est évidemment faux, car les démocrates étaient la cible de piratage informatique par des entités russes, selon les agences de renseignement américaines.

À 30 occasions différentes, Trump a également faussement accusé le procureur spécial Mueller de conflits d'intérêts et le personnel dirigé par le républicain de longue date d'être « *des démocrates en colère* ».

Trump a affirmé 40 fois qu'un mur était nécessaire pour endiguer le flux de drogues à travers la frontière, une affirmation contredite par la Drug Enforcement Administration, qui affirme que la plupart des drogues illicites passent par des points d'entrée légaux.

Certaines des affirmations les plus répétées de Trump sont totalement fantaisistes. Il a affirmé 37 fois que US Steel avait annoncé la construction de nouvelles usines en réponse à sa décision d'imposer des tarifs sur l'acier. Selon son humeur, le nombre varie de six à neuf usines, ce qui suggère une prime de travail. Mais US Steel n'a fait aucune annonce de ce type.

De même, Trump a régulièrement augmenté les « *credits* » de son voyage en Arabie saoudite en 2017, passant de 350 à 450 milliards de dollars lorsqu'il a été pris pour cible pour avoir défendu le prince héritier qui aurait ordonné l'assassinat de Jamal Khashoggi, contributeur au Washington Post. Séparément, il gonfle également les emplois prétendument créés, offrant à un moment donné un chiffre fantaisiste de 1 million de creations d'emplois. Le vérificateur des faits a obtenu des feuilles de calcul détaillées des accords militaires et commerciaux, qui indiquaient des accords totalisant 267 milliards de dollars; nous avons déterminé que beaucoup étaient simplement ambitieux. Une grande partie des investissements supposés sont en Arabie saoudite, indiquant que peu d'emplois seraient créés pour les Américains.

Les autres revendications figurant sur la liste incluent (entre autres):

Que les États-Unis ont les pires lois en matière d'immigration pour empêcher les immigrants d'entrer. Ce n'est tout simplement pas vrai. En fait, les lois américaines sur l'immigration sont parmi les plus restrictives au monde.

Que les États-Unis ont « *perdu* » des milliards de dollars en déficit commercial. Aucun économiste n'est d'accord avec cette affirmation, mais Trump en a parlé 131 fois.

Qu'il s'en est fallu juste d'un vote pour abroger l'Obamacare. (Le sénateur John McCain (R-Arizona) a bloqué une version allégée, mais le plan complet a été complètement rejeté, et il y avait peu de consensus sur une version de compromis).

Premier amendement de la Constitution des États-Unis

Le premier amendement de la Constitution des États-Unis d'Amérique fait partie des dix amendements ratifiés en 1791 et connus collectivement comme la Déclaration des Droits (Bill of Rights). Il interdit au Congrès des États-Unis d'adopter des lois limitant la liberté de religion et d'expression, la liberté de la presse ou le droit à « s'assembler pacifiquement ». Il y a cependant de nombreuses exceptions dont l'obscénité, la diffamation, l'incitation à l'émeute, le harcèlement, les communications secrètes, les secrets commerciaux, les documents classifiés, le droit d'auteur et les brevets. Après les attentats du 11 septembre 2001, le « Patriot Act » autorise le FBI et la NSA à intercepter des communications sans autorisation judiciaire, « ce qui peut, bien entendu, entraver le travail des journalistes ». En 2014, Reporters sans frontières classe les États-Unis au 46ᵉ rang pour la liberté de la presse : l'association justifie ce rang par les poursuites engagées contre des journalistes pour obtenir leurs sources au nom de la loi sur l'espionnage de 1971. La plus grande organisation des libertés civiles américaine, l'ACLU, a même défendu le droit des nazis américains de manifester dans un quartier juif, non pas par sympathie pour les nazis, mais au nom du premier amendement. La Cour a statué que brûler un drapeau américain est une forme légitime de protestation. Cet attachement aux libertés s'explique par la vénération que les Américains témoignent envers leur Constitution.

LA NOMINATION DU JUGE

KAVANAUGH

Le Sénat a définitivement entériné le choix du candidat de Donald Trump, assurant au camp républicain que la plus haute juridiction américaine soit dominée par les conservateurs pour des décennies. Trump a applaudi dans un tweet la confirmation de son « *super candidat* » Kavanaugh. Les démocrates, s'ils reprennent le contrôle de la Chambre des représentants, n'ont pas exclu d'instruire une procédure de destitution contre le juge Kavanaugh : ils le soupçonnent d'avoir menti sous serment lors de ses auditions parlementaires et veulent rouvrir l'enquête sur les accusations d'agressions sexuelles dont il a fait l'objet, et qu'il dément.

Que s'est -il passé ?

Une universitaire de 51 ans, Christine Blasey Ford, affirme avoir été agressée sexuellement par le jeune Kavanaugh lors de leurs années de lycée. Elle affirme qu'avec Mark Judge, un ami de Kavanaugh, il l'a isolée dans une chambre, avant de la plaquer sur un lit et de tenter de la déshabiller. Profitant de leur ébriété elle serait parvenue à fuir. Également accusé d'avoir exhibé son sexe au nez d'une camarade d'université lors d'une soirée arrosée à Yale, le magistrat nie en bloc. Soucieux de déconstruire l'image de jeune fêtard, brossée par ses deux accusatrices, le magistrat conservateur est allé jusqu'à livrer des détails intimes pour tenter de convaincre de sa bonne foi. Il se dépeint notamment comme un adolescent puis un étudiant prude, n'hésitant pas à mettre son absence de vie sexuelle pendant ses années sur la table : *« Je n'ai pas commis d'agression sexuelle, je n'ai pas eu de rapport sexuel, ni rien s'en approchant, pendant toutes mes années de lycée et pendant plusieurs années ensuite »*.

« Je ne mets pas en doute que la professeure Ford a pu, à un moment de sa vie, être agressée sexuellement par quelqu'un, mais je sais que je n'ai jamais agressé sexuellement personne », ajoute le juge expliquant qu'il n'était pas présent à la soirée où Christine Blasey Ford l'accuse d'agression sexuelle. Après avoir tenté d'obtenir une enquête du FBI, Christine Blasey Ford a accepté de venir témoigner publiquement devant la commission judiciaire du Sénat.

Puis une autre femme est venue noircir le tableau. Cette ancienne connaissance du juge, Deborah Ramirez, 53 ans, a déclaré dans le magazine New Yorker que, lors d'une soirée arrosée à l'université de Yale, dans les années 1980, Brett Kavanaugh avait sorti son sexe devant elle, la contraignant à le toucher alors qu'elle le repoussait.

Une troisième femme a accusé Brett Kavanaugh d'avoir, dans sa jeunesse, eu des comportements sexuels agressifs. Julie Swetnick accuse le magistrat d'avoir fait partie au début des années 80 d'un groupe de garçons qui tentaient de faire boire ou droguer des filles en vue d'abuser d'elles. Julie Swetnick affirme également avoir été elle-même victime d'un viol collectif lors d'une fête où Brett Kavanaugh était « *présent* » vers 1982. « *Je ne sais pas de qui il s'agit et ceci n'a jamais eu lieu* », a-t-il rétorqué dans un communiqué. Julie Swetnick explique dans sa déclaration avoir participé à une dizaine de fêtes dans la région de Washington entre 1981 et 1983 où se trouvaient aussi Brett Kavanaugh et un de ses camarades, Mark Judge, déjà cité par la première accusatrice. « *À plusieurs reprises lors de ces fêtes, j'ai vu Mark Judge et Brett Kavanaugh boire de manière excessive et avoir un comportement totalement inapproprié, notamment en devenant très agressifs avec les filles* », écrit-elle, en les accusant notamment d'avoir caressé et peloté des filles sans leur consentement. « *Brett Kavanaugh et d'autres tentaient de soûler et de désorienter les filles à un point qu'elles pouvaient être violées en réunion* », assure-t-elle encore. « *En 1982, j'ai été victime d'un de ces viols collectifs* », confie-t-elle, en expliquant avoir été incapable de se défendre probablement sous l'effet d'une drogue. « *Mark Judge et Brett Kavanaugh étaient présents* » à la fête, affirme-t-elle sans donner plus de détails.

Plus tard dans la journée, la NBC a révélé l'existence d'une quatrième accusatrice, affirmant qu'un sénateur américain avait reçu une lettre anonyme selon laquelle Brett Kavanaugh aurait physiquement agressé une jeune femme en 1998, alors qu'il était en état d'ébriété.

Enfin une cinquième victime se serait fait connaitre par l'intermédiaire d'un individu qui rapporte qu'une de ses amies aurait été agressée sexuellement en 1985 par deux hommes en état d'ébriété, qu'elle appelait « *Brett et Mark* », qui pourrait être Mark Judge, l'ami de Brett Kavanaugh. L'agression aurait été commise sur un bateau dans le port de Newport, au Rhode Island, après que la femme en question les eut rencontrés dans un bar. L'homme qui a rapporté l'agression affirme avoir blessé, à l'époque, les deux agresseurs. Il dit avoir reconnu Brett Kavanaugh en voyant ses photos de jeunesse diffusées récemment dans les médias.

Le Congrès demande une enquête préalable du FBI avant de clôturer mais cette enquête est extrêmement limitée.

Comme prévue, « *Il n'y a rien que nous ne sachions déjà* », a déclaré Chuck Grassley, le président républicain de la commission judiciaire du Sénat. « *Le FBI n'a pas trouvé de tiers qui puisse corroborer les allégations, il n'y a pas non plus de preuves. Cette enquête n'a trouvé aucune trace de comportement inapproprié* », a-t-il ajouté dans un communiqué, annonçant ensuite son intention de voter en faveur de la confirmation du juge Kavanaugh. On se croirait dans une république bananière !

Les leaders démocrates Dianne Feinstein et Chuck Schumer affirment que l'enquête menée par le FBI est « *incomplète* » et accusent la Maison Blanche d'en avoir limité la portée. Avant même d'en lire les conclusions, le chef de la majorité républicaine au Sénat, Mitch McConnell, avait décidé, mercredi, d'accélérer le processus de confirmation, alors qu'approchent les élections de mi-mandat, le 6 novembre, où le parti présidentiel pourrait perdre la majorité au Congrès. « *Il est temps de laisser derrière nous cet étalage écœurant* », s'est justifié M. McConnell.

L'enquête du FBI est déjà contestée : ses agents ont auditionné Deborah Ramirez, l'une des trois femmes qui accusent Brett Kavanaugh d'avoir exhibé son sexe lors d'une soirée alcoolisée à l'université Yale, ainsi que trois témoins cités par Christine Blasey Ford. Mais ils semblent s'en tenir là, puisque Mme Blasey Ford n'a pas été contactée par le FBI, ont fait savoir ses avocats. Une troisième femme, Julie Swetnick, n'a pas non plus été interrogée, a regretté son avocat, Michael Avenatti, qui assure disposer d'un quatrième témoignage compromettant.

L'explosion partisane du juge Brett Kavanaugh devant les membres du comité judiciaire du Sénat, en a fait sursauter plusieurs. Rarement avait-on vu un juge perdre la maîtrise de ses émotions en public. Il a accusé, avec une rare intensité, les démocrates et la gauche américaine d'avoir « *calculé et orchestré* » le dérapage de sa nomination à la Cour suprême des États-Unis. Une vengeance politique, a-t-il dit, au nom des Clinton. Une attaque partisane jamais observée de la part d'un juge choisi à la plus haute cour du pays, selon la sénatrice démocrate Dianne Feinstein, qui siège au comité judiciaire depuis plus de 25 ans.

Dans le New York Times, plus de mille juristes et professeurs prennent position pour appeler le Sénat à ne pas confirmer le magistrat. Ils mettent en cause l'attitude de Brett Kavanaugh qui, lors des auditions, a « *manqué de respect pour les procédures d'enquête* » et s'est montré irascible, loin des qualités attendues d'un membre de la Cour suprême. Les signataires relèvent encore qu'il a répondu de manière enflammée, partiale et parfois discourtoise aux sénateurs qui le questionnaient.

Dans une tribune publiée dans le Wall Street Journal, Brett Kavanaugh essaie de gommer l'image qu'il a donnée de lui, lors de son audition au Sénat, au cours de laquelle il s'est montré à la fois agressif et émotif. A propos de son attitude, il tente de se justifier : « *J'étais très ému jeudi dernier, plus que je ne l'ai jamais été. Peut-être trop à certains moments. Je sais que mon ton était tranchant, et j'ai dit des choses que je n'aurais pas dû dire. J'espère que tout le monde peut comprendre que j'étais là-bas en tant que fils, mari et père* ».

La question se pose : lorsqu'un avocat démocrate plaidera devant lui à la Cour suprême, pourra-t-il être entendu selon les mérites de sa cause ou sera-t-il discriminé en raison de son affiliation politique ? En bref, M. Kavanaugh pourra-t-il oublier, dans l'exercice de ses fonctions, la hargne qu'il voue en ce moment aux démocrates ? Par ailleurs, la Cour suprême peut-elle se permettre d'accueillir en son sein un juge sur qui pèsent non seulement de sérieuses allégations d'agressions sexuelles, mais qui vient aussi de dévoiler de façon sans équivoque son vrai visage politique ?

Des millions de personnes ont suivi en direct les auditions télévisées du candidat de Trump à la Cour suprême et de l'une des femmes qui l'accusent d'agression sexuelle. Ces auditions ont fasciné les Américains comme peu d'événements de l'histoire récente, écrit le Washington Post. Beaucoup n'ont pu retenir leurs larmes devant le témoignage de Mme Ford. Pour de nombreux médias américains, ces auditions ont permis à tout un pays de débattre des violences sexuelles.

De son côté, le président des Etats-Unis a regardé le témoignage de Mme Blasey Ford dans l'avion qui le ramenait de New York, où il avait assisté à l'Assemblée générale de l'Organisation des Nations unies. Il a ensuite suivi l'audition de M. Kavanaugh à la Maison Blanche. Et alors que les Américains ont débattu toute la journée de la véracité des propos des deux protagonistes, Donald Trump a lui fait son choix sans attendre les conclusions de FBI : il a confirmé dans un tweet son plein soutien au juge Kavanaugh. Il a écrit que *« le juge Kavanaugh a montré à l'Amérique exactement ce pourquoi je l'ai désigné »* : *« Sa déposition était puissante, honnête et capti-vante. La stratégie de traque et de destruction des démocrates est honteuse, et ce processus a été une mascarade complète et une tentative visant à différer, à faire de l'obstruction et à résister. Le Sénat doit voter ! »*.

Donald Trump s'est ouvertement moqué de la femme qui accuse son candidat, ironisant sur le manque de précision de son récit. *« J'avais bu une bière, j'avais bu une bière... »*, a lancé M. Trump lors d'un meeting de campagne à Southaven, dans le Mississippi, faisant mine d'imiter le témoignage de Mme Blasey Ford. *« Comment êtes-vous rentrée chez vous ? Je ne m'en souviens pas. Comment vous êtes-vous rendue sur place ? Je ne m'en souviens pas. Il y combien d'années ? Je ne sais pas, je ne sais pas, je ne sais pas »*, a-t-il lancé, sous les rires et applaudissements nourris. *« Dans quel quartier cela s'est-il passé ? Je ne sais pas. Où est la maison ? Je ne sais pas. Au premier étage, au rez-de-chaussée, où ? Je ne sais pas. Mais j'avais bu une bière, c'est la seule chose dont je me souviens »*, a-t-il pour-suivi. *« Et la vie d'un homme est en lambeaux, la vie d'un homme a été brisée »*, a ajouté le président américain, qui avait jusqu'ici pris soin de ne pas s'en prendre directement à l'accusatrice. L'avocat de Mme Blasey Ford, Michael Bromwich, a immédiatement dénon-cé sur Twitter une attaque *« cruelle et ignoble »* contre sa cliente. *« Est-il étonnant qu'elle soit terrifiée à l'idée de parler, et que d'autres victimes d'abus sexuels le soient également ? »*, a-t-il poursuivi. *« Elle est un exemple remarquable de courage. Lui est un exemple de lâcheté »*, a-t-il conclu.

Durant ce vote historique, des manifestantes présentes dans les ga-leries du Sénat ont crié leur colère vis-à-vis de la décision. Une à une, elles ont été évincées de l'hémicycle alors que les sénateurs procédaient au vote. Avant la tenue du vote, les rues de la capitale américaine ont été prises d'assaut par environ 2000 personnes, en majorité des femmes, venues dénoncer les élus qui s'apprêtaient à voter en faveur de la nomination de M. Kavanaugh. Des protesta-taires ont occupé brièvement les escaliers du Congrès, où les séna-teurs tiendront leur vote.

TRUMP ET LA CHINE

Washington a imposé des droits de douane punitifs visant des marchandises chinoises d'une valeur de 250 milliards de dollars par an. Des sanctions portant sur 200 milliards de dollars sont entrées en vigueur récemment. Pékin, qui importe beaucoup moins qu'il n'exporte aux États-Unis, a répliqué en frappant pour 110 milliards de dollars de biens américains. Dans une longue interview avec la chaîne Fox News, le Président a repris ses reproches habituels selon lesquels la Chine doit son expansion économique à l'argent américain et à ses excédents commerciaux à l'égard des États-Unis. « *Nous avons aidé à reconstruire la Chine plus que tout autre* », « *la Chine nous prenait 500 milliards de dollars par an* », mais « *maintenant c'est fini* », a-t-il martelé. L'administration Trump a remis un coup de pression sur la Chine. Elle a en effet dévoilé qu'elle préparait toujours des mesures punitives contre les importations et les investissements du géant asiatique en dépit de la trêve annoncée il y a dix jours. La Maison Blanche a indiqué poursuivre son plan pour imposer des droits de douanes de 25% supplémentaires « *sur 50 milliards de biens chinois contenant des technologies importantes* ».

La Chine importe presque quatre fois moins qu'elle n'exporte vers les Etats-Unis. Il lui faut donc trouver d'autres armes que les simples droits de douane pour pénaliser l'économie américaine.

Elle peut pénaliser les entreprises : L'iPhone X, la voiture Buick Excelle, les cafés Starbucks et les productions de Hollywood font partie des meilleures ventes en Chine, soit autant de moyens de pression potentiels, en durcissant les contrôles sanitaires, sécuritaires et fiscaux, en retardant les importations, ou en organisant un boycott.

Elle peut organiser un boycott : Nombre d'entreprises américaines dépendent de la Chine, à l'image de General Motors, qui vend davantage de voitures en Chine qu'en Amérique du Nord. Pékin pourrait compliquer leurs ventes en s'attaquant à leur image.

Pékin pourrait s'efforcer de limiter le nombre de touristes et d'étudiants se rendant aux Etats-Unis. Avec 350.000 étudiants chinois l'an dernier, soit le tiers des étudiants étrangers, *« le montant cumulé des dépenses des Chinois dans l'éducation et le tourisme aux Etats-Unis équivaut à celui des importations chinoises de soja ou d'avions américains ».*

La Chine, deuxième marché aéronautique mondial, est capitale pour Boeing, qui y vend un quart de ses avions, faisant jeu égal avec Airbus. Mais l'essentiel des compagnies aériennes chinoises sont sous contrôle public et leurs commandes pilotées étroitement par Pékin. La Chine pourrait ajuster le volume de ses achats d'appareils Boeing et Airbus.

Forte de ses colossales réserves de changes, la Chine est le principal détenteur de dette américaine (environ 1.200 milliards de dollars). L'agence Bloomberg rapportait en janvier que des responsables chinois avaient recommandé de ralentir ou suspendre l'acquisition de bons du Trésor américain. Mais l'exercice serait délicat pour Pékin, car toute déstabilisation des marchés pourrait entamer la valeur des bons du Trésor et dollars encore en sa possession...

La coopération entre la Chine et les Etats-Unis sur la Corée du Nord pourrait se compliquer: dans sa quête d'une dénucléarisation de la Corée du Nord, Donald Trump a besoin du soutien de la Chine, principal soutien économique de Pyongyang. Mais une guerre commerciale pourrait pousser Pékin à se montrer moins coopératif.

Coté mensonges, Le président Trump a directement accusé la Chine de vouloir l'empêcher de remporter les élections parlementaires à venir en raison de sa fermeté sur les questions commerciales, une accusation aussitôt rejetée par Pékin. *« Malheureusement, nous avons découvert que la Chine essaye d'interférer dans les élections de novembre 2018 contre mon administration »*, a-t-il déclaré devant le Conseil de sécurité de l'ONU.

TRUMP ET L'EUROPE

Au nom des intérêts américains, Donald Trump sème la discorde parmi les Européens. Une stratégie qui risque de s'avérer contre-productive. Il faut dire que les relations transatlantiques se sont largement détériorées depuis l'arrivée de Donald Trump à la Maison Blanche. Il a construit sa campagne sur une stratégie économique nationaliste. Le credo du président américain ? « *America First* », l'Amérique d'abord. Il ne supporte donc pas que son pays importe plus de produits de l'Union européenne que l'inverse. La balance commerciale de l'UE aux États-Unis affichait en effet un solde positif de 66,9 milliards d'euros au premier semestre 2018. Pour lui, l'UE vole des emplois aux Américains. Le protectionnisme est donc le maître mot de la politique de Donald Trump. Dès son arrivée à la Maison Blanche, il a suspendu les négociations sur le TTIP, le traité de libre-échange avec l'Union européenne. En juin dernier, son administration a également instauré des taxes douanières punitives de 25 % sur l'acier et de 10 % sur l'aluminium en provenance de l'Union. En représailles, l'Europe a augmenté les taxes sur le bourbon, le whiskey et les motos Harley-Davidson. Mais c'est surtout l'Allemagne qui concentre les foudres du President. Avant même d'être élu, Donald Trump dénonçait déjà « *le flot de Mercedes roulant sur la 5e Avenue alors qu'il n'y a aucune Chevrolet à Berlin* ». Au dernier sommet de l'OTAN en juillet, il n'a pas hésité à tirer à boulets rouges sur le gouvernement allemand, l'accusant d'être « *contrôlé par la Russie* ». En cause : le projet de gazoduc Nord Stream 2, qui va relier directement la Russie à l'Allemagne à travers la mer Baltique. Avec ces attaques, Donald Trump ne peut ignorer qu'il exacerbe les tensions au sein de l'Union européenne, où le projet de gazoduc est loin de faire l'unanimité. Le ministre polonais des Affaires étrangères a ainsi abondé dans le sens du président américain, arguant que les revenus gaziers financent la modernisation de l'appareil militaire russe. D'ailleurs ce n'est la première fois que le président américain distille le poison de la discorde dans l'Union. Il a notamment félicité le Royaume-Uni pour le Brexit, et tandis qu'il s'en prend à Merkel, il n'hésite pas à parler de son « *ami Macron* ». Si l'Europe est divisée, elle aura plus de mal à agir face aux États-Unis. Avec l'Union européenne, les États-Unis doivent négocier d'égal à égal, alors qu'avec des États isolés ils ont l'avantage.

Les Allemands ont qualifié d'irritante la politique du président américain envers l'Union européenne. *«Evidemment, cela nous irrite quand le président Trump présente l'Europe comme un ennemi des Etats-Unis, sur le même plan que la Russie et la Chine, ou encore quand il remet en question l'Otan de manière désinvolte»*, a affirmé un ministre allemand lors d'une réunion de diplomates roumains à Bucarest.

Cependant, l'heure de la trêve semble avoir sonné dans la guerre commerciale qui oppose les États-Unis et l'Union européenne. Fin juillet, Donald Trump et le président de la Commission européenne, Jean-Claude Juncker, ont annoncé un cessez-le-feu. Les deux responsables ont convenu d'entamer des discussions en vue de supprimer les droits de douanes, les barrières non tarifaires et les subventions sur les biens industriels hors automobile. En attendant, le président américain s'est engagé à ne pas imposer de nouvelles taxes punitives sur les importations en provenance d'Europe. Il n'y aura donc pas d'augmentation de 25 % des tarifs douaniers sur les importations automobiles européennes, comme Donald Trump en agitait la menace. « *Cette percée peut éviter la guerre commerciale et sauver des millions d'emplois* », s'est réjoui le ministre allemand de l'économie.

Trump, en visite à Londres a véritablement humilié Theresa May. Il n'était pourtant pas prévu qu'il humilie son hôtesse. Lors de son entretien au « *The Sun* », il a tout d'abord critiqué son travail de négociation, menaçant Londres de ne pas pouvoir conclure un accord commercial avec les États-Unis si le Royaume-Uni maintenait son plan de sortie « *soft* » de l'UE. « *Oui, j'aurais mené les négociations avec l'Union européenne de manière très différente. J'ai d'ailleurs dit à Theresa May comment faire mais elle n'était pas d'accord et ne m'a pas écouté. Elle voulait prendre une route différente. Je dirais en fait qu'elle a sans doute pris la route opposée. Et ce n'est pas grave. Elle devrait négocier comme elle sait le faire mais ce qui se passe est triste* ». En particulier le fait que le plan britannique « *n'est pas celui du référendum* » et que « *de nombreuses personnes ne l'aiment pas* ». Le lendemain, le président américain a nié avoir donné des conseils à son homologue, préférant le terme « *sugges-tions* ». « *Je lui ai fait des suggestions mais elle les a trouvées un peu trop brutales. Je comprends qu'elle les ait trouvées un peu dures, mais peut-être les suivra-t-elle si l'UE ne signe pas un bon accord. Elle ne peut pas quitter la table des négociations, sinon elle sera coincée* ».

Devant les critiques de la presse, il contre-attaque : « *Fake news !* » Pour justifier ce qui est diplomatiquement sans précédent, Trump a utilisé sa réponse habituelle: accuser la presse de mensonge. Et ce malgré l'existence d'un enregistrement confirmant ses propos publiés jeudi dans le tabloïd « *The Sun* ». « *Je n'ai pas critiqué la pre-mière ministre, j'ai beaucoup de respect pour elle et j'estime qu'elle fait un boulot formidable* », a-t-il assuré vendredi après-midi lors de sa conférence de presse avec Theresa May. Avant de trahir son hypocrisie par d'interminables louanges: « *C'est une personne intel-ligente et déterminée, et une très bonne et dure négociatrice. Et je préférerais l'avoir comme amie que comme ennemie.* »

Coté Macron, c'est la même chose : les propos d'Emmanuel Macron, lors d'une interview sur Europe 1, sur la nécessité d'une vraie ar-mée européenne a déclenché le courroux Donald Trump. Le pré-sident français justifiait ainsi une telle idée pour « *protéger l'Europe à l'égard de la Chine, de la Russie et même des Etats-Unis d'Amé-rique* », en évoquant la décision américaine de se retirer d'un traité de désarmement nucléaire datant des années 1980. A peine arrivé a Paris, Trump avait dénoncé, dans un tweet extrêmement virulent, la proposition de M. Macron. « *Très insultant mais peut-être que l'Europe devrait d'abord payer sa part à l'OTAN que les Etats-Unis subventionnent largement !* », avait ajouté Trump venu à Paris pour le centenaire de l'armistice de la première guerre mondiale. Macron avait alors parlé d'une confusion. « *Je comprends que l'en-chaînement des sujets dans l'interview [sur l'antenne d'Europe 1] puisse créer de la confusion mais ce sont bien deux sujets différents, le traité des armes nucléaires à portée intermédiaire (INF) et ce su-jet d'une force de défense des Européens où il y a des travaux en cours* ».

En début d'après-midi, M. Trump avait une nouvelle fois critiqué la proposition du président français de créer une armée européenne :

« *Emmanuel Macron a suggéré la création de leur propre armée pour protéger l'Europe contre les Etats-Unis, la Chine et la Russie. Mais c'était l'Allemagne dans la première et la seconde guerre mondiale* », a-t-il tweeté. « *Comment ça a marché pour la France ? Ils commençaient à apprendre l'allemand à Paris avant que les Etats-Unis n'arrivent* », a-t-il ensuite ironisé.

Dans une série de tweets diffusée mardi 13 novembre, le président américain s'en est violemment pris à la politique commerciale de la France à l'encontre des Etats-Unis. Son attaque en règle a atteint son point culminant lorsqu'il a abordé un point sensible : le vin français et les taxes sur les vins américains importés en France :

« *La France fait d'excellents vins, mais les Etats-Unis aussi. Le problème est que la France rend très difficile aux Etats-Unis de vendre leur vin en France et applique des tarifs élevés alors que les Etats-Unis rendent ça facile pour les vins français et appliquent de très bas tarifs. Injuste, il faut que ça change !* ».

Quelques minutes plus tard, le président américain s'en est directement pris à son homologue français : « *Le problème est qu'Emmanuel souffre d'une cote de popularité très faible en France, 26 %, et d'un taux de chômage de près de 10 %. (…) Par ailleurs, il n'y a pas de pays plus nationaliste que la France, un peuple très fier et à juste titre !* ».

Même comportement vis-à-vis d'Angela Merckel sonnée par le comportement et les déclarations de Donald Trump lors du sommet de l'Otan de Bruxelles et du G7 de Taormina. Elle en a dès son retour tiré des conclusions radicales : « *il ne faut plus compter sur les Etats-Unis, nous, Européens, devons prendre notre destin en main* ». La visite de la chancelière allemande à Washington, en mars, fut très tendue, Donald Trump refusant ostensiblement de lui serrer la main devant les caméras. A Taormina, Angela Merckel a très mal pris le refus du président de s'engager sur l'Accord de Paris sur le climat. Une expérience « *dégrisante et un peu déprimante* ». Après la décision de Donald Trump de retirer son soutien au communiqué final du sommet du G7, annoncée par un tweet, Angela Merkel a partagé ses impressions.

« C'est dur, c'est décevant cette fois-ci, mais ça n'est pas la fin du G7. C'est déprimant, et c'est déjà beaucoup pour moi que de dire ça », a dit la chancelière allemande, ironisant sur sa traditionnelle retenue verbale. Son ministre des Affaires étrangères Heiko Maas avait martelé plus tôt que Donald Trump avait détruit « une quantité incroyable de confiance avec un tweet ». Refusant l'escalade de la guerre des mots avec les Etats-Unis, Angela Merckel a dit ne pas croire que « s'échauffer par la parole fasse avancer les choses ». Néanmoins, elle a estimé que Donald Trump, par sa politique de « l'Amérique d'abord », par moment donne l'impression qu'il préfère « un gagnant et un perdant » au « gagnant-gagnant ».

TRUMP ET L'OTAN

C'est son obsession. Donald Trump exige que ses alliés de l'Otan augmentent leurs dépenses militaires et y consacrent 2% de leur PIB d'ici 2024. C'était l'engagement pris par les membres de l'Alliance atlantique lors du sommet du Pays de Galles, en 2014. Depuis, même si chaque Etat a fait des efforts, ils ne sont que sept à remplir le contrat. La France doit atteindre cet objectif en 2025.Mais Trump le rappelle de manière particulièrement brutale. Il ne porte pas les organisations multilatérales dans son cœur, toutes, ou presque, sont accusées de faire perdre de l'argent au contribuable américain, et l'Otan ne fait pas figure d'exception. Pour lui, ces institutions ne valent que si elles rapportent directement et de façon matérielle aux Etats-Unis. Il est vrai que le président américain pose des questions légitimes, mais y apporte presque toujours les mauvaises réponses. L'Alliance atlantique sert pourtant encore largement les intérêts américains. « Les missions de l'OTAN ont été élargies au-delà des frontières de l'Alliance atlantique : en Afghanistan, en Irak, sur les questions migratoires. Cette transformation va plus dans le sens des intérêts américains que dans le sens de priorités européennes », estime un politologue, pour qui la vision de l'Otan s'est « trumpisée » aux Etats-Unis. Pour la première fois depuis la création de l'Alliance, il y a près de 70 ans, le soutien de Washington apparait conditionné. Donald Trump exige des contreparties commerciales en échange de la défense de l'Union européenne, qu'il estime assumer. Dans la balance : la vente d'équipements militaires américains, notamment des avions de combat, mais aussi les droits de douane sur l'aluminium et l'acier américain. « *Trump pense que plus les Européens vont être déstabilisés, s'inquiéter de la fiabilité de l'engagement américain sur les questions stratégiques et de défense, plus il va obtenir de leur part des concessions sur le plan commercial. Le problème c'est qu'en exerçant ce type de tactiques envers vos alliés les plus proches, vous fragilisez le socle de valeurs de l'Alliance atlantique et vous faites le jeu de dirigeants comme Vladimir Poutine* ».

Recemment le président du Conseil européen, Donald Tusk, a exhorté Washington à mieux considérer ses alliés. « *Après tout, a-t-il lancé, vous n'en avez pas tant que ça* ».

TRUMP ET L'IRAN

Au-delà de ses Tweet en lettres majuscules et de ses rodomontades, le président des Etats-Unis a engagé une guerre d'usure avec Téhéran qu'il poursuit méthodiquement.

Guerre diplomatique, d'abord. Il avait fustigé l'accord de Vienne : un « *torchon* » selon ses mots. Pour mémoire, l'accord sur le gel et le contrôle du programme nucléaire iranien a été signé à Vienne, en juillet 2015, avec la République islamique par les cinq membres permanents du Conseil de sécurité des Nations unies (Etats-Unis, Russie, Chine, France et Grande-Bretagne), auxquels s'était associée l'Allemagne. Le 8 mai, en dépit du respect avéré par les Iraniens des clauses de l'accord et des appels à la retenue émis par les Européens, Trump a décidé unilatéralement de se retirer de cet accord.

Guerre psychologique ensuite avec la guerre des tweets : Ce sont les Iraniens qui commencent après un discours du secrétaire d'État, Mike Pompeo, prononcé en Californie, dans lequel il a promis le soutien des États-Unis aux Iraniens qui se rebellent contre le régime : Le 22 juillet, le président iranien, Hassan Rohani, mettait en garde les Etats-Unis : « *L'Amérique devrait savoir que la paix avec l'Iran est la mère de toutes les paix et que la guerre avec l'Iran est la mère de toutes les guerres* ». Réponse de Donald Trump : « *Ne menacez jamais plus les Etats-Unis ou vous paierez des conséquences comme peu en ont connu à travers l'Histoire* ». « *FAITES ATTENTION !* », a rétorqué quelques heures plus tard, exactement sur le même mode, le ministre des Affaires étrangères Mohammad Javad Zarif. « *Nous existons depuis des millénaires et nous avons vu la chute d'empires, y compris le nôtre, qui ont duré plus longtemps que la vie de certains pays* », a prévenu le ministre, qui s'est dit « pas impressionné ».

Guerre économique, surtout. Washington a décidé de rétablir de façon graduée des sanctions à l'encontre de Téhéran, assorties de menaces de rétorsion contre toute entreprise, européenne notamment, qui chercherait à les contourner. Depuis le 6 août, les blocages visent les transactions financières, les importations de matières premières et les secteurs de l'automobile et de l'aéronautique. Ce n'est qu'un début : en novembre, ce sont les exportations de pétrole, vitales pour l'économie iranienne, qui ont fait l'objet du blocus américain. En outre, depuis le mois d'avril, la monnaie iranienne s'est dépréciée de plus de moitié par rapport au dollar, menaçant d'asphyxier plus encore Téhéran. Le président Rohani avait promis aux Iraniens l'ouverture économique et la prospérité retrouvée en échange du gel du programme nucléaire. Cet espoir est mort, à l'évidence. Les Iraniens l'ont bien compris, tant l'inquiétude est lourde et la nervosité palpable à Téhéran et dans de nombreuses villes du pays, où des manifestations sporadiques se sont développées depuis le début de l'année.

Fin mai, dans son premier discours de politique étrangère, Mike Pompeo avait dressé une liste de douze exigences à remplir par Téhéran, de la neutralisation de son programme nucléaire et de ses missiles à l'arrêt de toute déstabilisation régionale.

Parallèlement l'Administration américaine va passer à l'autre volet de son travail de sape: le soutien aux dissidents. Le réseau public BBG (Voice of America, Radio Free Europe, etc.) s'apprête à développer une chaîne en farsi 24 heures sur 24, diffusée sur tous les supports existants (télé, radio, Internet), « *afin que les Iraniens sachent que l'Amérique est à leurs côtés* », dit Pompeo. Un effort de propagande « *susceptible de fomenter l'insoumission* », traduit le

Washington Post. Officiellement, l'Administration Trump vise « un changement de comportement » et non un changement de régime. Mais la frontière est mince lorsque Washington déclare une guerre économique et idéologique totale aux mollahs « *hypocrites* », qui « *s'enrichissent comme une mafia* » sur le dos du peuple et lui font vivre « *un cauchemar* ».

Pour justifier une telle sortie unilatérale de l'accord, Donald Trump invoque trois raisons distinctes.

La première concerne l'accord nucléaire lui-même, dont l'effet de certaines clauses est limité dans le temps. Le président américain voudrait que celles-ci soient définitives. « *L'Iran est signataire du Traité de non-prolifération (TNP) qui dispose qu'un État non doté de l'arme nucléaire a le droit d'accéder au nucléaire civil. Dans le cas de l'Iran, l'accord de 2015 prévoit des limitations de ce droit. L'Iran avait accepté d'avaler cette couleuvre en considérant qu'il deviendrait ensuite un État comme un autre, une idée que Donald Trump refuse catégoriquement* ».

La deuxième concerne les missiles balistiques, dont est doté l'Iran. Donald Trump voudrait qu'un accord soit trouvé pour que Téhéran soit aussi limité dans ce domaine hautement stratégique. Les missiles balistiques iraniens ont une portée qui approche les 2500 km.

La troisième justification est que le président américain souhaiterait « *des changements profonds en termes de comportement* » de l'Iran, dont le rôle serait « *déstabilisateur* » et « *malveillant* » au Moyen-Orient. « *Les États-Unis refusent plus fondamentalement que l'Iran soit une puissance régionale, ce que Téhéran n'acceptera jamais* ». En effet, dans la conscience collective iranienne, la République islamique est l'héritière de l'empire perse. « *L'Iran a toujours eu cette politique de puissance, même sous le Chah, mais ça ne dérangeait pas Washington car ils étaient alliés* ».

Allié indéfectible de Bachar el-Assad, l'Iran a fortement augmenté sa présence militaire en Syrie. Les Américains ont d'ores et déjà annoncé qu'ils ne retireraient pas leurs propres forces tant que les Iraniens seraient présents.

TRUMP ET ISRAEL

À peine devenu President, Donald Trump avait promis d'arriver à « *l'accord ultime* », celui qui allait mettre fin au conflit israélo-palestinien, l'un des plus vieux du monde, et qu'aucun président américain avant lui n'a réussi à résoudre malgré leurs tentatives répétées. C'est le « *deal le plus difficile à conclure* » mais « *nous allons y arriver* », avait-il déclaré en mai 2017, en prélude de sa première visite en Israël. Pourtant, aujourd'hui, alors que le président américain a chargé son gendre et conseiller, Jared Kushner, ainsi que son émissaire spécial, l'avocat Jason Greenblatt, de façonner ce « *deal du siècle* », aucun plan de paix n'a encore été officiellement présenté par les États-Unis. « *Cela fait plusieurs mois qu'ils nous disent que le plan est prêt, mais je ne suis pas sûr qu'il sortira un jour* », confie un diplomate européen. « *Les Palestiniens pensent même qu'il n'existe pas* ».

En décembre 2017, Donald Trump a surpris tout le monde en décidant unilatéralement de reconnaître Jérusalem comme capitale d'Israël, alors que tous ses prédécesseurs avaient préféré attendre le règlement d'un accord de paix négocié entre les deux parties avant de déménager l'ambassade américaine dans la ville sainte. « *Nous avons retiré Jérusalem de la table (...) Donc nous ne devons plus en parler* ». Qualifiant cette décision de « *gifle du siècle* », le président palestinien a depuis rompu tout contact avec les Américains, estimant que leur décision les a disqualifiés de tout rôle de médiateur entre Israéliens et Palestiniens.

Pour contraindre ces derniers à revenir à la table des négociations, le Président a employé la manière forte et usé d'un redoutable levier de pression : l'argent. L'administration Trump s'est tout d'abord attaquée à l'aide directe qu'il verse à l'Autorité palestinienne soit 200 millions de dollars. Puis l'administration Trump a décidé de mettre fin au financement de l'Office de secours et de travaux des Nations unies pour les réfugiés de Palestine dans le Proche-Orient (UNRWA). Créé en 1948 pour répondre aux besoins des 750 000 Palestiniens expulsés ou qui ont fui leur terre après la première guerre israélo-arabe, l'agence onusienne, qui s'occupe aujourd'hui de 5 millions de réfugiés dans toute la région n'aura plus un sou d'ici la fin du mois de septembre, a averti son porte-parole, Chris Gunness.

Israël et les États-Unis entretiennent des relations militaires très étroites. Israël est le pays qui, chaque année, bénéficie le plus de l'assistance militaire des États-Unis depuis le revirement de la France après la guerre des Six jours. Israël est non seulement un acheteur majeur d'armes américaines mais il développe également de nombreux programmes de recherche-développement militaire en coopération avec les États-Unis. Depuis 1987, Israël reçoit en moyenne chaque année 1,8 milliard de dollars en termes de vente ou de financement. Cette aide fut portée à 2,4 milliards sous l'administration Clinton. De 2019 à 2028 l'aide militaire sera portée à près de 4 milliards de dollars par an.

TRUMP ET LE CANADA

Trump se veut le grand perturbateur des relations internationales et il ne met pas de gants blancs pour arriver à ses fins. Jamais, depuis la guerre contre l'Irak en 2003, la tension n'avait été aussi vive entre un président américain et un premier ministre canadien. A l'époque, le Canada avait rejoint la France dans son opposition à l'expédition militaire contre le régime de Saddam Hussein, et Washington avait promis de punir Ottawa. Le président Georges W. Bush avait annulé sa visite au Canada, mais l'affaire n'avait pas eu de suite. L'espace d'un moment, Justin Trudeau est devenu le souffre-douleur de Donald Trump. La colère présidentielle a bien une explication : Trump veut changer les règles du commerce international et même celles qui régissent l'ordre international libéral depuis la fin de la seconde guerre mondiale en bousculant ses partenaires et même ses alliés, parfois vicieusement. Les leaders canadiens ont dénoncé les attaques personnelles que de proches conseillers du président Donald Trump ont formulées dimanche à l'endroit du premier ministre canadien. *« Il y a un siège réservé en enfer pour tout dirigeant étranger qui s'engage dans une diplomatie de la mauvaise foi avec Donald Trump et tente de le poignarder dans le dos quand il s'en va »,* a renchéri sur Fox News le conseiller présidentiel pour le commerce, Peter Navarro.

Le psychodrame narcissique du dernier G7*

Le psychodrame qui vient de se jouer en ce début de juin 2018 en Charlevoix lors du sommet du G7 doit être décodé sur une toile de fond narcissique. D'un côté, les six qui croient à la parole donnée, au contrat conclu, authentifié par leurs signatures apposées en bas du document. De l'autre, Donald Trump qui l'a signé aussi dans un premier temps. Dans l'entrevue officielle, tout semblait « baigner », et Trump donnait 10 sur 10 à Justin Trudeau pour leurs bonnes relations. Or, une fois envolé dans l'Air Force One, il retire son accord dûment signé. Il expliquera en tweetant que Trudeau, lors de sa conférence de presse, a fait « de fausses déclarations ». Dans un deuxième tweet, il en rajoute une couche : « Justin Trudeau a agi de façon si docile (meek) et douce (mild) pour dire ensuite qu'il ne se laisserait pas bousculer. Très malhonnête (dishonest) et faible (weak). Réactions catastrophées autour du Monde : Trump a réussi son coup, il est devenu l'acteur principal d'un spectacle global, c'est lui maintenant, le centre d'attention mondiale. Des conséquences négatives futures, il n'en a cure, Reniement de contrats, non-respect de signatures, c'est dans sa nature narcissique. Car il n'entend que l'écho de sa propre voix. Les autres, même s'il les écoute, il ne les entend pas. Il ne connaît que le monologue, le dialogue ne fait pas partie de son vocabulaire. Il faut se rappeler la photo devenue virale, ayant fait le tour du monde : Angela Merkel, la doyenne des souverains des pays du G7, les deux mains appuyées sur la table, avec les autres leaders politiques debout tout autour, et penchée vers Donald Trump qui, seul assis dans un fauteuil, a les bras croisés, le visage bougon, renfrogné, comme un élève sermonné par sa maîtresse. Décidément, Trump s'est fait pousser par les six dans ses derniers retranchements. Il était d'abord fâché contre lui-même, puisqu'il a cédé à la pression des autres, les a écoutés ; pis, il a obéi aux autres : c'est contre sa nature. Une fois seul dans l'avion, son naturel est revenu au galop. Pour les autres, il a renié son engagement, dûment signé, alors que pour lui, tout seul, cet engagement était fake dans le sens de « volé » non existant. Du coup la situation se retourne : il n'a jamais menti, ou s'il a menti, c'était dans un moment de faiblesse, lorsqu'il s'est fait imposer de force la voix des autres. Le grand menteur, ce n'est pas lui, c'est Justin Trudeau : ce dernier devient le bouc émissaire sur lequel il projette publiquement ses propres faiblesses, celle notamment d'avoir cédé aux autres.

Il ne fallait surtout pas oublier que le G7 n'était pour Donald Trump qu'un tremplin vers Singapour, où a eu lieu la rencontre avec le dictateur d'un des pires États totalitaires, des plus sanguinaires du globe, Kim Jong-un, que Trump a déjà qualifié » d'honnête » et, après leur rencontre, comblé de superlatifs tels « très talentueux », « très intelligent » et « très bon négociateur », qualificatifs d'habitude conférés aux amis. D'ailleurs, Donald Trump avait fait déjà des yeux doux à d'autres dictateurs, comme Vladimir Poutine qu'il aurait voulu voir invité au G7. Trump adore les « hommes forts », décisionnistes, dont les ordres sont illico exécutés, qui n'ont pas à se tracasser des fake news, de la « critique négative » cherchant la petite bête parce que leur Journal officiel s'appelle justement Pravda (« Vérité ») ; ces autocrates qui n'ont pas à s'embarrasser de tous les palabres des parlements. En se référant à la réunion du G7, Poutine ne parlait-il pas de « babillage inventif » ? D'ailleurs, après sa rencontre avec Kim Jong-un, Donald Trump sur Fox News fantasmait sur l'écoute sidérée des discours du dictateur par tout un peuple : « Lorsqu'il parle tout son peuple est au garde-à-vous. Je voudrais que mon peuple fasse de même ».

* D'après Heinz Weinmann dans Mediapart (blog du 03 Juillet 2018)

TRUMP ET CUBA

Quel contraste entre l'administration Trump et celle de son prédécesseur ! Si Barack Obama a réussi à détendre les relations avec Cuba, le président Trump a plutôt choisi de faire un retour en arrière. En attendant une nouvelle embellie, les Cubains endurent et attendent que ça passe.

Il y a moins de deux ans, Obama a marché triomphalement dans les rues de La Havane, il a visité le stade de baseball avec Raul Castro et son discours télévisé a été regardé par tous les Cubains au Grand théâtre Alicia Alonso. L'image est frappante : Raul Castro qui lui lève le bras comme on le fait pour un vainqueur d'un combat de boxe. Et puis soudainement, Donald Trump promet de défaire tout ce qu'Obama a bâti en termes d'ouverture vers Cuba. Lorsqu'il était candidat, Donald Trump a d'abord trouvé que certaines mesures d'Obama envers Cuba n'étaient pas mauvaises. Puis, espérant probablement mettre de son côté les anticastristes de Miami, dont la figure emblématique est le sénateur républicain Marco Rubio, il a changé complètement d'avis et a dit que les accords d'Obama étaient mauvais et qu'il allait les défaire complètement. Cela dit, la majorité des Cubains en Floride n'ont pas voté pour Donald Trump. Puis vient l'annonce de sanctions en juin 2017 : des restrictions plus sévères sur les voyages de citoyens américains à Cuba et l'interdiction de faire affaire avec les compagnies d'État cubaines dirigées par l'armée (une grande partie du secteur touristique).

Au mois de juin 2017, le président Donald Trump a annoncé une nouvelle politique pour geler et inverser partiellement le processus de normalisation des relations. Mais au-delà du contenu et de la portée des mesures concrètes adoptées, le plus important, sans aucun doute, a été la manière dont cette annonce a été orchestrée, dans un théâtre de Miami transformé en espèce de cirque romain pour donner un nouveau souffle aux secteurs les plus rétrogrades, et revanchards, anciens partisans de Batista, de l'émigration cubaine et de la droite américaine anti-cubaine, qui s'étaient vu fermer leur accès à la Maison-Blanche et qui semblaient avoir perdu une grande part de leur capital politique sous le gouvernement d'Obama. Il s'est agi d'un spectacle insultant pour la grande majorité des Cubains et qui a démontré la posture et le style adoptés par Trump contre Cuba lors de l'étape finale de sa campagne, en septembre 2016, réaffirmée peu après son élection par un tweet odieux à l'occasion du décès de Fidel Castro. « *Fidel Castro est mort !* », a-t-il écrit laconique sur Twitter, peu après 8 heures, heure locale en Floride, où il passe en famille le week-end prolongé de Thanksgiving. Dans un second temps, Trump a fait savoir que Castro était « *un dictateur brutal qui a opprimé son propre peuple* » et qu'il fera « *tout* » pour contribuer à la liberté du peuple cubain.

Les attaques acoustiques

En mai 2016, puis en décembre, sous l'administration Obama, une vingtaine de diplomates américains ressentent des troubles auditifs et des douleurs cérébrales. Huit Canadiens, dont des enfants, ont également été affectés. Les incidents se seraient produits dans les ambassades américaine et canadienne, des résidences diplomatiques et deux hôtels de La Havane, le Nacional et le Capri. La cause de ces problèmes acoustiques demeure un mystère total.

Vertiges, maux de tête, douleurs aux oreilles, problèmes auditifs, difficultés de concentration et à la lecture, sensibilité à la luminosité ou encore insomnie font partie des symptômes signalés. Dix-huit des 21 patients examinés ont indiqué « avoir entendu pour la première fois un son limité au début des symptômes, chez eux ou dans leur chambre d'hôtel », évoquant une sensation de pression ou de vibration semblable à celle ressentie en voiture lorsque les fenêtres sont partiellement baissées. La majorité des victimes ont subi ces effets pendant plus de trois mois et, incapables de travailler, ont dû être rapatriées.

Des lésions cérébrales sans traumatisme crânien préalable : c'est le diagnostic des scientifiques qui ont examiné 21 diplomates des Etats-Unis. « Ces personnes semblent avoir subi des lésions à travers les réseaux cérébraux dans leur ensemble sans avoir d'antécédents de traumatisme à la tête », expliquent les chercheurs de la Perelman School of Medicine de l'université de Pennsylvanie, dans un compte-rendu de leurs travaux publié jeudi dans le Journal of the American Medical Association (JAMA). Les scientifiques n'ont pas été en mesure de déterminer la cause de ces maux, mais écartent la probabilité d'un virus ou d'une substance chimique.

Les Etats-Unis ont dénoncé une attaque acoustique délibérée et retiré fin septembre plus de la moitié de leur personnel diplomatique de Cuba. Quinze diplomates cubains en poste à Washington ont en outre été expulsés. Cuba a qualifié les accusations américaines de « totalement fausses » et parlé d'une tentative de « manipulation politique », assurant avoir fait preuve de transparence dans l'enquête. Des agents de la police fédérale américaine (FBI) ont en effet été autorisés à se rendre sur l'île à trois reprises. Mais ni les enquêtes diligentées par la Gendarmerie royale du Canada ni celles du FBI ne sont pour

le moment parvenues à la moindre conclusion. Depuis les pre-
mières révélations, un nouvel épisode s'est ajouté au dossier. En
septembre dernier, l'ambassade des Etats-Unis en Ouzbékistan
aurait évacué deux de ses ressortissants, employés de l'Usaid,
l'agence de coopération américaine, pour les mêmes raisons :
exposition à des sons aigus d'origine inconnue, suivie de ver-
tiges et maux de tête. Le pays étant proche de Moscou, sur le
plan militaire notamment, les rumeurs sur une implication des
services du Kremlin ont été relancées, un scénario déjà évoqué
à Cuba l'an dernier. Washington n'avait à l'époque pas mis en
cause nommément la Russie mais y avait pensé suffisamment
fort pour que la porte-parole du ministère des Affaires étran-
gères, Maria Zakharova, juge « absurdes » ces soupçons.

TRUMP ET OBAMA CARE

Le président américain Donald Trump a affirmé que la grande loi
sur la couverture maladie de Barack Obama, qu'il n'est pas parvenu
à abroger, appartenait néanmoins au passé en raison de ses défail-
lances. « *Obamacare, c'est fini, c'est mort, oublié* », a déclaré le dirigeant à la Maison-Blanche. « *Il n'y a plus rien de tel qu'Obamacare.
Je le dis depuis des années, le concept n'aurait jamais pu fonctionner, même dans ses meilleurs jours* ».

Depuis son arrivée à la Maison-Blanche, Donald Trump n'a eu de
cesse de tenter de démanteler l'Obamacare. Mais il avait essuyé en
2017 un échec cuisant au Congrès, lorsque la tentative d'abroger
Obamacare avait échoué de justesse, malgré une majorité républicaine. Son camp tente depuis de saper cette couverture, à coups de
mesures fiscales et recours en justice. La décision ce vendredi 14
Décembre 2018 d'un juge fédéral conservateur du Texas est le fruit
de ces efforts. Le magistrat, Reed O'Connor, avait été saisi par les
procureurs généraux de plusieurs Etats et un gouverneur, tous républicains. Les démocrates ont dénoncé « *l'offensive* » des républicains contre un système de santé « *abordable* » et annoncé qu'ils fe-
raient « *immédiatement appel* ». « *Les républicains sont totalement
responsables de ce jugement cruel* », a écrit Nancy Pelosi. Pour le
chef des sénateurs démocrates, Chuck Schumer, « *si ce jugement*

affreux était maintenu par les cours supérieures, cela serait un désastre pour des dizaines de millions de familles américaines ».

Trois milliardaires s'unissent dans le secteur de la santé

Jeff Bezos, Warren Buffett et Jamie Dimon, vont unir leurs forces pour créer un système de protection sociale répondant au démantèlement d'Obamacare et à l'explosion des coûts d'assurance maladie. La nouvelle société, indépendante et à but non lucratif, va se focaliser premièrement sur les technologies afin d'aider les employés et leurs familles à mieux comprendre le fonctionnement du système de santé américain, actuellement en pleine crise. M. Buffett est à la tête du conglomérat Berkshire Hathaway qui possède notamment la société d'assurance Geico, Jeff Bezos dirige le géant de la distribution en ligne Amazon alors que Jamie Dimon est le PDG de JPMorgan Chase, la première banque américaine en termes d'actifs. S'il ne concernera au début que les employés de leurs groupes respectifs, soient environ 960 000 personnes, le système que les trois hommes veulent mettre en place pourra s'étendre potentiellement à tous les Américains. Les coûts de santé aux États-Unis ont grimpé de 4,3% en 2016 pour atteindre 3.300 milliards de dollars soit près de 10.500 dollars par personne vivant aux États-Unis. Leur poids atteint près de 18% du PIB, le double de ce qu'il représentait en 1980 selon les chiffres de l'organisme officiel CMS.gov. D'après la Kaiser Family Foundation, la moitié environ des 325 millions d'Américains ont une couverture souscrite par leurs employeurs, souvent à un coût abordable, auprès d'assureurs privés. Un peu plus d'un tiers des Américains bénéficient d'une couverture publique, réservée aux plus vulnérables (programme Medicaid) et aux plus de 65 ans (Medicare). Le reste est soit sans assurance, soit assuré individuellement auprès d'assureurs privés, par exemple des travailleurs indépendants ou des salariés de petites entreprises. Pour eux, le coût peut être très élevé : des milliers voire des dizaines de milliers de dollars par mois pour une famille. Le but d'Obamacare était de réduire le nombre de personnes ne bénéficiant d'aucune couverture (environ 16% en 2010) et d'imposer une amende à toute personne ne souscrivant pas une assurance maladie afin d'équilibrer financièrement le système (individual mandate).

LE BILAN POLITIQUE DES
MENSONGES A RÉPÉTITION

Donald Trump a fait rire les dirigeants de la planète réunis à l'ONU en vantant, à la tribune de l'Assemblée générale, son propre bilan, le meilleur à ses yeux dans l'Histoire des Etats-Unis.

Depuis son élection le 8 novembre 2016, le président des États-Unis ne cesse de vanter son bilan économique à coup de messages intempestifs postés sur Twitter et de déclarations incontrôlées. Si certains indicateurs reflètent une bonne santé de l'économie américaine, les promesses annoncées par Donald Trump sont très loin d'être remplies. L'opinion des économistes au niveau international demeure négative sur la politique économique menée par Donald Trump. Selon une enquête de l'institut de recherche économique allemand IFO publiée ce 7 novembre, 73,9% des experts basés dans 120 pays pensent « *le président américain va influencer de manière négative l'économie mondiale* ». De même que 57,6% des économistes interrogés pensent que la politique économique du républicain pourrait être néfaste pour l'économie américaine. La justice sociale et le climat seraient les deux domaines les plus touchés par les mesures de la Maison Blanche. L'administration Trump obtient également de mauvais résultats dans l'enquête, basée sur un échantillon de 929 spécialistes, en ce qui concerne le commerce international, la coopération multilatérale ou sur les questions de paix ou de sécurité. Les experts interrogés dans les pays frontaliers comme le Canada et le Mexique ont exprimé des avis négatifs sur les conséquences des décisions de Trump sur leur propre pays.

Sur la gestion des crises, le monde n'est pas passé loin d'une guerre atomique avec les nord-coréens, mais fort heureusement celle-ci s'est soldée par une rencontre historique à l'été 2018 entre Trump et Kim. Par cette crise, Trump nous a rappelé combien il avait le sang chaud, et que la situation géopolitique mondiale dépendait en partie de son humeur. Sur le plan environnemental, Trump a gardé sa ligne de conduite, accusant le réchauffement climatique d'être une invention des asiatiques, en ne nommant que des climatosceptiques dans son gouvernement, et surtout en sortant peu après son investiture des accords de Paris de la COP 21, une catastrophe pour la planète.

Côté diplomatie, Trump a réaffirmé ses liens avec Israël, en transférant l'ambassade américaine à Jérusalem, s'attirant les foudres de la communauté internationale. Conjointement avec Israël, les Etats-Unis se sont aussi retirés de l'UNESCO. Les Etats-Unis sont alors plus que jamais en retrait sur eux-mêmes, avec le retrait des accords tarifaires ou le début de construction du mur avec le Mexique.

A l'heure où la cote de popularité du président ne cesse de dégringoler et les inculpations de ses proches se multiplient dans le cadre de l'enquête sur la possible ingérence russe dans la campagne présidentielle, les questions sur les deux années à venir du mandat présidentiel américain n'ont jamais été aussi importantes.

La methode Super Trump

Sur l'échiquier mondial, il y a bien une « méthode Trump » : Celle du bulldozer ou de l'éléphant dans un magasin de porcelaine. Foncer, tout écraser sur son passage, à commencer par les accords et traités « horribles » hérités du passé, puis renégocier pied à pied, insultes et ultimatums à l'appui. Et ce, guidé par une double obsession : restaurer la primauté des Etats-Unis (America First) ; revigorer son économie, quitte à user et abuser du protectionnisme.

1 - Ses chers voisins du Canada et du Mexique :

Donald Trump a juré de mettre un terme à ce qu'il assimile à une infamie : le déficit commercial colossal que creusent les échanges avec Mexico et Ottawa. Et il tient parole. Pour preuve, la dénonciation de l'Alena, le « catastrophique » traité de libre-échange nord-américain.

2 - Ses amis ? de toujours : *l'Europe*

Il tient l'Union européenne pour un nain politique aux prétentions exorbitantes, mais aussi pour un rival économico-commercial qu'il convient de museler.

3 - Afrique : *Ces pays de merde, fournisseurs de migrants*

Au-delà de l'anathème raciste, il est clair que Trump, fils d'un adepte du Ku Klux Klan, fait l'impasse sur 1,2 milliard d'habitants.

4 - Proche et Moyen-Orient : *le chéri des Israéliens*

A 100 % avec Israël, Benyamin Netanyahu et Jared Kushner, gendre et conseiller de Donald Trump qui rêve de l'émergence d'un axe israélo-égypto-saoudien, tendu vers un seul et même but : affaiblir les chiites iraniens. Coté Syrie, Washington s'accommodant fort bien du maintien au pouvoir du criminel de guerre Bachar el-Assad.

5 - Russie : *le team Trump-Poutine*

Le tandem Donald Trump-Vladimir Poutine est un exemple de la « love-hate relationship ». Mélange de virilité concurrente, de fascination réciproque et de dédain mutuel. Qui sortira vainqueur ?

6 - Corée du Nord : *Ira, ira pas ?*

Brandir le poing puis tendre la main. Menacer de déchaîner « le feu et la fureur », afin d'engager un marchandage en position de force. Avec, si possible, le concours de la Chine, marraine contrariée de la dynastie Kim.

7 - Chine : *L'équation acrobatique*

La Chine doit être traité à la fois en ennemi idéologique, en rival économique et en partenaire géopolitique. Equation acrobatique, qui conduit à d'insolites contresens.

8 - Iran : *l'illusion*

Rangée parmi les « Etats voyous », la République islamique doit, selon Trump, rentrer dans le rang et renoncer à ses ambitions géopolitiques. Un peu naïf !

Trancher d'abord, réfléchir ensuite : il y a bien une méthode Super Trump.

LES PETITS (GROS) MENSONGES
DE TOUS LES JOURS

Triste réalité : le président américain a menti ou exagéré des faits tous les jours depuis le premier jour de son mandat. Un rythme effréné qui se calme le week-end mais pas forcément pour les bonnes raisons : les jours sans mensonge coïncident presque exactement avec ceux où Donald Trump joue au golf, se repose dans sa villa de Mar-a-Lago, visite l'une de ses propriétés ou ne dégaine pas sur Twitter. Bref, il ne ment pas au public quand il ne parle pas en public. Les psychiatres nous le disaient : le mensonge est la principale arme des populistes autoritaires et l'insensibilité qu'on finit par développer à l'égard du mensonge est pour eux un précieux atout politique.

Quelques exemples :

Donald Trump a déclaré à de nombreuses reprises que le gouvernement mexicain se débarrassait de ses criminels en les envoyant aux Etats-Unis. « *Quand le Mexique envoie ses gens, ce ne sont pas les meilleurs. (...) Ils apportent de la drogue. Ils apportent le crime. Ils apportent des violeurs* ». **FAUX** Le Washington Post rappelait alors que différentes études avaient montré que le taux de criminalité chez les nouveaux immigrés était plus faible que pour les autres populations aux Etats-Unis.

Quel lien entre la fusillade qui a fait plusieurs morts à Strasbourg et le mur à édifier entre le Mexique et les Etats-Unis ? Pour Donald Trump, il est évident : il faut verrouiller les frontières. «*Encore une terrible attaque terroriste en France. Nous allons encore plus renforcer nos frontières*», a lancé le président américain dans un tweet. Peu importe que le tireur soit né à Strasbourg et que la question des migrants ne se pose donc pas.

« *Nous avons fait passer plus de lois que n'importe quel président* ». ***FAUX.*** Clinton, Carter, Truman ou encore Franklin Delano Roosevelt le devancent tranquillement.

« J'ai fait la couverture du Time Magazine 14 ou 15 fois. Je crois qu'on tient un record dans l'histoire du journal ». **«FAUX»**. Le NY Times rappelle alors que Trump n'a fait la couverture que 11 fois contre… 55 pour Nixon.

« Des «milliers de personnes» dans le New Jersey ont « acclamé » la chute des tours du World Trade Center : **FAUX**. Après les attentats de Paris, Trump concentre ses critiques sur les musulmans. Le 21 novembre, lors d'un meeting, il a dit avoir vu à la télévision « *des milliers et des milliers* » de musulmans applaudir, aux Etats-Unis, les attentats du 11 septembre 2001. Une affirmation maintenue et martelée par la suite. « *Je l'ai vu. Tellement de gens l'ont vu, a-t-il insisté. J'ai des milliers de gens qui sont d'accord avec moi* ». Selon lui, ces personnes de confession musulmane, qui se trouvaient dans le New Jersey, ont notamment dansé pour saluer la chute des tours du World Trade Center. Il s'agit d'une vieille légende urbaine. Il n'existe aucune preuve de cet événement. Politifact s'est plongé dans les archives et n'a rien trouvé. Le site rapporte que l'agence Associated Press avait évoqué, à l'époque, des rumeurs « *infondées* » concernant des musulmans célébrant l'attaque. Sans compter que les autorités du New Jersey nient que cela se soit produit sur leur territoire. Pris la main dans le sac par plusieurs médias, Donald Trump s'est moqué, le 24 novembre, en plein meeting, du handicap d'un journaliste qui l'avait épinglé.

« Blancs tués par des Noirs : 81 % » : **FAUX**. Alors que les polémiques sur d'éventuelles bavures racistes de policiers américains perdurent, Donald Trump a relayé, le 22 novembre sur Twitter, une infographie sur les crimes aux Etats-Unis en 2015. Ces statistiques affirmaient notamment : « *Blancs tués par des Blancs : 16 %. Blancs tués par des Noirs : 81 %* ». De nombreux sites d'informations américains, comme BuzzFeed, Quartz ou encore le Washington Post ont montré que ces chiffres étaient faux. D'une part, la source, le bureau des statistiques du crime de San Francisco, n'existe pas, d'autre part, le Washington Post a rapporté les chiffres du FBI pour l'année 2014. Et il se trouve que les chiffres officiels sont à l'inverse de ceux relayés par Donald Trump : Sur la totalité des Blancs tués, 82,4% l'ont été par des Blancs et 14,8% par des Noirs.

« Notre vrai taux de chômage est de 42% » : **FAUX**. C'est ce qu'il a affirmé dans un entretien accordé au Time, le 18 août. Selon lui, les chiffres officiels sont erronés. Il évoque d'abord un taux de chômage à 21%, puis affirme que le *« vrai »* taux de chômage américain s'élève à 42%. D'après le département du Travail américain, le taux de chômage aux Etats-Unis tourne autour de 5%. Libération explique que ce chiffre est critiqué par de nombreux commentateurs qui préfèrent un autre indicateur, émanant lui aussi du département du travail : la sous-utilisation de la main-d'œuvre, appelée *« Labor underutilization rate »* ou U-6 rate. Le quotidien explique que ce chiffre, qui s'élève à 10,4%, prend en compte les chômeurs, *« mais également le temps partiel subi et les personnes désirant travailler mais dont la recherche d'emploi n'est pas assez récente pour qu'elles soient comptabilisées dans le taux de chômage classique »*. Le chiffre de 42% est donc totalement faux.

Il connaît « très bien » Vladimir Poutine : **FAUX**. Donald Trump a assuré avoir sympathisé avec le président russe lors de l'émission *« 60 minutes »* diffusée sur CBS le 27 septembre. Il l'a déclaré le 10 novembre lors d'un débat face aux autres candidats au primaire républicaine, entièrement retranscrit par le Time. Le site Factcheck.org rappelle que les deux hommes étaient effectivement invités de l'émission *« 60 minutes »* sur la chaîne américaine CBS. Mais ils ont été interviewés séparément, dans deux pays différents, à des milliers de kilomètres de distance.

La croissance américaine n'a « jamais » été négative : **FAUX**. C'est peut-être le premier mensonge de sa campagne. Le 16 juin, lors du discours officialisant sa candidature à l'investiture républicaine, il a déclaré que le taux de croissance du PIB (produit intérieur brut) des Etats-Unis était passé sous le seuil de zéro au premier trimestre 2015 sous la houlette de Barack Obama. *« Qui a déjà entendu ça ? »*, a-t-il interrogé, sous-entendant que les Etats-Unis n'ont jamais traversé de phases de récession ou de taux de croissance négatif. Cela est arrivé 42 fois depuis 1946, relèvent USA Today, Factchek.org ou encore Politifact. D'ailleurs, ces phases où le taux de croissance est passé sous 0 se sont produites plus souvent sous un président républicain (30 fois, contre 12 sous un président démocrate).

Une victoire électorale : Donald Trump a affirmé qu'il « avait béné-

ficié de la plus grande victoire au collège électoral depuis Ronald Reagan ». *FAUX*. Le journaliste de Bloomberg Sahila Kaur a ainsi compilé les résultats des derniers résultats des présidents américains depuis Ronald Reagan qui démentent largement les propos de Trump :

Victoires électorales : 2016 Trump 304 ; 2012 Obama 332 ; 2008 Obama 365 ; 2004 Bush 286 ; 2000 Bush 271 ;1996 Clinton 379 ; 1992 Clinton 370 ; 1988 Bush 426.

L'uranium d'Hillary Clinton : « Nous avons Hillary Clinton qui a donné 20% de l'uranium de notre pays à la Russie. Vous savez ce qu'est l'uranium ? Ces choses que l'on appelle armes nucléaires, beaucoup de choses sont fabriquées avec de l'uranium, y compris des mauvaises choses ». *FAUX.* Trump faisait référence à la vente d'entreprises américaines dans le domaine de l'uranium à des groupes russes en 2010. Mais Hillary Clinton lorsqu'elle était secrétaire d'Etat ne pouvait pas arrêter la signature de ce contrat seule. Il faut également l'accord de huit autres agences fédérales. Par ailleurs, seul le président Barack Obama possède ce droit de veto.

« Le taux d'homicide dans notre pays est le plus élevé depuis 47 ans... Vous le saviez-ça ? 47 ans... Je l'ai dit dans un discours et tout le monde a été surpris, parce que la presse n'en parle pas comme cela. Ce n'est jamais à leur avantage de dire ça ». *FAUX.* D'après les statistiques sur la criminalité du FBI, le taux d'homicide est bien en baisse sur les 20 dernières années, même s'il a connu une légère hausse en 2015. Il est passé de 8,2 pour 100.000 habitants en 1995 à 4,9 pour 100.000 habitants en 2015.

Attaque terroriste en Suède : « Regardez ce qu'il s'est passé hier en Suède. La Suède, qui l'aurait cru ? La Suède. Ils ont des problèmes qu'ils n'auraient jamais cru possibles ». *FAUX.* En réalité, il ne s'est rien passé en Suède. (Source : Politifact - 18 février 2016)

« Le terrorisme islamique gagne de larges portions du Moyen-Orient. Ils sont devenus riches. Je suis en concurrence avec eux. Ils viennent de construire un hôtel en Syrie. Vous y croyez ? Ils ont construit un hôtel ». *FAUX.* L'Etat islamique a bien occupé un hôtel, mais à Mossoul en Irak. Ils l'ont rouvert mais seulement pour leurs commandants. Source : BuzzFeed - 16 juin 2015

« *Dans son programme, Hillary Clinton veut libérer les violents criminels de prison. Elle veut tous les faire sortir* ». **FAUX**. Hillary Clinton ne proposait rien de tel, seulement de revoir la façon dont la justice traite les prisonniers non-violents. Source : Politifact - 26 mai 2016

« *Je n'ai jamais dit que les musulmans seraient sujets à du profilage sous ma présidence* ». **FAUX**. En fait, il s'y est dit ouvert à deux reprises dans des interviews. Source : Politifact - 21 septembre 2016

« *L'Otan est obsolète... Vous savez, quand ils ont créé l'Otan, il n'y avait pas de chose comme le terrorisme* ». **FAUX**. L'Otan a été créé en 1949. En 1948, des attaques terroristes ont visé les juifs en Egypte et en Israël. L'Otan n'est pas non plus obsolète dans la mesure où l'organisation a lancé un programme en février pour entraîner les forces de sécurité irakiennes contre l'Etat islamique. Source : Reuters - 23 avril 2017

« *Ici, à Philadelphie, le taux de meurtre a progressé. Je veux dire, dramatiquement augmenté* ». **FAUX**. En 2016 il y a eu 277 meurtres dans la ville d'après les chiffres de la police, moins qu'en 2015 (280) mais plus qu'en 2014 (248). En revanche, depuis le début des années 2000, la tendance est à la baisse. Source : Politifact - le 22 janvier 2017

« *L'EI se fait des millions de dollars chaque semaine en vendant le pétrole libyen* ». **FAUX**. L'EI a bien attaqué les gisements de pétrole libyen mais sans les exploiter, encore moins pour en vendre et gagner plusieurs millions de dollars par semaine. Le but était juste de perturber le marché et d'empêcher ses rivaux d'obtenir ce pétrole. Source : Politifact - 27 avril 2016

« *La NSA et le FBI ont dit au Congrès que la Russie n'avait pas influencé l'élection présidentielle* ». **FAUX**. Au contraire, James Comey, alors encore directeur du FBI, a dit que la Russie aurait cherché à influencer l'élection américaine. Source : Politifact - 20 mars 2017

« *Hillary Clinton a inventé l'EI avec ses politiques stupides. Elle est responsable de l'EI.* ». **FAUX**. Les racines de l'Etat islamique remontent à 2004, quand Bush était président et que Hillary Clinton n'était pas encore secrétaire d'Etat d'Obama. C'est l'administration

Bush qui a préconisé l'intervention en Irak et si Hillary Clinton l'a autorisée comme sénatrice, beaucoup d'autres sénateurs ont aussi voté en faveur de l'intervention. Source : Politifact - 17 juillet 2016.

« Nos vétérans, dans beaucoup de cas, sont moins bien traités que les migrants illégaux ». **FAUX**. Au contraire, les vétérans ont même plus de privilèges que les citoyens lambda. Source : Politifact - 9 septembre 2016

« Le président Obama » veut accueillir 250 000 Syriens ». **FAUX**. Obama a prévu d'augmenter le nombre de réfugiés arrivant de tous les pays, et pas seulement de la Syrie, afin d'atteindre 100 000 personnes en 2017. Source : Politifact - 14 novembre 2015

« A propos de l'entrée des ressortissants syriens aux Etats-Unis sous Obama : « Si vous étiez musulman, vous pouviez entrer, si vous étiez chrétien, ça n'était pas possible. » » **FAUX**. Non, il n'y avait aucune discrimination en fonction de la religion des entrants sur le territoire américain. Source : Politifact - 29 janvier 2017

« Le New York Times a perdu « beaucoup d'abonnés ». **FAUX**. Au contraire, le quotidien a connu une hausse considérable des abonnements en ligne. Source : Libération - 29 janvier 2017

« Le New York Times a envoyé une lettre à ses abonnés s'excusant pour la mauvaise couverture médiatique qu'ils ont faite de moi ». **FAUX**. Le journal a au contraire envoyé une lettre remerciant ses lecteurs pour leur fidélité et leur promettant de continuer à suivre de près Donald Trump. Source : Politifact - 15 novembre 2016

« La Chine et l'Inde sont les plus gros pollueurs mondiaux ». **FAUX**. En valeur absolue, ce sont la Chine et les Etats-Unis. En émissions de CO_2 par habitant, les Etats-Unis sont en tête. Source : Libération - 1er juin 2017

« Au sujet du Fonds vert pour le climat : Personne ne sait où va l'argent ! Personne n'a été capable de dire. Où est-ce que ça va ? ». **FAUX**. Le président américain est particulièrement mal renseigné (ou de mauvaise foi) : le site du programme de l'ONU détaille l'ensemble des projets déjà financés, qui visent tous à limiter le réchauffement climatique ou à lutter contre ses effets. Source : Libération - 1er juin 2017

« *En très peu de temps, on a déjà ajouté près d'un million de nouveaux emplois* ». **FAUX**. Les chiffres officiels du gouvernement comptent environ 600 000 emplois supplémentaires depuis l'investiture de Trump. Source : CNN - 8 juin 2017

« *Nous sommes la nation la plus taxée au monde* ». **FAUX**. Les données de l'OCDE montrent que c'est loin d'être le cas, il y a de nombreux pays plus taxés que les Etats-Unis.   Source : Politifact - 8 mai 2016

« *Hillary Clinton veut vous confisquer vos armes, et elle veut abolir le second amendement* ». **FAUX**. Hillary Clinton n'a jamais exprimé sa volonté de s'en prendre au second amendement de la Constitution, elle veut seulement mieux encadrer le port d'armes pour limiter les violences. Source : Politifact - 7 mai 2016

« *Il y a une énorme augmentation de l'autisme aux Etats-Unis* ». **FAUX**. Les données sont stables depuis 2014. Source : Libération - février 2017

« *Au sujet des accusations d'agressions sexuelles qui le visent : « Personne n'a plus de respect pour les femmes que moi - personne. Et franchement, ces histoires ont été discréditées* ». **FAUX**. Une dizaine de femmes ont révélé les agressions sexuelles de Donald Trump, et aucune n'a été jugée fausse. Des proches de Trump ont nié, et ont fait d'autres témoignages, mais il n'y a pas moyen de savoir qui disait vrai. Source : Politifact - 19 octobre 2016

« *Je pense que [Vladimir Poutine] a dit des trucs vraiment bien. Il m'a traité de génie. Il a dit Trump est un génie. Okay. Donc, vous voyez, ça, c'est gentil* ». **FAUX**. Dans la traduction de la conférence de presse annuelle du président russe par la chaîne ABC, Poutine décrit Trump comme talentueux, haut en couleur, mais il ne le traite jamais de génie. Source : Libération - 28 avril 2016

Terrible ! Je viens de découvrir qu'Obama avait mis mes lignes sur écoute dans la tour Trump juste avant ma victoire. Rien n'a été découvert. C'est du maccarthysme ! » **FAUX**. Le FBI et la NSA ont discrédité ses accusations infondées de Trump, affirmant qu'il n'avait pas été mis sur écoute pendant la campagne par Obama. Source : Libération - 4 mars 2017

« *Des millions de personnes ont voté illégalement* » *pour l'élection présidentielle* ». **FAUX**. Un recomptage des voix effectué dans 3 swing states n'a pas révélé d'irrégularités. Source : Libération - 27 novembre 2016

Donald Trump a accusé Hillary Clinton d'avoir été la première, alors qu'elle faisait campagne en 2008, à avoir mis en doute la nationalité de celui qui était alors son rival, Barack Obama. « *Elle a commencé la polémique, j'y ai mis fin* », a-t-il déclaré. **FAUX.** Dans un tweet, elle écrit: « *Trump a propagé pendant des années un complot raciste pour nuire au premier président afro-américain. Il ne peut pas l'effacer* ». Le principal intéressé, Obama, serein sur son lieu de naissance, a dit d'un ton amusé qu'il était choqué que cette question occupe une telle place alors qu'il y a tant de choses à faire. « *J'espère que l'élection présidentielle portera sur des sujets plus sérieux que celui-ci* ».

Insolite

Trump ment tellement que les journalistes recourent à des procédés scientifiques pour mesurer l'ampleur de ses mensonges.

Il n'y a qu'avec une personne comme le President Donald Trump que les journalistes ont besoin de recourir à « des procédés scientifiques » pour mesurer la crédibilité et la fiabilité des discours du président américain. Car Trump est un menteur en série, a écrit le site splinternews.com.

Daniel Dale, le chef du bureau de Washington du Toronto Star, a indiqué qu'il a réalisé la première analyse statistique détaillée sur les mensonges de Trump. Selon lui, Trump a menti au sujet de la météo le jour de son installation. Le lendemain, il a menti au sujet de la taille de la foule. Il ment à propos de tout, même quand il n'y a aucun avantage apparent à le faire. Le Toronto Star a analysé pas moins de 1.340.330 mots que Trump a prononcé depuis son discours inaugural du 20 janvier 2017 jusqu'au 1er Juillet de cette année. Le journal a souligné qu'il avait trouvé 1929 fausses annonces au cours de cette période. Mais, Dale a ajouté que « les lecteurs voulaient plus que ce nombre brut. Ils nous ont demandé, par exemple, d'expliquer pourquoi le nombre de fausses déclarations par semaine a augmenté depuis début 2017 ». La question clé : Est-ce que c'est parce que Trump a parlé plus, ou est-ce que parce que ses prises de paroles contiennent encore plus de mensonge qu'auparavant ?

Selon Dale, « l'ampleur des mensonges » de Trump a augmenté. « Le problème n'est pas seulement qu'il parle plus ces jours-ci. C'est ce qu'il dit qui est moins véridique », a-t-il affirmé. Par exemple, Trump a dit un « mensonge » tous les 19,4 mots, selon le rapport. En 2017, le pourcentage des fausses annonces de Trump était de 3,8%. Ce chiffre serait maintenant de 7,3%, a déclaré Dale. L'analyse a également montré que Trump parle aussi plus qu'il ne le faisait auparavant avec plus de 20%. Selon l'étude : Le nombre de mots prononcés par Trump au cours d'une semaine varie considérablement en fonction de son agenda. Trump a prononcé en public en moyenne 484 mots par jour de plus en 2018 qu'en 2017, 2.856 contre 2 372, soit une augmentation de 20%. L'équipe du Star de Toronto pense que l'augmentation du nombre de discours de Trump et le nombre de ses mensonges sont en partie dus, plus ces jours, à ses improvisations qui génèrent plus de mensonges que lorsqu'il utilise un discours pré-écrit.

DIX CITATIONS QUI PARLENT
D'ELLE MÊMES :

1 - *« Je serais le plus grand President pour l'emploi que Dieu ait créé ».* (16 Juin 2015)

2 - *» Le libre-échange peut être merveilleux s'il est négocié par des gens intelligents, mais nous avons des gens stupides ».* (16 Juin 2015)

3 - *« Croyez-moi, personne ne construit des murs mieux que moi. Je vais construire un grand, grand mur sur notre frontière sud. Et je ferais payer les Mexicains ».* (16 Juin 2015)

4 - *« J'ai un patrimoine bien supérieur à 10 milliards de dollars... Ce n'est pas pour me vanter, mais vous savez quoi ? Je n'ai pas à le faire ».* (16 Juin 2015)

5 - « *Si un jour je me présente et que vous allez parler de mon passé, jusqu'à la maternelle, ils se souviendront de moi* ». (Interview accordée à la chaîne de télévision ABC, le 17 mars 2011)

6 - « *Je lave mes cheveux avec Head and Shoulders. Je les laisse sécher tout seul et ça prend environ une heure. Ensuite je les peigne en arrière, de la même manière depuis des années* ». (Entretien accordé au magazine « *Rolling Stone* », le 26 mai 2011)

7 - « *Si on veut arrêter la criminalité, il faut s'arrêter d'être politiquement correct* ». (Sur son compte Twitter, le 5 juin 2013)

8 - « *Je pense que la seule différence entre moi et les autres candidats, c'est que je suis plus honnête et que mes femmes sont plus belles* ». (Au journal « *Morning Call* », le 21 novembre 1999)

9 - « *Je ne suis pas pour le mariage gay. On n'a vraiment pas débattu de ce sujet avec moi. Les gens savent que ce n'est pas mon truc* ». (Lors d'une émission sur la radio américaine Sirius XM, le 2 juillet 2013).

10 - « *Devenir riche est facile, rester riche est plus dur* ». (Dans son livre « *Think Like a Billionaire : Everything You Need to Know About Success, Real Estate, and Life* », publié le 27 septembre 2005)

LES CONTRADICTIONS :

La Chine

À partir de quand exactement la Chine a-t-elle commencé à manipuler sa monnaie pour accentuer la compétitivité de ses entreprises à l'international ? « *Au moment où je suis rentré au bureau ovale* », assure Donald Trump le 21 avril. Puis « *pendant l'élection* », défend-il le 29. « Dès que j'ai été élu », pérore-t-il ensuite le lendemain. Le 1er mai, cela devient : « *Depuis que j'ai commencé ma campagne* ». Et enfin, le 4 mai : « *Depuis que j'ai commencé à parler de manipulation monétaire* ». On hallucine. Entre le 21 avril et le 4 mai, soit en l'espace de deux semaines seulement, sur un sujet brûlant de politique internationale, le président des États-Unis réussit l'exploit de déclarer cinq « *faits* » tout à fait contradictoires. Et ce, au vu et au su de tout le monde, puisque ces déclarations sont la plupart du temps aisément vérifiables.

Poutine

« *Erreur de syntaxe* », hésitations: sous pression, le président américain revient en arrière sur ses déclarations à propos de Vladimir Poutine. En rajoutant à chaque fois une couche supplémentaire de confusion.

Acte I : Le Lundi, Trump rencontre son homologue russe sans proférer la moindre critique, et laisse entendre que les accusations d'ingérence russe dans la présidentielle américaine de 2016 sont infondées. Pire, il accable les services de renseignement américains. Tollé de réactions outrées et consternation chez les républicains, y compris parmi ses proches. Donald Trump est accusé de traîtrise et d'antipatriotisme.

Acte II : Trump se lance dans un acte de contrition, dans l'avion du retour. Il prétend d'abord avoir une « *immense confiance* » dans les services secrets américains. Un peu plus tard, il déclare avoir commis une erreur de syntaxe, avoir confondu « *would* » et « *wouldn't* ». Il voulait dire, à propos de l'ingérence russe : « *Je ne vois aucune raison pour laquelle cela NE serait PAS la Russie* » et non pas « *Je ne vois aucune raison pour laquelle ce serait la Russie* ». L'explication paraît pour le moins tordue. En faisant cela, Trump reconnaît explicitement les conclusions des services américains sur cette interférence. Jusqu'ici, il s'était surtout escrimé à balayer toute accusation de collusion et à dénoncer une « *chasse aux sorcières* ».

Acte III : Mercredi soir, le président poursuit son opération de rétropédalage et en rajoute une couche. Dans une interview accordée à CBS, il cherche à prouver sa fermeté face à Vladimir Poutine. « *Je lui ai fait savoir que nous ne pouvions tolérer cela* », dit-il à propos de l'ingérence. A Jeff Glor qui lui demande s'il tiendrait Poutine personnellement responsable de cette interférence, il répond: « *Oui, je le ferai, car il est à la tête du pays, tout comme je me considère moi-même comme responsable de ce qui arrive aux Etats-Unis.* » Poutine vous ment-il? enchaîne le journaliste. Réponse: « *Je ne veux pas savoir s'il ment ou non. Je peux seulement dire que j'ai* confiance dans nos agences de renseignement telles qu'elles sont actuellement constituées ».

« Aucun président n'a été aussi ferme que moi sur la Russie. [...] Je pense que le président Poutine le sait mieux que quiconque, sûrement mieux que les médias », a-t-il également déclaré depuis la Maison-Blanche. « Regardez les chiffres, regardez ce que nous avons fait, regardez les sanctions ». Toujours à CBS, Donald Trump fait savoir qu'il estime, malgré la pluie de critiques et ses circonvolutions, s'être « bien débrouillé » face à Poutine.

Steve Bannon

Au cours d'une conférence de presse le 15 août dans le hall de la Trump Tower de New York, le président américain avait l'air de louer ses qualités.

« J'aime bien [Steve] Bannon, c'est un ami [...] C'est quelqu'un de bien, pas un raciste », avait expliqué Donald Trump, en précisant qu'il avait rejoint tardivement son équipe.

Puis en août 2017 : « Steve Bannon n'a rien à voir avec moi ou ma présidence. Quand il a été limogé, il n'a pas seulement perdu son travail, il a perdu la raison », a déclaré le Donald Trump. « Steve n'a eu qu'un rôle très limité dans notre victoire historique », a-t-il ajouté, accusant son ancien conseiller stratégique d'avoir passé son temps à la Maison Blanche « à faire fuiter de fausses informations aux médias pour se rendre plus important qu'il n'était ».

C'EST LA FAUTE AUX DÉMOCRATES !!

Trump accuse les Démocrates d'être responsables de ses propres mesures anti-immigrés : ubuesque ! À deux reprises, le président Donald Trump a accusé les élus Démocrates d'être responsables de la séparation des familles d'immigrés à la frontière avec le Mexique, une mesure que l'administration Trump a mise en place en 2018.

Depuis qu'il a été révélé que les autorités avaient séparé des centaines d'enfants de leurs parents migrants ou demandeurs et demandeuses d'asile, l'opposition Démocrate accuse l'administration Trump de cruauté. L'organisation de défense des droits civiques ACLU a lancé une procédure juridique pour faire cesser les séparations et l'ONU les a officiellement condamnées. Mais comme il est difficile de défendre une pratique consistant à séparer les familles, avec des cas de bébés arrachés des bras de leurs mères, Trump n'assume pas et accuse les Démocrates d'être responsables.

Ainsi, il écrivait sur Twitter le 26 mai:

« Faites pression sur les Démocrates pour mettre fin à l'horrible loi qui sépare les enfants de leurs parents une fois qu'ils traversent la frontière ».

Donald J. Trump@realDonaldTrump. Put pressure on the Democrats to end the horrible law that separates children from their parents once they cross the Border into the U.S. Catch and Release, Lottery and Chain must also go with it and we MUST continue building the WALL! DEMOCRATS ARE PROTECTING MS-13 THUGS. 06 :59 - 26 mai 2018

Ii n'y a pourtant pas « *d'horrible loi* » dont seraient responsables les Démocrates. Ce qui a changé, c'est que le ministre de la Justice de Trump, Jeff Sessions, a décidé que tous les migrants et migrantes qui passeraient la frontière illégalement, même en demandant l'asile, seraient inculpés. Avant cela, ce genre de cas était traité par des tribunaux administratifs d'immigration, et les personnes étaient placées en centre de rétention en attente de jugement ou d'expulsion. Avec la nouvelle politique Trump, les adultes sont inculpés et vont dans le système carcéral, alors que leurs enfants restent dans des centres de rétention.

Sessions avait clairement expliqué la démarche début mai:

« Si vous faites venir un enfant illégalement, nous allons engager des poursuites contre vous, et nous vous séparerons de cet enfant, probablement, comme la loi le requiert. Si vous ne voulez pas être séparé de votre enfant, alors ne traversez pas illégalement la frontière avec elle ou lui ».

Malgré cette déclaration venant de son propre ministre, Trump a de nouveau faussement accusé les Démocrates dans un tweet du

5 juin: « *La séparation des familles à la frontière est la faute de mauvaises lois votées par les Démocrates* ».

Donald J. Trump @realDonaldTrump Separating families at the Border is the fault of bad legislation passed by the Democrats. Border Security laws should be changed but the Dems can't get their act together! Started the Wall. 04:58 - 5 juin 2018.

Les claquettes du President

Un site américain a eu l'idée de commercialiser des claquettes rouges et blanches peu banales: ce sont les « claquettes du président ». Sur ces pièces, à 28 dollars la paire, on peut y lire les contradictions de Donald Trump, qu'il a pu mettre en évidence sur Twitter, son outil de communication privilégié. Vous pouvez choisir quelles contradictions vous voulez porter. Vous pouvez proposer de nouvelles idées sur Twitter à l'aide de l'hashtag #PresidentFlipFlops ». Exemples :

A gauche : « De nouveau, à notre fou de président, n'attaquez pas la Syrie, si vous le faites, beaucoup de mauvaises choses vont arriver et de ce combat les États-Unis ne gagneront rien ». Puis à droite, trois ans plus tard : « Félicitations à nos formidables militaires, hommes et femmes, pour avoir aussi bien représenté les États-Unis et le monde lors de l'attaque en Syrie ».

A gauche : « Rappelez-vous, ne croyez pas les «sources» des médias malhonnêtes. S'ils ne nomment pas les sources, c'est qu'elles n'existent pas». Puis à droite: une « source extrêmement crédible » a appelé mon bureau et m'a dit que le certificat de naissance de Barack Obama est un faux ».

LE DROIT DU SOL

Le président Trump a annoncé qu'il voulait signer un décret supprimant le droit du sol pour les enfants nés de parents présents aux États-Unis en situation irrégulière. Une telle décision provoquerait une multitude de recours en justice car, selon les spécialistes, le président ne dispose pas de ce pouvoir. Il s'agit d'une violation de la Constitution et du 14e Amendement. Cet amendement adopté en 1868 avait pour but de protéger les anciens esclaves. Mais certains conservateurs estiment que ça ne devrait pas être appliqué aux migrants. Donald Trump a aussi affirmé que les États-Unis étaient « *le seul pays du monde* » à appliquer le droit du sol. **FAUX.** C'est en vigueur dans des dizaines de pays, dont la France.

Trump et le golf

Depuis le début de son mandat, le président américain s'est rendu près d'un jour sur quatre sur ses parcours de golf. Une chose est sûre, Donald Trump prend très à cœur la promotion de ses propriétés. Il a passé près d'un tiers de son temps depuis l'investiture dans l'un de ses clubs, soit quelque 116 jours, dont 73 sur un terrain de golf. Lui qui avait critiqué Barack Obama parce qu'il golfait trop, a joué sur la première année tous les 4,7 jours, contre 8,8 jours en moyenne pour son prédécesseur sur ses huit années de présidence. Selon un dernier décompte relayé par Mashable, « sur ses 590 jours de travail, Donald Trump en a utilisé 196 à se rendre sur ses différentes propriétés et 153 sur ses parcours de golf (soit près d'un jour sur quatre) ». Donald Trump assure n'avoir jamais vraiment travaillé son jeu avec l'aide d'un instructeur, ce qui explique peut-être ce défaut. « J'envisage le golf comme un jeu très naturel. Je n'ai jamais vraiment voulu connaître beaucoup de choses sur ma technique. Je fais confiance à mon instinct, en golf comme dans beaucoup d'autres choses », racontait-il à Golf Digest. Tout n'est pas parfait dans la relation qu'entretient Trump avec le golf. Il arrive que le président américain « profane le jeu qu'il aime tant », selon un éditorialiste du Washington Post : « Il fait passer sa voiture de golf sur les greens et les aires de départ. Il parle pendant que les autres joueurs préparent leur coup. » Au fil des années, plusieurs personnes ont accusé Donald Trump de tricher sur les greens, notamment l'acteur Samuel L. Jackson.

LES PROPOS RACISTES DE TRUMP

Donald Trump est obsédé par la question de la race, comme il l'a prouvé tout au long de sa carrière d'homme public. En tant que promoteur immobilier dans les années 1970 et 1980, il était déjà connu pour ses propos racistes. Plus récemment, il s'est hissé au sommet de la vie politique en reprenant à son compte le mensonge qui veut que le premier président noir du pays, Barack Obama, soit né au Kenya. Puis il a entamé sa campagne électorale par un discours dans lequel il a traité les Mexicains de violeurs. Quand il s'agit d'aborder ses déclarations sur le sujet, les médias se retranchent souvent derrière des euphémismes : ils évoquent des commentaires « *racialement compromettants* », « *à caractère racial* », « *sensibles sur le plan racial* ». Trump, quant à lui, soutient qu'il est « *la personne la moins raciste* » qui soit. Or, il faut regarder la vérité en face : Trump est raciste. Il parle des gens et les traite différemment selon leurs origines. Cela fait des années que ça dure, et il continue à le faire.

Voici donc une liste aussi exhaustive que possible de ses propos racistes, du moins ceux qui ont été rendus publics.

La société immobilière de Trump veillait à éviter de louer des appartements aux Noirs américains dans les années 1970, et accordait un traitement préférentiel aux Blancs, à en croire le gouvernement fédéral.

Dans ses casinos les salariés noirs n'étaient pas traités comme les blancs. D'après l'ancien directeur de l'un de ses hôtels, Trump aurait critiqué un comptable noir : « *Des Noirs qui comptent mon argent ! Je déteste ça... Je pense que ce type est un flemmard. Et ce n'est sans doute pas sa faute, car la flemme est un trait de caractère chez les Noirs* ».

En 1989, Trump a diffusé dans la presse new-yorkaise une campagne réclamant la peine de mort pour cinq adolescents noirs et hispaniques accusés d'avoir violé une femme blanche à Central Park. En octobre 2016, il affirmait encore qu'ils étaient coupables, alors que l'ADN a permis de les innocenter il y a plus de dix ans.

En 2016, il a démarré sa campagne présidentielle par un discours où il dépeignait les immigrés mexicains comme des délinquants et des « *violeurs* ». Il rejette les crimes commis par les gangs comme la Mara Salvatrucha (MS-13) sur l'ensemble des immigrés. Outre d'autres propos du même ordre, il a laissé entendre que la protection offerte par Obama aux « *Dreamers* » – ces immigrés entrés clandestinement aux États-Unis quand ils étaient enfants, mais qui respectent la loi – avait favorisé l'implantation de la MS-13.

En décembre 2015, Trump a appelé à « *une interdiction totale et complète de l'entrée des musulmans sur le territoire des États-Unis* », proposant même de ne pas laisser revenir dans le pays des citoyens américains de religion musulmane qui auraient effectué un voyage à l'étranger.

Trump a accusé de partialité un juge fédéral chargé de l'affaire de la Trump University parce qu'il était d'origine mexicaine.

En juin 2017, Trump a affirmé que les 15 000 migrants récemment arrivés d'Haïti avaient « *tous le sida* » et que 40 000 Nigérians ne voudraient jamais « *retourner dans leur hutte* » en Afrique, une fois qu'ils auraient vu les États-Unis.

Trump avait également assuré aux électeurs noirs : « *Vous vivez dans la pauvreté ; vos écoles sont mauvaises ; vous n'avez pas de boulot* ».

Il reproche souvent aux personnalités noires leur manque de patriotisme, de reconnaissance et de respect [en particulier les joueurs de football américain de la NFL].

Trump a fait campagne pour Roy Moore, le candidat au Sénat en Alabama, qui a parlé en termes élogieux de l'esclavage et demandé qu'on interdise à un député noir musulman de siéger au Congrès du fait de sa religion.

Trump a gracié (le shérif de l'Arizona) Joe Arpaio, condamné pour le fichage racial des Latinos et pour avoir infligé des conditions de détention inhumaines aux immigrants. Il ne tarit pas d'éloges sur lui.

Dans les années 1990, Trump a diffusé une publicité affirmant que « *les Indiens Mohawks sont connus pour leurs activités criminelles* ». À l'époque, il luttait contre la concurrence sur le marché des casinos.

Les violences de Charlottesville

Samedi 12 août 2017, la ville de Charlottesville en Virginie a été le lieu pendant deux jours de confrontations violentes entre d'un côté le Ku Klux Klan et des militants suprémacistes blancs, qui s'opposaient au déboulonnage d'une statue de général confédéré, et de l'autre, de nombreux contre-manifestants antiracistes.

Pendant cette manifestation, un homme au volant de son véhicule, a foncé dans un groupe anti-raciste, fauchant la vie d'une jeune femme de 32 ans. James Alex Fields J, le conducteur, avait des liens avec les mouvements suprémacistes blancs.

Donald Trump avait suscité la stupeur parmi la classe politique américaine, y compris dans son camp républicain, par un commentaire ambivalent quelques jours après. Tout en condamnant les suprémacistes blancs et les néo-nazis, il avait déclaré qu'il y avait des torts, mais aussi des gens « très bien »- « des deux côtés ». Selon lui, ils étaient venus protester « pacifiquement » contre la destruction de la statue du général confédéré Robert Lee. Et pour les défendre encore un peu plus, le président américain a osé une comparaison plus que douteuse. « Allons-nous détruire les statues de George Washington et Thomas Jefferson parce qu'ils étaient des propriétaires d'esclaves ? » s'est interrogé le président. Comparer un militaire qui a dirigé les troupes confédérées des Etats esclavagistes durant la Guerre de Sécession et les pères fondateurs des États-Unis ne pose visiblement aucun problème au président.

Lundi 14 août, après plusieurs heures d'euphémismes et d'hésitations, Donald Trump a fini par dénoncer clairement la droite extrême dont est issu le militant néofasciste qui a projeté sa voiture contre des manifestants antiracistes, faisant un mort et une vingtaine de blessés. Sous le feu des critiques pour ne pas avoir clairement dénoncé les violences des suprémacistes blancs, le président américain, interrompant temporairement ses vacances, est rentré à Washington et en a profité pour, enfin, accuser de sa propre voix les « suprémacistes blancs, le KKK et les néo-nazis » d'être derrière les « violences racistes ». « Tout ceux qui ont agi de manière criminelle lors des violences racistes de ce week-end devront répondre de leurs actes devant la loi, justice sera rendue », a-t-il lancé lors d'une brève déclaration depuis la Maison Blanche. « Quelle que soit la couleur de notre peau, nous vivons tous avec les mêmes lois, nous saluons le même drapeau », a-t-il poursuivi. « Ceux qui recours à la violence en son nom sont des criminels et des voyous, y compris le KKK, les néo-nazis et les suprémacistes blancs qui sont à l'opposé de tout ce qui nous est cher en tant qu'Américains ».

Une partie de la droite alternative, ou « Alt Right », a soutenu Donald Trump dans sa course à la Maison Blanche, et celui-ci a plusieurs fois refusé de prendre clairement ses distances avec certains de ses groupes ou de ses leaders.

En novembre 2017, dans une réunion avec des anciens combattants navajos de la Seconde Guerre mondiale, Trump s'est moqué de la sénatrice Elizabeth Warren, la traitant de « *Pocahontas* » (en référence à ses origines amérindiennes).

Elizabeth Warren : La « *Pocahontas* »

Elizabeth Ann Warren est une femme politique et universitaire américaine. Membre du Parti démocrate, elle siège au Sénat des États-Unis depuis le 3 janvier 2013, pour le Massachusetts. Anciennement professeur à l'université Harvard, où elle est spécialisée en droit du commerce, elle est l'une des personnalités les plus citées dans ce domaine. À la fin des années 2000, elle est reconnue par le National Law Journal et le Time 100 comme une figure montante dans le domaine des politiques publiques. Warren défend activement et participe à la création du Bureau américain de protection des consommateurs en 2011. À la suite de la crise financière de 2008, elle est nommée présidente du panel de surveillance du Congrès des États-Unis lié au plan Paulson. Sous la présidence de Barack Obama, elle devient assistante à la Maison-Blanche et conseillère spéciale au secrétaire du Trésor des États-Unis. Elle remporte l'élection sénatoriale de 2012 dans le Massachusetts contre le républicain sortant Scott Brown, devenant la première sénatrice fédérale de l'État. Elle s'engage dans plusieurs comités sénatoriaux, portant notamment sur le vieillissement, la finance, le logement et les affaires urbaines, les forces armées, la santé, l'éducation, le travail et les retraites, et les affaires étrangères. Elizabeth Warren est une personnalité influente du Parti démocrate et est populaire auprès des progressistes. Elle est connue pour ses prises de position virulentes contre les abus de la finance mondiale et son opposition résolue à Donald Trump.

Le 27 novembre 2017, une polémique l'oppose à Donald Trump. En effet, au cours de sa campagne pour l'élection sénatoriale de 2012, Elizabeth Warren revendique des origines amérindiennes sans en apporter la preuve. Le président s'en moque ouvertement à plusieurs reprises, qualifiant la sénatrice de « Pocahontas* », notamment à l'occasion d'une réception de vétérans amérindiens de la Seconde Guerre mondiale à la Maison-Blanche. Donald Trump propose également à la sénatrice de se soumettre à un test ADN, lui assurant qu'il offrirait 1 million de dollars à une association caritative de son choix en échange. Elizabeth Warren se soumet par la suite à un tel test et en dévoile les résultats, qui prouvent la présence d'un ancêtre amérindien dans sa généalogie, six à dix générations avant elle. Interrogé sur ce fameux chèque qu'il avait promis de signer le 5 juillet dernier pendant un meeting, le président a démenti avoir tenu de tels propos. « Je n'ai jamais dit ça, relisez vos notes », a-t-il lancé à des journalistes qui lui demandaient de réagir au test publié par Warren.

*Pocahontas : Pocahontas est une Amérindienne de la confédération de tribus Powhatans. Pocahontas était un surnom d'enfance se rapportant à sa nature espiègle (dans la langue Powhatan, Pocahontas signifie « petite dévergondée »). En anglais, elle a également été appelée Rebecca après son baptême chrétien, puis Rebecca Rolfe après son mariage avec John Rolfe. Sa vie, qui constitue un des mythes fondateurs des États-Unis, est à l'origine de beaucoup de légendes et d'adaptations littéraires et cinématographiques.

Selon certains, Warren ambitionne de se porter candidate pour les élections présidentielles de 2020.

VOUS ÊTES VIRÉ ! TRUMP :

LE LIMOGEUR EN SÉRIE

On pourrait penser que le President pourrait se calmer, sur le plan des mensonges, hélas pour les Américains, il n'en est rien. En fait, il est déjà en campagne pour les élections présidentielles de

2020, c'est ce qu'il maitrise le mieux. Le problème est que Donald Trump ment tellement que personne ne pourra plus le croire, même s'il dit la vérité. *« Je ne sais pas s'il a les capacités personnelles de communiquer autrement »*, admet Ari Fleischer, l'ancien porte-parole de George W. Bush, qui a jusqu'à présent fermé les yeux sur les mensonges de Donald Trump. Cet usage décomplexé, jovial même, du mensonge n'est pas une nouveauté chez Donald Trump. Homme d'affaires hâbleur, il se vante d'ailleurs de ses *« hyperboles véridiques »* et ment régulièrement quand il témoigne sous serment au tribunal. Pendant la campagne, ni ses adversaires républicains lors des primaires, ni Hillary Clinton, n'ont réussi à retourner ses mensonges quasi quotidiens en handicap suffisant pour le battre. Mais, à la Maison Blanche, ce mépris pour les faits risque de devenir son talon d'Achille. Plusieurs enquêtes du Congrès vont passer au crible l'implication de l'État russe dans l'élection. Les agences américaines de renseignement sont déjà convaincues que les Russes sont non seulement responsables du vol des courriels démocrates (publiés quotidiennement durant les dernières semaines de la campagne par Wikileaks) mais qu'ils soutenaient activement le candidat républicain. *« Je ne crois pas un mot de ce que profère le Président, son porte-parole ou le vice-président, car lui aussi est aujourd'hui moralement compromis »* déclare Eliot Cohen, membre du Conseil de sécurité nationale sous George W. Bush. Il est impossible de savoir si Donald Trump ment sciemment, s'il croit sincèrement à des choses erronées ou s'il se fiche de la véracité de ce qu'il affirme.

L'administration américaine est aujourd'hui à la dérive. Sans contact avec son président dont elle ne peut prévoir les foucades et dont profondément elle n'approuve pas les orientations, sans conviction, elle réaffirme les positions traditionnelles des Etats-Unis quitte se faire désavouer publiquement : ainsi, prône-t-elle la fermeté vis-à-vis de la Russie alors même que D. Trump propose le retour de ce pays dans le G8... En réalité, aujourd'hui, la politique américaine, c'est D. Trump et lui seul. Il ne supporte pas qu'on le critique ou que l'on ait une opinion différente, et c'est pour cette raison que l'hécatombe continue dans l'administration Trump. En voici quelques exemples :

LES MINISTRES

James Mattis : Secretaire d'Etat a la Defense

Le dernier ministre demisionnaire de l'année 2018.

Le 19 Decembre 2018, Donald Trump annonce le retrait militaire américain de Syrie : *« Nous avons vaincu l'EI en Syrie, ma seule raison d'y être »*, a justifié Donald Trump en annonçant le départ des 2 000 soldats américains sur place. Ce contingent tenait aussi à distance les forces du régime de Bachar Al-Assad, avec lequel Washington a rompu au début de la guerre civile, et leurs alliés iraniens, ainsi que celles de la Turquie. Leur présence sur place protège en effet les forces locales à dominante kurde qui s'étaient portées au premier rang de la bataille contre l'EI.

Désavoué alors qu'il plaidait en faveur du maintien de cette force de stabilisation déployée dans le nord-est du pays pour lutter contre l'organisation Etat islamique (EI), le secrétaire à la défense des Etats-Unis, James Mattis, a jugé, jeudi 20 décembre, qu'il n'était plus en mesure de travailler aux côtés de Donald Trump. Pour la justifier, Jim Mattis insiste dans son courrier adressé au chef d'Etat sur la nécessité pour les Etats-Unis de *« traiter les alliés avec respect »*.

Ryan Zinke : ministre de l'Intérieur, chargé de la gestion de terres appartenant à l'Etat

Ryan Zinke, 57 ans, a surtout œuvré pour autoriser l'exploitation des terres fédérales protégées. Il est actuellement l'objet de plusieurs enquêtes, dont l'une pourrait aboutir à des poursuites relatives à un conflit d'intérêt. D'autres investigations se focalisent sur l'utilisation cavalière des moyens de son ministère au profit de certains proches. Le cas Zinke ressemble à celui de Scott Pruitt, l'ancien patron de l'Agence de protection de l'environnement, champion des énergies fossiles et homme de tous les excès, qui avait entre autres, alors qu'il était en poste, tenté d'obtenir l'attribution d'une franchise de fast food pour sa femme.

Le secrétaire général de la Maison-Blanche, John Kelly

Le secrétaire général de la Maison Blanche John Kelly a rejoint, samedi 8 décembre 2018, la très longue liste de membres ou proches de l'administration Trump qui ont quitté le navire depuis l'entrée en fonction du 45ᵉ président américain. Le chef de cabinet de la Maison Blanche, est un homme clé de la présidence américaine. Il est le bras droit du président, et le coordonnateur de l'action de l'administration. Avant de devenir le principal conseiller de Donald Trump à la Maison Blanche en juillet 2017, John Kelly, général des Marines à la retraite, avait occupé le poste de ministre de la Sécurité Intérieure pendant les six premiers mois de la présidence. Il y avait défendu, comme Donald Trump, une vision extrêmement ferme de la politique d'immigration des États-Unis. Sa mission avait été de remettre un peu d'ordre dans une Maison Blanche au fonctionnement chaotique et souvent confus, marquée par les réactions instinctives et imprévisibles du président. La tâche était considérable et John Kelly a parfois montré des signes de découragement. Les interrogations sur un départ imminent de John Kelly se faisaient de plus en plus pressantes ces derniers jours, les médias américains insistant sur la dégradation des relations entre les deux hommes. Certains affirmaient même qu'ils en étaient venus à ne plus se parler. L'actuel directeur du budget de la Maison Blanche va prendre la suite du général John Kelly, Mick Mulvaney est nommé comme chef de cabinet « *par intérim* ». Cet ancien élu républicain de Caroline du Sud âgé de 51 ans est connu pour être partisan d'une rigueur budgétaire et pour ses idées très conservatrices.

Le ministre de la Justice : Jeff Sessions

Jeff Sessions a démissionné « *à la demande* » de Donald Trump. Il était la cible de critiques présidentielles depuis qu'il avait décidé en mars 2017 de se récuser de toute enquête touchant à la Russie à cause de ses rencontres avec l'ambassadeur russe en pleine campagne présidentielle. Trump et Sessions avaient scellé très tôt une alliance anti-élite, malgré leurs différences. Ancien sénateur de l'Alabama, un Etat encore très marqué par la ségrégation raciale, cet ultraconservateur de 71 ans avait mis en place la politique anti-immigration du président, notamment la séparation des familles de migrants illégaux et la fin du statut protégé des « *Dreamers* », ces immigrés arrivés clandestinement dans le pays quand ils étaient enfants.

L'ambassadrice de l'ONU, Nikki Haley

Avant lui, l'ambassadrice de l'ONU, Nikki Haley a annoncé début octobre sa décision de quitter son poste à la fin de l'année. Les raisons de son départ sont en revanche assez floues et ne concernent peut-être pas une mésentente avec Donald Trump, qui a salué son travail. L'ex-gouverneure de la Caroline du Sud a par ailleurs promis de faire campagne pour la réélection du président en 2020.

Scott Pruitt, ex-ministre de l'Environnement

En deux tweets, Donald Trump a annoncé le 5 juillet avoir accepté la démission de Scott Pruitt. Le dirigeant de l'Agence de protection de l'environnement (EPA), qui a minutieusement détricoté le bilan environnemental de Barack Obama, était englué dans une cascade de scandales liés à son train de vie et à son utilisation des fonds publics.

L'ex-ministre de la Santé, Tom Price

Même chose pour l'ex-ministre de la Santé, Tom Price, poussé à la démission après de multiples révélations sur ses dépenses, et son goût pour les déplacements en jet privé. Dans ce cas, Donald Trump s'était tout de même dit mécontent et « *déçu* » de son ministre.

Rex Tillerson, chef de la diplomatie,

Pour Rex Tillerson, chef de la diplomatie, le limogeage était bien plus violent. Le secrétaire d'Etat est parti après des mois de tensions et d'humiliations de la part de Donald Trump sur la stratégie diplomatique américaine, que ce soit sur l'Iran ou la Corée du Nord. Censé porter la parole des Etats-Unis, l'ancien patron était souvent coupé des processus de décision. L'un de ses proches a d'ailleurs expliqué qu'il n'avait pas parlé au président avant son éviction, annoncée sur Twitter. Il a été remplacé par le chef de la CIA, Mike Pompeo.

David Shulkin, secrétaire aux anciens combattants

Mercredi 28 mars, David Shulkin, secrétaire aux anciens combattants, a été démis de ses fonctions par un message publié par Donald Trump, publié sur son compte Twitter. Au-delà des problèmes de gestion de son ministère que dénonçait régulièrement la presse, tous ont surtout retenu le fait que Donald Trump ait décidé de remplacer ce ministre des Anciens Combattants par le médecin de la Maison Blanche, Ronny L. Jackson

L'ex-ministre de la Justice Sally Yates

La ministre de la Justice Sally Yates avait ouvert le bal dès l'entrée en fonction de Donald Trump, en janvier 2017, limogée quelques heures seulement après avoir appelé à ne pas appliquer le décret présidentiel sur la limitation de l'immigration.

Trahison: Trump traque le « *traitre* » de son équipe

Le New York Times a publié la tribune anonyme d'un haut responsable à la Maison-Blanche qui se présente comme un résistant de l'administration Trump. Il explique pourquoi et comment il s'efforce, avec d'autres, de lutter de l'intérieur contre les « pires penchants » du président américain. L'auteur de ce texte, intitulé « Je fais partie de la résistance au sein de l'administration Trump », souligne clairement qu'il ne s'agit pas pour lui de soutenir la démarche de la gauche américaine mais de protéger son pays contre le comportement de son 45e président. « Nous pensons que nous avons d'abord un devoir envers notre pays, et que le président continue à agir d'une façon néfaste à la bonne santé de notre république », écrit-il. « C'est la raison pour laquelle nous nous sommes engagés à faire ce que nous pouvons pour préserver nos institutions démocratiques tout en contrecarrant les impulsions les plus malencontreuses de M. Trump jusqu'à ce qu'il ait quitté son poste. Le cœur du problème est l'amoralité du président ». Estimant que l'administration a engrangé un certain nombre d'avancées depuis son élection, déréglementation, réforme fiscale, renforcement de l'armée, il juge que ces dernières ont été obtenues « en dépit de, et non grâce » à Donald Trump, dont il qualifie le style de leadership de « mesquin, impétueux et inefficace ». Le New York Times explique avoir pris la décision rare de publier une tribune anonyme

LES CONSEILLERS

Brett McGurk

Le dernier en date : Le 22 Decembre 2018, juste après la démission du General Mattis, l'envoyé spécial de Donald Trump auprès de la coalition internationale qui se bat contre l'Etat islamique, Brett McGurk, a présenté sa démission effective le 31 Decembre. Cette décision fait suite au retrait des troupes américaines de Syrie. Selon des sources proches du dossier, McGurk était frustré par l'annonce soudaine de Trump, contraire à la stratégie sur laquelle il venait de briefer les partenaires de la coalition dans la région: rester en Syrie, se battre contre l'Etat islamique et contrer l'Iran. McGurk a estimé que la décision prise en Syrie était imprudente et qu'il ne pouvait pas la défendre, encore moins l'exécuter.

Mira Ricardel

Une conseillère de Donald Trump a été remerciée au lendemain de l'intervention publique de sa femme Melania, qui avait jugé qu'elle ne méritait plus « *l'honneur de travailler à la Maison-Blanche* ». La première dame, d'ordinaire extrêmement discrète sur le fonctionnement de la présidence, était sortie de son silence mardi réclamer, par la voix de sa porte-parole et sur un ton particulièrement sec, le limogeage de Mira Ricardel, qui occupait un poste clé au sein du puissant Conseil à la sécurité nationale, dirigé par John Bolton. Le courroux de la First Lady a semble-t-il été entendu et la décision n'a pas trainé : Mira Ricardel « *continuera à soutenir le président au moment où elle quitte la Maison-Blanche pour un nouveau rôle au sein de l'administration* », a annoncé Sarah Sanders, porte-parole de l'exécutif américain, dans un communiqué laconique. Selon le Wall Street Journal, l'équipe de Mme Trump soupçonnait en particulier Mme Ricardel d'être à l'origine « *d'histoires négatives* » la concernant.

Steve Bannon

Le plus emblématique départ de la présidence Trump est peut-être celui de son conseiller de l'ombre, Steve Bannon. Proche de l'extrême-droite et désormais connu jusqu'en France où il est venu soutenir Marine Le Pen, il avait joué un rôle crucial dans la dernière ligne droite de la présidentielle américaine. Mais sa cohabitation avec d'autres ténors à la Maison-Blanche a tourné à la guerre interne. Puis après son éviction, les relations avec Trump lui-même ont viré au règlement de compte.

Steve Bannon

Steve Bannon, né le 27 novembre 1953, est un militant conservateur proche de l'extrême droite, il est, de 2012 à 2016, président exécutif de Breitbart News LLC, la société mère du media Breitbart News classé à l'extrême droite, qu'il décrit comme « la plate-forme de l'Alt-right ». Il a réalisé un film consacré à l'ancien président Ronald Reagan, In the Face of Evil, et un film pro-Tea Party, Generation Zero. En février 1996, il est accusé de violences par sa seconde épouse qui l'accuse de l'avoir violentée dans leur maison. Il est alors inculpé pour violences conjugales. En 2012, il co-fonde GIA, journal d'investigation politique. En 2016, Steve Bannon est désigné directeur exécutif de la campagne présidentielle de Donald Trump. Après la victoire de ce-

lui-ci, il est nommé au poste, nouvellement créé, de conseiller stratégique du président des États-Unis. Cette décision provoque de fortes critiques tant du Parti républicain que du Parti démocrate. En mai-juin 2017, il plaide avec succès auprès du président pour que les États-Unis quittent l'accord de Paris sur le climat. Il est limogé en août 2017 : » Steve Bannon n'a rien à voir avec moi ou ma présidence. Quand il a été limogé, il n'a pas seulement perdu son travail, il a perdu la raison», a déclaré le Donald Trump. « Steve n'a eu qu'un rôle très limité dans notre victoire historique », a-t-il ajouté, accusant son ancien conseiller stratégique d'avoir passé son temps à la Maison Blanche «à faire fuiter de fausses informations aux médias pour se rendre plus important qu'il n'était ». Il poursuit depuis son engagement partisan, notamment au niveau international, avec son organisation Le Mouvement créée à Bruxelles par Mischaël Modrikamen, afin de regrouper les mouvements populistes et nationalistes d'extrême droite en Europe. Le 7 septembre 2018, il est reçu par le ministre de l'Intérieur italien et secrétaire fédéral de la Ligue, Matteo Salvini, qui à cette occasion se dit intéressé par Le Mouvement et prêt à travailler avec Steve Bannon. Le dirigeant du Parti pour la liberté néerlandais Geert Wilders annonce partager la même position. Il conseille le Président brésilien Jair Bolsonaro, pour la propagation de fake news sur les réseaux sociaux. Invité en mars 2018 à participer au congrès du Front national, il prononce un discours où il s'en prend aux journalistes, qu'il qualifie de « chiens » et déclare aux militants présents : « Vous faites partie d'un mouvement qui est plus grand que l'Italie, plus grand que la Pologne, plus grand que la Hongrie. [...] Laissez-les vous appeler racistes, xénophobes, islamophobes. Portez ça comme une médaille d'honneur parce que chaque jour qui passe nous devenons plus forts, et eux s'affaiblissent. [...] L'histoire est de notre côté et nous propulsera de victoire en victoire. » Il exprime également son admiration pour Marion Maréchal, qu'il avait déjà qualifiée de « nouvelle étoile montante de l'extrême droite » en 2016. Bannon, adepte des théories pseudo-scientifiques, surfe sur la hiérarchie supposée entre les races et surtout une haine tenace des juifs et des musulmans, estime Nicole Hemmer, experte des mouvements extrémistes à l'Université de Virginie. « Il a développé quelque chose de différent par rapport aux suprémacistes blancs du passé: l'idée que la plus grande menace en Amérique est le politiquement correct, poursuit Nicole Hemmer. Du coup, le fait de *dire des choses racistes, antisémites ou contre les femmes peut être présenté non pas comme un signe de haine mais comme un acte de liberté ». Bloomberg, média américain connu pour sa fidélité à la stabilité du monde des affaires, le considérait comme « l'homme le plus dangereux de la sphère politique américaine ».*

Gary Cohn

Gary Cohn, le principal conseiller économique de Donald Trump, a démissionné. Il n'a pas réussi à convaincre le président américain de revenir sur sa décision de taxer les importations américaines d'acier et d'aluminium qui fait débat au sein même des Républicains. Une ultime goutte d'eau après plusieurs désaccords de fond entre lui et Donald Trump alors que ce dernier s'est engagé depuis plusieurs mois dans une grande guerre commerciale avec l'Asie et l'Europe.

Reince Priebus, Ex-chef de cabinet de la Maison-Blanche,

Deuxième homme fort de Donald Trump au moment de son élection, le fidèle Reince Priebus, chef de cabinet de la Maison-Blanche, a été remplacé dès juillet 2017 par le général John Kelly, jusqu'ici ministre de la Sécurité intérieure. A l'époque, le président voulait alors montrer qu'il pouvait « *remettre les compteurs à zéro* » alors que la Maison-Blanche était secouée par des querelles intestines.

Sean Spicer, porte-parole de la Maison Blanche et *Anthony Scaramucci, ex porte-parole de la Maison Blanche*

Dans le même temps, le président avait aussi dû se séparer de son porte-parole, Sean Spicer, qui avait multiplié les réflexions hasardeuses pendant six mois. Ce dernier avait été remplacé par Anthony Scaramucci, avant que lui aussi ne parte après... dix jours à son poste !

La directrice de la communication, Hope Hicks,

La directrice de la communication Hope Hicks, ancienne mannequin devenue conseillère de Trump du jour au lendemain, est tout aussi furtivement partie de l'équipe.

Michael Flynn

Le pôle de la Sécurité nationale a lui-même connu sa propre héca-tombe au sein de l'administration Trump. En effet, Michael Flynn n'a d'abord tenu que 22 jours comme conseiller. L'ancien chef du rensei-gnement militaire américain, très apprécié de Donald Trump, a fait les frais de l'affaire russe, dont il est l'un des protagonistes. Il avait été remplacé par H.R. McMaster, général trois étoiles, mais ce dernier a lui aussi quitté ses fonctions après plusieurs mois passés dans une position très affaiblie. Le président l'avait notamment réprimandé sur Twitter pour avoir estimé « *irréfutables* » les preuves d'une ingérence de Moscou dans l'élection américaine. Il a été remplacé par le très conservateur John Bolton, l'un des « *faucons* » de George W. Bush.

Dina Powell

La très influente conseillère adjointe Dina Powell a elle aussi dû se résoudre à partir. A noter que Donald Trump a ainsi déjà connu quatre conseillers à la Sécurité nationale contre trois (mais en deux mandats pour Barack Obama), deux pour George W. Bush (dont la très médiatique Condoleza Rice) ou encore deux pour Bill Clinton.

Omarosa Manigault

Les Américains connaissent d'abord Omarosa Manigault pour son apparition dans la première saison de l'émission de téléréalité ani-mée par Donald Trump « *The Apprentice* ». C'est là qu'elle y ren-contre le président américain et tente d'obtenir un poste de cadre supérieur dans son entreprise. Après son investiture par le parti républicain, Donald Trump charge Omarosa Manigault des rela-tions avec la communauté afro-américaine. Elle défend alors bec et ongles le milliardaire : « *Tous ceux qui critiquent, tous les détrac-teurs, devront se prosterner devant Donald Trump* ».

Tout juste élu président des États-Unis, Donald Trump fait de nou-veau appel à elle. Omarosa Manigault occupe alors le poste d'as-sistante auprès du président et directrice de la communication au-près du bureau des relations publiques de la Maison-Blanche. Elle est l'une des rares personnalités noires occupant un poste élevé au sein de l'administration Trump. En décembre 2017 la conseillère du président est limogée par John Kelly. Un renvoi qu'elle a enregistré à l'insu du chef de cabinet du président. Un échange bref qui n'explique pas les raisons de ce départ.

CIA ET FBI

Andrew McCabe

Toujours sur fond d'enquête sur l'ingérence russe dans la campagne de Trump, le patron du FBI James Comey a été limogé dès mai 2017. Son numéro 2 et remplaçant intérimaire Andrew Mc-Cabe, sous pression car accusé par Trump d'être trop proche de son ancien supérieur et des démocrates, a fini par suivre, licencié deux jours avant sa retraite. Et leur successeur, Christophe Wray, est déjà dans le viseur du président.

Côté CIA, il s'agit plus de mises à l'écart et d'humiliations. L'histoire entre la très secrète agence et le président partait mal, puisqu'il l'avait copieusement critiquée dès sa prise de fonction. Donald Trump avait alors entamé une campagne de réconciliation en lançant des « Je vous aime » généreux, mais visiblement peu convaincants... Et le chef sortant de l'agence, John Brennan, de lui conseiller de « se discipliner ». Pour le remercier, le dirigeant a supprimé son accréditation Secret-défense, menaçant les autres anciens chefs de les priver de cet avantage conservé après leur départ afin que, traditionnellement, ils puissent être consultés sur certains dossiers. John Brennan assure depuis que Trump lui a retiré son habilitation pour étouffer un volet de l'affaire russe.

Le ministère de la Justice

Avant le ministre lui-même, l'administration républicaine avait déjà fait le ménage au sein du ministère de la Justice en demandant à 46 procureurs fédéraux - nommés par Barack Obama - de présenter leur démission. Preet Bharara, le procureur de Manhattan, faisait notamment partie de la liste, alors même qu'il avait déjà rencontré le président avant son entrée officielle en fonction et que celui-ci lui aurait alors demandé de rester à son poste. Au-delà de l'originalité de ce limogeage groupé, les démocrates avaient reproché à Trump de l'avoir lancé sans avoir anticipé le remplacement des procureurs. Une « entrave à la justice » qui a dû tourner au ralenti en attendant les nouvelles nominations.

Le procureur spécial Robert Mueller (ancien patron du FBI), chargé de l'enquête sur l'ingérence russe, est lui aussi dans le viseur de Donald Trump. Mais son limogeage serait un très mauvais message politique, qui aurait du mal à passer, même auprès de son camp.

L'intérim au ministère de la Justice est assuré par l'ancien chef de cabinet de Jeff Sessions, Matthew Whitaker, qui, avant d'entrer à son service, avait critiqué l'ampleur de l'enquête russe et son coût. Au-delà des démocrates, certains républicains ont craint que son arrivée ne signifie la fin de l'indépendance pour le procureur Mueller.

Il y a ceux qui partent et ceux qui ne sont toujours pas remplacés. Dans les deux cas, cela crée de grosses difficultés dans les ministères mais aussi pour les partenaires étrangers. Au département d'État que dirigeait Rex Tillerson, il n'y a toujours pas de directeur pour les affaires asiatiques alors qu'on est en pleine crise en Corée du Nord, ni même d'ambassadeur en Corée du Sud, ce qui est un comble. Et pas davantage en Arabie saoudite et en Turquie, deux acteurs clefs de la guerre en Syrie. Et toujours pas d'ambassadeur auprès de l'Union européenne et en Allemagne à l'heure de la guerre commerciale qui s'annonce, ce qui ne facilite pas le dialogue ou l'apaisement en cas de conflit.

L'Affaire des colis piégés d'octobre 2018

L'Affaire des colis piégés fait référence à l'interception, entre le 22 octobre 2018 et le 29 octobre 2018, de 15 colis piégés, adressés à des adversaires politiques de Donald Trump. Bien que l'ensemble de ces paquets contenaient des engins explosifs improvisés, aucun n'a explosé et aucun blessé ne fut à déplorer. Une enquête diligentée par le FBI pour terrorisme intérieur a conduit à l'arrestation, le 26 octobre 2018, de Cesar Altieri Sayoc, principal suspect dans cette affaire.

Le 22 octobre 2018, vers 15 h 45 à Katonah (état de New York) un colis contenant une bombe tuyau est découvert dans une boite aux lettres au domicile du financier milliardaire américain d'origine hongroise George Soros.

Dans un communiqué publié sur Facebook, l'Open Society

Foundations, créée par Soros, appelle le président, à stopper les déclarations haineuses qui attiseraient les accès de violence.

Deux jours plus tard, dans la matinée du 24 octobre 2018, de nouveaux colis piégés, adressés notamment à Hillary Clinton et Barack Obama sont interceptés à leurs domiciles respectifs.

Vers 10 h heure locale, l'alarme incendie du Time-Warner Building de Manhattan, hébergeant les bureaux de la Chaîne de télévision américaine CNN retentit pendant une émission en direct, dédiée à l'affaire des colis piégés. Le bâtiment sera évacué et on apprendra plus tard dans la journée que l'un des paquets, destiné à l'ancien directeur de la CIA John O. Brennan, a été déposé dans les bureaux de la chaîne.

D'autres colis piégés sont envoyés à des personnalités anti Trump : Eric Holder ; Ancien procureur général ; Maxine Waters, Représentante Démocrate (deux colis) ; Joe Biden, Ancien vice-président des Etats-Unis (deux colis) ; Robert De Niro ; James Clappe, Ancien directeur du renseignement national ; Cory Booker, Sénateur ; Kamala Harris, Sénatrice démocrate ; Tom Steyer, Financier.

LES LIVRES ANTI-TRUMP

Un des premiers à alerter l'opinion publique a été « *The dangerous case of Donald Trump* » écrit par vingt-sept scientifiques qui mis en cause l'état de santé mentale du President. Depuis cette date, les publications de livres à charge contre le président des États-Unis se multiplient. Tous décrivent un Donald Trump dépassé par les évé-nements et dont les humeurs sèment le chaos à la Maison-Blanche.

En voici quelques-uns :

« *Le Feu et la Fureur* » de Michael Wolff :

Michael Wolff s'attendait à voir sa demande rejetée. Mais à sa plus grande surprise, Donald Trump lui a tout de même accordé un accès privilégié à la Maison-Blanche. Mal lui en a pris. Car sept mois durant, l'éditorialiste collectera plus de 200 témoignages. Il dépeint la Maison Blanche comme un « *chaos* » permanent, rythmé par les sautes d'humeur de son locataire. La santé mentale de ce dernier est aussi mise en question. « *100% des personnes qui l'entourent remettent en cause sa capacité à gouverner* ». Pendant la campagne présidentielle, la stratégie de Donald Trump était claire. Faire parler de lui, et perdre « *par le haut* », en bénéficiant du statut de martyr et en devenant une célébrité mondiale au passage. C'est pour cette raison qu'il n'a pas publié sa déclaration de revenus, qu'il rechignait à investir ses deniers personnels et qu'il se fichait des conflits d'intérêt entre son entreprise et la politique. « *Pourquoi aurait-il fait autrement ?* » écrit Michael Wolff. Perdre faisait plaisir à tout le monde. Perdre, c'était gagner. Le couple Trump fait chambre à part, « *c'est une première depuis les Kennedy* », écrit Michael Wolff. Au pied de son lit, le président a commandé deux écrans de télévision de plus que celui déjà disponible, et un verrou pour la porte, provoquant une brève altercation avec les services secrets, ces derniers insistant pour avoir accès en permanence à la chambre. Le président a une peur paranoïaque d'être empoisonné. Il a demandé à ce que « *personne ne touche rien, et surtout pas sa brosse à dent* ». Et lui qui a toujours aimé manger au McDonald's se fait régulièrement livrer.

Devant pareille bombe à retardement, les avocats de Donald Trump tentent dans un premier temps d'empêcher la parution du livre. En vain. Vexé, le président se qualifie par la suite de « *génie très stable* », récusant un tissu de mensonges. Plus d'un million d'exemplaires sont vendus en l'espace d'une semaine. À sa sortie, les lecteurs sont partagés sur la question de savoir si le récit est crédible.

« *Mensonges et vérités* » de James Comey

« *A Higher Loyalty* » (une loyauté supérieure), sous-titré « *Vérités, mensonges et leadership* ». L'ancien patron du FBI James Comey, limogé en mai, a accusé devant le Sénat le président d'avoir fait pression sur lui pour abandonner les poursuites visant l'ex-conseiller à la sécurité nationale, Michael Flynn. Depuis, les deux hommes se livrent une joute verbale par médias interposés. Dans ses Mémoires, James Comey compare le président au chef mafieux auquel il a eu affaire dans sa carrière: « *Le cercle silencieux qui acquiesce. Le boss qui fait le jour et la nuit. Les serments de fidélité. La vision du monde selon laquelle tous sont contre nous.* ». La sortie du livre n'a rien arrangé à la relation exécrable qu'entretiennent les deux hommes. « *Raclure, menteur, fuyant, louche* » : le président laisse dans les jours qui suivent la publication du livre éclater sa rage contre celui qui, à ses yeux, « *restera comme le pire directeur de l'histoire du FBI* » Près de 600.000 exemplaires sont vendus aux États-Unis durant sa première semaine de parution. Après la parution, un sondage est venu montrer qu'une majorité d'Américains semblait plus disposée à croire James Comey (48%) que Donald Trump (32%).

« *Détraqué* » d'Omarosa Manigault

Omarosa Manigault était une fidèle du président, rencontré au début des années 2000 sur le plateau de l'émission « *The Apprentice* ». Seulement, après avoir servi pendant un an au sein du Bureau des relations publiques de la Maison-Blanche, elle a été priée de partir. « *Raciste, intolérant, misogyne, souffrant d'une grave déficience mentale et inapte à tenir la fonction suprême* » : Omarosa Manigault n'épargne pas son ancien mentor. L'ancienne conseillère du président agrémente la promotion de son livre en dévoilant des enregistrements réalisés à l'insu de ses interlocuteurs dans les murs de la Maison-Blanche.

« *Quand tu donnes sa chance à une crapule foldingue et pleurnicheuse et que tu lui donnes un boulot à la Maison-Blanche, je me dis que ça n'a simplement pas marché. Une bonne chose que le général Kelly ait rapidement viré cette chienne !* », a notamment twitté Donald Trump (Kelly qui, lui-même, a été viré quelques mois plus tard).

« *Peur* » de Bob Woodward

Avec Carl Bernstein, Bob Woodward reste connu pour son rôle dans les révélations de l'affaire du Watergate, qui a entraîné en 1974 la chute du président Richard Nixon. Le sérieux et la réputation du journaliste d'investigation, qui fait toujours partie de la rédaction du Washington Post, apportent à cet ouvrage un écho particulier.

Le portrait d'un Donald Trump inculte, colérique, paranoïaque, que ses collaborateurs tentent en permanence de contourner, est accablant. Son Chef de Cabinet, John Kelly, y est décrit comme un homme exaspéré qui en petit comité qualifie le président « *d'idiot* ». Son ministre de la Défense, Jim Matthis, aurait de son côté parlé « *d'un élève de CM2 ou de 6e* ». Entre autres anecdotes, on apprend que Donald Trump aurait cherché à faire assassiner le président syrien Bachar el-Assad. Une fois encore, le président a été cynique avec son auteur. « *C'est juste un autre mauvais livre* », a-t-il réagi dans un entretien au Daily Caller, dénonçant des histoires colportées par d'anciens membres de son équipe mécontents ou « *tout simplement inventées par l'auteur* ».

« *Full Disclosure* ». De Stormy Daniels

L'actrice pornographique Stormy Daniels, qui affirme avoir eu une liaison avec Donald Trump il y a plus de dix ans, détaille en termes crus l'anatomie du président américain, dans des extraits de son autobiographie. « *C'est peut-être la relation sexuelle la moins impressionnante que je n'aie jamais eue, mais il n'était clairement pas de cet avis* », assène Stéphanie Clifford, de son vrai nom, dans son livre. Ces descriptions, accompagnées d'une référence à un personnage en forme de champignon du jeu vidéo « *Mario Kart* », ont fait le tour des réseaux sociaux. Stormy Daniels assure avoir eu une relation sexuelle avec M. Trump en 2006, quelques mois après la naissance du dernier enfant du milliardaire, Barron et alors qu'il était déjà marié à Melania Trump. L'ancien avocat de Trump, Michael Cohen, a admis devant la justice avoir payé Stormy Daniels 130.000 dollars, à la demande de Donald Trump, pour acheter son silence peu avant l'élection présidentielle de novembre 2016. M. Trump, qui a toujours nié avoir eu cette liaison avec l'actrice de films X, a reconnu avoir remboursé son avocat.

« *Ça s'est passé comme ça* », Hillary Clinton

Elle n'a plus rien à perdre. Elle peut enfin baisser la garde et raconter, plus libre que jamais, ce qui s'est passé lors de l'incroyable campagne électorale américaine de 2016. Dans ces mémoires, à n'en pas douter son livre le plus personnel, elle raconte de l'intérieur les coulisses d'une campagne marquée par la violence, la colère, le sexisme. L'ancienne candidate, qui fêtera en octobre ses 70 ans, ne mâche pas ses mots sur le successeur de Barack Obama: un «menteur, sexiste, indigne et incompétent. L'ancienne chef de la diplomatie s'était dit persuadée que l'équipe Trump avait reçu l'aide de la Russie de Vladimir Poutine. « Il y avait sûrement des contacts, et sûrement une forme d'entente », a-t-elle dit au quotidien USA Today.

« *Devenir* », de Michelle Obama

Michelle Obama reste surtout un modèle d'ascension et de réussite qui redonne de l'espoir à des millions d'Afro-Américaines. Au même titre que son amie Oprah Winfrey, star de l'audiovisuel américain, petite Cendrillon noire devenue milliardaire. Drôle, percutante, fière, elle n'est jamais restée dans l'ombre de son mari. Ceux qui espèrent d'incroyables révélations sur les coulisses de la Maison-Blanche peuvent passer un tour. Michelle Obama y rappelle surtout ses origines modestes, sa vie à Chicago avec un père souffrant de sclérose en plaques, son travail d'avocate dans un cabinet où elle a fait la connaissance de son futur mari, son passage à la mairie de Chicago, puis comme vice-présidente de l'hôpital universitaire. Elle révèle ses difficultés à tomber enceinte, elle a eu une fausse couche et ses deux filles ont été conçues par fécondation in vitro, ou encore la colère noire ressentie lors de la polémique lancée par Trump autour de la citoyenneté de son mari.

Chapitre 6
LA DANGEROSITÉ
DU PRESIDENT TRUMP

Que le Président ait un trouble de la santé mentale n'est pas, en soit, nécessairement dangereux pour ses concitoyens ou pour le monde. Une étude portant sur 37 présidents (jusqu'à 1974) a montré que 50% d'entre eux avaient un trouble mental incluant : depression, anxiété, troubles bipolaires. La question cruciale est : le président est-il devenu dangereux de par son trouble mental ?

Un groupe de psychiatres américains a écrit au Congrès pour le mettre en garde contre le « *danger clair et immédiat* » que Donald Trump représenterait selon eux pour l'humanité. « *Nous nous trouvons aujourd'hui face à un danger clair et immédiat, notamment concernant la Corée du Nord et le commandent du Président sur l'arsenal nucléaire des États-Unis* », souligne la lettre, sans toutefois présenter de preuves tangibles à ce sujet.

La législation américaine autorise un large éventail de comportements avant que l'on puisse démontrer la dangerosité d'un sujet (d'un point de vue psychiatrique). Il sera important de bien séparer les symptômes mentaux des signes tels qu'une capacité de jugement limitée ou des opinions qui different des autres. Le patient doit montrer des troubles cognitifs ou affectifs ou des attitudes qui entrainent un comportement dangereux.

Un leader politique est nécessairement confronté à une forme de nuisance qu'elle soit intentionnelle ou non. Ces leaders doivent souvent faire un choix crucial parmi plusieurs options et l'option choisie va souvent heurter une frange de la population. Un bon leader se doit de minimiser tous dégât collatéral lorsqu'il prend une décision. Il est donc capital que le Président soit mentalement et émotionnellement stable, en fait beaucoup plus stable que la moyenne de ses concitoyens. En tant que président il a le contrôle de toutes les agences gouvernementales et il est le Commandant en Chef des Armées. Il a l'autorité unilatérale d'ouvrir le feu nucléaire (le ministre de la defense doit authentifier mais ne peux pas s'y opposer). Ses mots, s'ils sont inappropriés, peuvent créer un effet boule de neige qui pourrait heurter bon nombre de pays.

Dans son flux incessant de tweets (plus de 40.000) et dans les interviews, vidéos, conférences de presse, émissions de télévisions et déclarations intempestives on peut facilement reconnaitre les patterns de dangerosité : narcissisme délirant, sociopathie, paranoia, hédonisme débridé, mémoire défaillante. Ces traits de personnalité sont aggravés par des comportements indignes d'un Président : insultes, harcèlement, déviations sexuelles, sans compter les attitudes racistes, le gout de la violence et des armes. ; Il gouverne avec des superlatifs : « *the greatest* » (le meilleur) ; « *tremendous* » (enorme) ; « *knowing more than anyone* » (en savoir plus que quiconque) et d'autres déclarations narcissiques et mégalos.

Le plus dangereux est qu'il a une capacité très limitée à apprendre de son expérience de président, ce qui l'empêche d'ajuster ses actions.

LE CONCEPT DE NORMALITÉ « *MALIGNE* »

Commençons par la normalité tout court : On suppose que dans toute société il existe une vision généralement acceptée que certaines choses, certains comportements et certaines pensées sont considérées comme « *désirables* » donc normales.

L'idée originale du concept de « *normalité maligne* » a été décrite par Robert Lifton* pendant qu'il étudiait le comportement des médecins d'Auschwitz en charge des sélections et qui, dans l'ensemble, faisaient cela simplement parce qu'on le leur demandait. Certes quelques-uns étaient horrifiés, et la plupart se saoulaient pour calmer leur anxiété mais ils étaient déjà dans un process « *d'adaptation diabolique* ». Plus récemment les actes réguliers de torture dans les prisons syriennes ou autres républiques bananières étaient exécutés par des hommes qui étaient entrés dans une espèce de normalité de tous les jours.

Sans aller jusqu'à la torture ou l'assassinat de masse cette normalité maligne (dans le sens de « *cancérigène* ») peut prendre différentes formes : dans une lettre adressée au New York Times le Dr Lifton et Judith Herman ont décrit avec précision les comportements pathologiques et dangereux du President, en particulier sa vision déformée de la réalité et son incapacité à gérer les crises que tout Président doit affronter tôt ou tard. Ils ont aussi décrit les violations permanentes des institutions américaines et de la democratie. Le problème est que justement parce que Trump est Président et qu'il agit dans le cadre de sa mission de President il y a une tendance parmi les citoyens et aussi parmi les élus de son camp à considérer que ce qu'il fait et la façon dont il se comporte est éthiquement normale. De cette façon un président dangereux a été « *normalisé* », et cette normalité maligne va dominer la dynamique gouvernementale pendant tout son mandat et peut etre après.

La réalité solipsiste de Trump

La réalité solipsiste signifie regarder toute situation du point de vue de ce que notre soi nous montre comme vérité. Trump crée la réalité à partir des besoins de sa propre personne. C'est une tendance remarquable parce que cela signifie éliminer toute responsabilité vis-à-vis de la réalité vécue de la part de tous les autres, ainsi que le manque d'engagement à l'égard de toute norme de preuve. Pour un président, le faire autant qu'il le fait est désastreux pour le pays et pour le monde. Et il poursuit ses déclarations de réalité solipsiste en demandant aux autres de croire à ses mensonges. Trump expérimente toute remise en cause des mensonges qui émergent de sa réalité solipsiste comme une attaque contre lui et qu'il attaque en retour. Le mode d'attaque sape les relations et conduit à des politiques nationales et internationales destructrices. On est entré dans la « *banalité du mal* ».

Le psychiatre Robert Jay Lifton est un éminent spécialiste de la psychologie des systèmes totalitaires, tant dans les tyrannies étatiques que dans les petits cultes. Il explore les mécanismes psychologiques qui permettent aux gens ordinaires de devenir complices dans la réalisation des atrocités, ainsi que la psychologie de la résistance. Il est co-auteur de » The Dangerous Case of Donald Trump » (Bandy X Lee, Ed.)

Le 25ème Amendement

Le 25ème amendement de la Constitution américaine, ratifié en 1967, quatre ans après l'assassinat de John F. Kennedy, évoque la problématique de l'incapacité à gouverner. Il prévoit plusieurs cas de figure. D'abord, le président peut lui-même adresser une déclaration écrite aux présidents des deux chambres du Congrès pour signifier son inaptitude. Cela paraît improbable avec Donald Trump. Deuxième possibilité : le vice-président ainsi qu'une « majorité des principaux fonctionnaires des départements exécutifs ou d'un organisme désigné par une loi promulguée par le Congrès (une telle commission n'existe pas encore) » peuvent adresser une telle déclaration aux présidents du Congrès. Le vice-président deviendrait alors président, précise la section 4. Le fidèle et loyal Mike Pence peine probablement à l'heure actuelle ne serait-ce qu'à imaginer cette possibilité. Dans un tel scénario, le président a par ailleurs le droit de contester cette incapacité à gouverner. Le vice-président et les autres signataires de la première déclaration devraient alors déposer un recours, et ce serait au Congrès de décider, dans les 21 jours et par un vote avalisé par les deux tiers des membres des deux chambres aujourd'hui à majorité républicaine, si le président est capable ou non de gouverner. Un tel scénario, dans le contexte politique actuel, n'a quasiment aucune chance de se concrétiser.

Conclusions

Nous sommes le 31 Décembre 2018 ; le Président des Etats Unis d'Amérique présente ses vœux à la Nation : « *Pendant que je travaille à la Maison Blanche vous faites la fête* ». Il ne pouvait pas se contenter de souhaiter simplement une bonne année a ses compatriotes comme tous ses prédécesseurs .Comme d'habitude il se pose en victime, mais en cette occasion cela devient presque pathetique.Trois jours avant il venait de limoger le General Mattis, Ministre de la Defense qui protestait contre le retrait surprise des troupes américaines de Syrie.Parrallelement Trump engageait un bras de fer qui a tourné au chantage avec les Démocrates en refusant de lever le « *shudown* » (le blocage des salaires de 800.000 fonctionnaires) tant qu'il n'aurait pas ses cinq milliards pour construire le fameux mur de protection avec le Mexique. Les bourses américaines dégringolent ; Trump, comme d'habitude doit trouver un coupable : cela va être le Président de la Reserve Fédérale Américaine, J. Powell ; il l'accuse d'avoir remonté les taux d'intérêt beaucoup trop tôt. Il veut le virer, mais il n'en a pas, apparemment, l'autorité, alors il fulmine et envoie des tweets dans tous les sens, d'autant plus qu'il est piégé, seul à La Maison Blanche, actualité oblige, alors qu'il préférerait jouer au golf en Floride. Il n'a rien à faire pour Noël alors il décide de passer trois heures avec les troupes stationnées près de Bagdad en Irak ; il n'y avait jamais mis les pieds mais c'était bon pour son image. C'est le chaos le plus total !

Le Washington Post a fait le bilan des « *mensonges* » de Trump pendant les 700 jours de son mandat : au 21 Decembre 2018, le Président a totalisé 7.546 fausses allégations prouvées par des organismes indépendants : un record absolu !

Les Etats Unis sont dans une situation unique créée par une présidence où le mensonge personnel, quotidien et répété, déborde sur la politique nationale et internationale. On constate que le président Trump a un besoin pathologique qu'on lui dise qu'il est le meilleur et qu'il est unique. Les symptômes s'aggravent à mesure que le mandat présidentiel avance. La présidence de Donald Trump est le reflet de sa personnalité narcissique. Il va continuer à travailler sur un plan très superficiel, et déléguant les détails à ses sbires, continuer à être indiscipliné, à ne pas lire les rapports et les memos et à s'enfermer dans sa chambre avec Fox News. Ce qui aurait été scandaleux avec un autre président ne suscite plus qu'indifférence, que ce soit l'affairisme de la famille et de l'entourage du président, le torrent jamais tari de ses contrevérités, son absence de dignité personnelle et son recours aux insultes ; même la révélation du paiement d'une actrice de cinéma porno pour acheter son silence sur une liaison laisse de marbre un pays connu pour son puritanisme sexuel. Le président se contredit lui-même et contredit ses ministres ; les ministres se contredisent entre eux ; la porte-parole de la Maison-Blanche devient pathétique quand elle tente de justifier les plus évidentes contre-vérités. Rien n'y fait ; on s'habitue à tout. On est rentré dans cette « *normalité maligne* » si dangereuse pour le pays.

Mais l'étau se resserre autour du Président, plusieurs membres de son équipe vont se retrouver en prison. Les autres qui n'osaient pas s'exprimer le font aujourd'hui, parfois bruyamment.

L'opposition a pris le contrôle de la Chambre des Représentants. Elle n'avait fait pas les moyens de faire de la politique, elle se cantonnait à faire de la morale et à s'indigner; Trump, de son côté, face à ce déferlement d'indignation, réplique coup pour coup grâce à twitter qui lui permet de s'adresser directement à son électorat par-dessus la tête d'une presse ennemie et il y recourt sans s'embarrasser de nuances et de convenances. C'est une lutte à mort ; il ne cèdera pas et ne concèdera rien. C'est un dirigeant populiste dans une démocratie occidentale et il a démontré qu'on pouvait impunément mentir, trahir ses promesses, abandonner toute dignité et insulter ses adversaires et qu'on pouvait faire accepter l'inacceptable à condition que les électeurs aient le sentiment que c'est pour défendre leurs intérêts. Cela étant, Trump s'est débarrassé de tous ceux qui essayaient de le modérer. Le Secrétaire d'Etat (M. Pompeo) et le Conseiller National de Sécurité (J. Bolton) qu'il a choisis ne l'ont été que pour mettre en œuvre une politique dont il est seul juge. Trump est désormais sans contrôle, avec, à sa disposition, les pouvoirs immenses d'un président des Etats-Unis. Le pire est encore devant nous. Il est possible que nous n'ayons pas encore touché le fond. Le cycle des news 24/24 survit aujourd'hui grâce à un seul homme : Donald Trump. Il donne du pain et des jeux à son peuple. A chaque heure de sa journée de télé-réalité. Les audiences de Fox News, CNN, MSNBC et d'autres s'effondrent quand Trump sort de la politique. Et il le sait.

Dans un article paru dans le Wall Street Journal, l'auteur Joseph Epstein a récemment suggéré l'idée d'introduire un « *Trumpless Thursday* » (un « *jeudi sans Trump* ») hebdomadaire. Ce jour-là, personne ne devrait mentionner Trump, ni dans les médias, ni dans les conversations ordinaires (sauf Fox News qui aurait refusé). Pour nous rappeler à quel point le monde pourrait être merveilleux sans la nuisance constante, bruyante et intrusive des politiciens para-noïaques.

Pendant longtemps, les présidents des États-Unis étaient admirés par les enfants de leur pays pour les valeurs qu'ils incarnaient. George Herbert Walker Bush, ancien président, le père de G.W. Bush, vient de décéder à l'âge de 94 ans. Il était un homme « *doté d'une noblesse de caractère exceptionnelle, et un humble serviteur. Il a inspiré des générations de concitoyens américains* ». À tort ou à raison, on prêtait aux présidents des vertus de droiture, d'intégrité et d'honnêteté. On ne s'imaginait pas qu'un président puisse sciemment mentir au peuple américain. Aujourd'hui c'est chose faite. Espérons que les Américains en tireront les conséquences pour l'élection présidentielle de 2020.

Nice le 31 Décembre 2018

Postface

JE CHERCHE UN JOB !

Cette histoire est de la pure fiction, et elle n'a rien à voir avec le thème de ce livre, mais je vais vous la raconter : Nous sommes en Novembre 2020, la guerre froide est à son maximum avec la Russie, l'Iran trépigne, prête à en découdre avec Israel. L'économie américaine est en début de récession, la guerre commerciale entre la Chine et les Etats Unis fait rage, l'Europe répond coup par coup à l'augmentation des tarifs douaniers. Les couts à la consommation augmentent considérablement aux Etats Unis et beaucoup d'entreprises n'hésitent pas à licencier leur personnel y compris les cadres supérieurs. C'est le cas de United Services Agency, la plus puissante agence américaine de communication, qui vient de licencier 5.000 employés y compris son PDG. C'est de lui que l'on va parler. Pour des raisons de confidentialité nous l'appellerons Franky (rien à voir avec Franck Abagnale dont l'histoire a été adaptée par Spielberg dans « *Attrape-moi si tu peux* »).

Franky cherche un job de PDG, car non seulement il a été licencié (pour faute grave), mais ses affaires personnelles ne sont pas florissantes. En fait il est en dépôt de bilan sur pratiquement les 365 montages juridiques qu'il a si bien tricotés pendant des années. Sa (troisième) femme a demandé le divorce et cela risque de lui couter très cher. Il a appris qu'une entreprise multinationale cherchait un PDG pour les Etats Unis, la SPY Inc. (Spoutnik Pacific Yachts) est une filiale d'un grand groupe enregistré dans l'état du Delaware qui loue et vend des yachts pour milliardaires. SPY demande aux candidats de présenter leur CV sous forme de lettre de motivation très détaillée et c'est cette lettre que je voudrais partager avec vous (je n'y ai rien changé même les fautes d'orthographe et les mots en lettres CAPITALES).

« *Monsieur Le President,*

Je vous ai choisi, parmi une centaine d'entreprises, pour vous offrir mes services afin de diriger votre filiale américaine. Il est bien certain que, dès que les autorités américaines m'auront rendu mon passeport, je serais en position de diriger votre entreprise multinationale enregistrée aux Caïmans et dont le siège social se trouve à Moscou. Je suis sûr que dès que vous aurez lu cette lettre vous me contacterez pour me proposer vos services avant que je puisse me décider sur un de vos concurrents. Comme vous l'avez demandé je vous adresse ci-joint, non pas une lettre de motivation (qui n'a pas lieu d'être) mais un résumé de mes capacités qui sont comme vous allez le lire, tout simplement EPOUSTOUFLANTES et COLOSSALES. Du jamais vu sur terre !

Mon succès, je le tiens d'abord (mais en partie seulement) de ma culture familiale : Mon grand-père était un homme formidable, il est né en Allemagne, il possédait des casinos, (vous voyez c'est de famille) mais surtout il était propriétaire de plusieurs maisons closes (des bordels) qui lui ont rapporté beaucoup d'argent. Mon père est né à New York et il a été membre du Ku Klux Klan, il a été arrêté pour cela (mais pas longtemps), il a aussi eu plusieurs ennuis avec la Justice mais cela ne l'a pas empêché de faire fortune dans l'immobilier. Quand j'ai pris la suite, on a fait comme dans le film « le Parrain » : il a pris le quartier du Queens à New York et moi j'ai pris Manhattan. Il n'aimait pas trop les Noirs (vous voyez, c'est de famille). Mon frère est malheureusement mort des suites d'alcoolisme chronique, c'est pour cela que je ne bois jamais d'alcool (je sais, ça va être dur d'éviter la vodka sur les yachts).

Quant à moi, j'ai été marié trois fois ce qui est un record absolu dans l'histoire des PDG de Universal Services Agency. Ma dernière femme a posé nue dans plusieurs magazines (mais c'était avant que je la connaisse) et mes collègues ont beaucoup apprécié, j'en suis très fier. Ma femme est très belle, extraordinairement belle. Je dois vous l'avouer (c'est la première fois de ma vie que j'avoue quelque chose), j'adore les femmes, surtout les très belles femmes (ça rend jaloux mes collègues). J'en ai connu beaucoup et je n'ai pas fini, même à 74 ans. Elles me le rendent bien ; elles veulent toutes raconter leurs histoires de fesses avec moi, dans des livres ou, à la télévision. C'est embêtant car ma femme n'aime pas ça ; ça m'oblige à les payer pour se taire. J'ai même très bien connu (vous voyez ce que je veux dire !) la femme d'un ex-président en Europe, mais elle a tout niée (je la comprends !).

J'ai eu cinq enfants avec mes trois femmes. Certains d'entre- eux s'occupent de mes affaires personnelles car on ne voulait pas mélanger mon boulot de PDG avec mes affaires qui sont un peu compliquées. En fait je contrôle tout en douce grâce à des montages juridiques, qui me permettent aussi « d'optimiser » les impôts que je paye, (vous allez m'aimer !).

J'ai trois qualités exceptionnelles : Je mens en permanence, je n'ai jamais tort, et je ne m'excuse jamais : J'aurais pu faire un bon President (je plaisante !)

C'est vrai, je mens ! Vous voyez déjà l'ambiguïté ? J'arrive à tout faire passer avec un petit ou mieux un gros mensonge : plus c'est gros, mieux ça passe. Le mensonge c'est mon fonds de commerce. Je passe mon temps à inventer des mensonges qui vont, au minimum décontenancer mon adversaire et au mieux le terrasser. Je connais toutes les méthodes pour mentir, je les ai apprises dès mon enfance. Croyez-moi cela va beaucoup nous aider dans nos affaires.

Je n'ai jamais tort ! Cela simplifie les discussions, de cette façon je n'ai pas besoin d'écouter mon interlocuteur. De toute évidence je n'aurais rien à répondre puisque je ne lis jamais les mémos, ni les rapports de mes subordonnés. Je suis indiscipliné et j'adore les monologues. Une exception j'aime la télévision ; je passe mes journées et souvent mes nuits (on fait chambre à part avec ma femme) à la regarder (surtout Fox News, ils sont super !). J'ai fait ajouter deux téléviseurs dans ma chambre (en plus de celui qui était déjà la). J'ai mis un verrou intérieur a ma porte pour qu'on ne me dérange pas (les agents de sécurité n'ont pas apprécié).

Je ne m'excuse jamais, et dans mon équipe tout le monde le sait. Je préfère l'attaque à la défense et croyez-moi, ça marche. C'est parfois difficile pour mes nombreux adversaires, mais ça leur apprendra à essayer de me prouver que j'ai tort et que je devrais changer d'avis. Je suis un GENIE quand il s'agit de virer les personnes de mon équipe, j'ai battu tous les records. J'ai un truc pour cela : quand je les embauche, je leur trouve toutes les qualités possibles (c'est normal puisque c'est moi qui les embauche) ; quand je les vire je leur trouve toujours tous les défauts possibles (c'est normal puisque c'est moi qui les vire). J'ai appris ça quand j'ai monté un show télévisé dans lequel je prenais mon pied, car à la fin je disais au candidat malheureux : » vous êtes viré ! » (J'en ai viré beaucoup) .

Sur le plan professionnel, j'ai eu quelques ennuis avec la Justice mais rien de grave, j'ai fait fortune dans l'immobilier mais comme vous le savez, on ne fait pas d'omelettes sans casser des œufs. Quand je me suis aperçu que mes casinos étaient moins fréquentés, et que mes appartements se vendaient un peu moins j'ai voulu me lancer dans la communication à grande échelle (ou le mensonge à grande échelle, c'est la même chose) et j'ai pris le poste de PDG d'Universal Services Agency. Cela n'a pas été facile car j'avais une concurrente (une femelle) qui *faisait les yeux doux au PDG sortant et qui pensait qu'elle pouvait me battre (comme si, on pouvait me battre !). Il a fallu que je me surpasse en matière de mensonges et que je lui fasse quelques entourloupettes pour la déstabiliser. C'est fait, elle est maintenant au fond du placard, elle a écrit un livre pour dire tout le bien qu'elle pensait de moi, mais je ne l'ai pas lu (elle devrait savoir que je ne lis rien). Au passage, vous me direz ce que vous pensez de ma signature, je sais, elle prend une page entière et les graphologues sont ravis ; ils ont de la matière !*

J'ai donc commencé ce job il y a maintenant quatre ans, et je dois dire que j'ai réalisé ce qu'aucun autre PDG de cette société n'avait fait depuis sa fondation il y a plus de deux siècles. Alors il y eu des jaloux comme ce directeur du Fond Bureaucratique Indépendant que je voulais à ma botte et qui ne voulais pas :je l'ai viré. Et puis plein d'autres ont essayé de s'opposer : virés ! En fait j'ai viré toute mon équipe, puis j'en ai pris d'autres et je les ai virés, j'en suis au troisième cycle ; c'est amusant ! Comme je n'avais pas confiance, j'ai placé mes enfants a des postes clefs pour surveiller les autres :ma fille, mon gendre et mon fils. Puis comme j'aime Fox News j'ai pris des animateurs dans mon équipe (j'ai pris les plus belles). J'ai aussi recruté parmi les généraux en retraite car ils sont obéissants, mais ils étaient trop rigides alors je m'en suis débarrassé. J'ai un bilan unique à mon actif, sur le plan économique je me suis forgé un déficit budgétaire comme vous n'en verrais jamais, ça m'a permis d'augmenter les salaires des cadres supérieurs au prix de prêts bancaires énormes (comme je l'ai toujours fait). J'ai viré le Directeur Financier (il n'était pas d'accord sur ma stratégie). J'ai aussi viré le Directeur des Relations Humaines (il était trop efficace, ça me faisait de l'ombre), et je ne l'ai jamais remplacé. J'avais aussi un conseiller spécial (Steve) mais il a fallu que je le vire car il faisait la chasse aux musulmans et au juifs dans le personnel ; mon gendre était furieux, lui, un juif orthodoxe (qui a convaincu ma fille de se convertir au Judaïsme). La moitié des postes à responsabilité sont encore vacants, ça fait des économies de salaires. J'ai supprimé les assurances santé dans la société. S'ils veulent se soigner, c'est leur problème. J'ai demandé à la sécurité de vérifier que tous les étrangers qui travaillent dans ma société soient en situation régulière. Sinon, direction le service d'immigration ; on les remplacera par de bons américains : America First, c'est ce que dit notre Président. Il y avait une clôture tout autour de notre immeuble et de notre grand parc, je l'ai fait remplacer par un mur de douze mètres de haut et devinez qui a payé ? Nos salariés ! je suis GENIAL. Coté communication je suis un grand spécialiste, je travaille (discrètement) avec une société de Saint Pétersbourg qui s'occupe de contre-propagande (un peu comme ma société) la Kom Grup B... (je dois rester confidentiel...). Je leur ai demandé de pirater le serveur de mon plus gros concurrent Demo Kraticus Inc. Résultat : je n'ai plus de concurrent et j'ai récupéré leurs clients. Voilà comment on travaille : on fonce, on frappe, on détruit tout ; on récupère ce qui reste ; et on recommence. EFFICACE à 100%.

Les médias ne m'aiment pas (sauf Fox News) et je leur rends bien. Récemment, j'ai viré un journaliste de CNN, il m'a attaqué en justice ; je lui ai rendu sa carte mais je ne réponds plus à ses questions (ça m'arrange car il avait des questions vicieuses).

Au bout de quatre ans, tous ces jaloux sont allés se plaindre au Conseil d'Administration qui a fini par céder à leur demande, et contraints et forcés, ils m'ont demandé de partir malgré les résultats extraordinaires que j'avais obtenus en quatre ans. Une véritable CHASSE aux SORCIERES. Les ingrats ! Mais ce n'est pas grave, j'ai l'habitude de rebondir et je vais le faire chez vous car j'ai un carnet d'adresse tout simplement COLLOSSAL.Grace a Twitter que je contrôle ,je peux activer en une minute tous mes bons contacts .Vous allez vous trouver très bientôt devant une armada de yachts que l'on pourra équiper en caméras cachées et qui vont nous fournir des images très croustillantes et que l'on pourra échanger contre quelques faveurs (j'en sais quelque chose ,les Russes m'ont piégés dans un hôtel à Moscou avec des demoiselles, et croyez-moi je n'ose pas vous décrire les images qu'ils ont).

Je vous ai donné un (tout) petit aperçu de ce que je pouvais faire, si on fait affaire alors je vous en dévoilerais un peu plus en tête à tête, je vous en dirais plus sur mes voyages-surprises en Arabie Saoudite, à Helsinki ou même à Singapour.

Cher President ; il me serait agréable de recevoir votre réponse sous 24h car j'ai mon ami Kim de la société concurrente Rocketman qui me téléphone sans arrêt pour que je prenne en mains ses affaires. Il a monté un projet de « turbo-yacht » reliant la Corée du Nord aux Etats Unis qui pète le feu.

A très bientôt

Franky A.

PS : Il faut que vous veniez me voir, ou que je vous envoi des photos de moi, car j'ai un look très fashion qui va vous surprendre (surtout mes mains et ma coiffure avant-garde) ».

Pour la petite histoire, Franck n'a pas été retenu pour ce job car les autorités ne lui ont pas rendu son passeport. Il a quelques problèmes avec la Justice de son pays ; il a bien essayé de se faire aider par ses amis Kim de Rocketman ou les russes de St Pétersbourg mais cela n'a pas l'air de marcher. Son fils ainé et son gendre ont aussi des soucis avec la Justice ainsi qu'une grande partie de son équipe dirigeante. A suivre...

PRINCIPALES SOURCES

1 - Ouvrages écrits par D. Trump

Trump: The Art of the Deal (1987) ; Donald J. Trump, Tony Schwartz ; *Random House*.

Trump: The Art of the Comeback (1997) ; Donald J. Trump ; *Random House USA Inc*

The America We Deserve (2000) ; Donald Trump ; *St. Martins Press*

Trump: How to Get Rich (2004) ; Donald J. Trump, Meredith McIver ; *Ballantine Books*.

Trump 101: The Way to Success (2006) ; Donald J. Trump, Meredith McIver ; *John Wiley & Sons*

Think BIG and Kick Ass in Business and Life (2007) ; Donald J. Trump, Bill Zanker ; *HarperBusiness*

Trump Never Give Up: How I Turned My Biggest Challenges into Success, (2008) ; Donald J. Trump, Meredith McIver ; *John Wiley & Sons.*

Think Like a Champion: An Informal Education in Business and Life (2010) ; Donald J. Trump, Meredith McIver ; *Running Press Miniature Editions*

Why We Want You to Be Rich (2014) ; Donald J. Trump, Robert T. Kiyosaki ; *Plata Publishing.*

Great Again: How to Fix Our Crippled America (2016), Donald J. Trump ; *Threshold Editions*

2 - Ouvrages sur D. Trump

Clinton Versus Trump: In Their Own Words: The Quotations Of Hillary Clinton And Donald Trump (2016), *University Scholastic Press*

The Dangerous Case of Donald Trump: 27 Psychiatrists and Mental Health Experts Assess a President (2017) ; by Bandy X. Lee (Author),

Robert Jay Lifton (Contributor), Gail Sheehy (Contributor), William J. Doherty (Contributor), Noam Chomsky (Contributor), & 25 more ; *Thomas Dunne Books*.

Devil's Bargain: Steve Bannon, Donald Trump, and the Storming of the Presidency (2017) ; Joshua Green ; *Penguin Press*

Trumpocracy: The Corruption of the American Republic (2018) ; David Frum ; *Harper*

It's Even Worse Than You Think: What the Trump Administration Is Doing to America (2018) ; David Cay Johnston ; *Simon & Schuster*

Liars, Leakers, and Liberals: The Case Against the Anti-Trump Conspiracy (2018) ; Jeanine Pirro ; *Center Street*

Mensonges et vérités (2018) ; James Comey ; *Flammarion*

Killing the Deep State: The Fight to Save President Trump (2018) ; Jerome R. Corsi Ph.D. ; *Humanix Books*

The Case Against Impeaching Trump (2018) ; Alan Dershowitz ;*Hot Books*

Le Feu et la Fureur (2018) ; Michael Wolf ; *Robert Laffont*

Peur - Trump à la Maison Blanche (2018) ; Bob Woodward ; *Seuil*

The Truth Behind Trump Derangement Syndrome: « *There is more than meets the eye* » (2018) ; John L Fraser ; *JF Publications*

Spygate: The Attempted Sabotage of Donald J. Trump (2018) ; Dan Bongino, D.C. McAllister, Matt Palumbo ; *Post Hill Press*

Full Disclosure (2018) ; Stormy Daniels ; *Macmillan*

Born Trump: Inside America's First Family (2018) ; Emily Jane Fox ; *Harper*

3 - Autres ouvrages

Ça s'est passé comme ça (2017) ; Hillary Rodham Clinton ; *Fayard*

Devenir (2018) ; Michele Obama ; *Fayard*

4 - Medias

Extraits des articles de : Figaro ; Le Point ; Express ; Le journal de Montreal, Les Echos, Nouvel Obs ; Courrier International ; France Info ; Le monde ; Liberation ; Lejdd ; Ouestfrance ; France24 ; Euronews

Wikipedia (anglais et français)

Politifact ; The Washington Post, New York Times, Politico ; Huffington Post ; CNN ; The Guardian ; CNBC, BBC ; Sputniknews ; Forbes ; The Newyorker ; USAToday ; Foxnews.